Dr. Saundra Dalton-Smith

AF558593

RESET

Programmieren Sie Ihr Leben neu!
Der Schlüssel zu innerer Ruhe, besserem Schlaf und ganzheitlicher Regeneration

Übersetzt von Alexandra Thurmayr-Matzinger

Im Interesse der Vertraulichkeit wurden Namen und identifizierende Details in den jeweiligen Krankengeschichten geändert.

© 2018 Dr. Saundra Dalton-Smith
© 2024 Reichel Verlag
Originaltitel Sacred Rest
© Faith Words, Hachette Book Group, New York, USA
2. Ausgabe 2019
Vermittelt durch Thomas Schlück GmbH, Literaturagentur, Hannover

Covergestaltung Christian Wolf

Das Scannen, Hochladen und Verbreiten dieses Buches ohne Genehmigung ist Diebstahl von geistigem Eigentum. Falls Sie Material aus diesem Buch verwenden möchten, wenden Sie sich an www.reichel-verlag.de, Rezensionszwecke sind hiervon ausgenommen. Wir danken Ihnen dafür, dass Sie die Rechte des Autors wahren.

ISBN 978-3-910402-08-9

An meine Söhne Tristan und Isaiah:
Möget ihr nie so beschäftigt sein, dass ihr darüber vergesst, das Leben, das ihr euch geschaffen habt, auch zu genießen.

Inhalt

Vorwort

Welche Bedeutung hat der Begriff Ruhe für uns? Ist er ein flüchtiger Zustand oder ein erreichbares Ziel? Allein in den Vereinigten Staaten haben über acht Millionen Menschen jede Nacht Probleme damit, ein- oder durchzuschlafen. Laut der National Sleep Foundation geben 45 Prozent der Amerikaner an, dass ihre täglichen Aktivitäten mindestens einmal in der Woche durch schlechten oder unzureichenden Schlaf beeinträchtigt werden. Dies grenzt fast an eine Epidemie, die zu schlechter Arbeitsleistung, Depressionen und allgemeiner Unzufriedenheit hinsichtlich unserer Lebensqualität und Produktivität führt. Neue Hoffnung verspricht Dr. Saundra Dalton-Smith. Die von ihr entwickelte REST-Methode stützt sich auf wissenschaftliche und spirituelle Erkenntnisse, die eine geistige Erneuerung herbeiführen.

Die Medizinerin sieht den Schlafentzug als eine Nebenwirkung eines viel größeren Problems. Wir kommen schlichtweg nicht zur Ruhe. „Reset" beschäftigt sich genau mit dieser für uns so fatalen Situation. Wichtig hierbei ist die Erkenntnis, dass der Ruhezustand an sich rein gar nichts mit der Überwindung der Schlaflosigkeit zu tun hat. Deshalb konzentriert sich dieses Buch primär auf die Frage, wie wir die für uns so wichtige Ruhe in unseren Alltag integrieren können. Fakt ist: Es fällt uns schwer, Körper, Geist und Seele zu entspannen, da uns das Gefühl der Hetze und Eile überall umgibt – innerlich wie äußerlich. Täglich fragen wir uns: Ist ein entspanntes, ruhiges Leben überhaupt möglich?

Die REST-Methode ist das Ergebnis der persönlichen Erfahrungen von Dr. Dalton-Smith. Als Ärztin für Innere Medizin, Ehefrau und Mutter von zwei Jungs im Grundschulalter befand sie sich am Rande eines Burn-outs. In diesem Buch erzählt sie ihre eigene Geschichte und lädt alle Leser dazu ein, sie ein Stück auf ihrer Lebensreise zu begleiten und an ihrem persönlichen Wissen und Wachstum teilzuhaben.

Das Buch ist in die folgenden drei Teile gegliedert: Teil I „Warum wir Ruhe brauchen?“ behandelt die praktischen Aspekte der Ruhe. Teil II „Die Gaben der Ruhe“ erörtert die spirituellen Faktoren, die zu einem ausgeruhten Leben beitragen können. In Teil III „Das Versprechen der Ruhe: ein besseres Leben“ präsentiert die Autorin dem Leser eine Challenge, verbunden mit der Aufforderung, tiefer in den Zustand der Ruhe einzutauchen. Hier finden sich auch Lösungsansätze aus der christlichen Religion, die durch medizinische Forschung und praktische Anwendungen untermauert sind.

Ruhe ist kein Zufallsprodukt, sondern ein erreichbarer Zustand, daran erinnert uns Dr. Dalton-Smith. Die „Trägheit“, die wir so oft verurteilen, ist ein Ort der Heilung, an dem die Stille zur Wiederherstellung der natürlichen Selbstheilungskräfte des Körpers führt. Die häufigsten Arten der passiven Ruhe sind der Schlaf und der Schlummer. Wobei der Schlaf kein Optionsrecht ist. Ob wir uns nun zum Schlafen legen oder nicht, irgendwann wird der Körper einfach abschalten. Schlaf ist für die Gesundheit erforderlich. Er ist nicht das Fundament der Ruhe, sondern ihr Nebenprodukt.

Sind Sie schwach, müde oder erschöpft? Worauf warten Sie noch? Die Kraft der Ruhe ist für jeden verfügbar. Die Entscheidung liegt bei Ihnen. Schließen Sie sich vielen anderen Menschen an, die von dem Wissen, das Dr. Dalton-Smith mit diesem Buch bereitstellt, profitiert haben. Im besten Fall inspiriert Sie dieses Buch, an der von ihr entwickelten Challenge teilzunehmen – in deren Rahmen Sie sich 30 Tage lang intensiv dem Projekt widmen, die Kraftquelle der Ruhe anzuzapfen.

Dr. Sheryl Giesbrecht, Autorin von „Get Back Up: Trusting God When Life Knocks You Down“, Rednerin, Influencerin und prominente Persönlichkeit aus TV und Radio. www.FromAshesToBeauty.comwww.HSBN.tv

Wie man dieses Buch benutzt

Bevor Sie mit meinem Buch starten, möchte ich Ihnen eine kurze Anleitung mit an die Hand geben. Betrachten Sie die REST-Methode nicht als Fast Food im Sinne eines Happy Meals von McDonald's, sondern als üppiges Buffet. Ich habe bewusst kurze Kapitel gewählt, damit Sie die Lektüre in Ihren vollen Terminkalender einbauen können. Lassen Sie sich Zeit. Die Hektik führt nur dazu, dass wir einfach durchs Leben rauschen, ohne den Moment zu genießen. Ich habe dieses Buch mit dem Wunsch geschrieben, dass Sie all die guten Dinge, die ich Ihnen hier täglich in kleinen Häppchen vorsetze, in Ruhe in sich aufnehmen und genießen können.

Stellen Sie sich vor, ich wäre Ihre Freundin, die in der Sonntagsschule unterrichtet und zufällig auch Fachärztin für Innere Medizin ist. Wenn wir uns bei einem Kaffee unterhalten, erzähle ich Ihnen vielleicht in der einen Minute von einem tollen Artikel, den ich in einer medizinischen Fachzeitschrift gelesen habe, und in der nächsten schwärme ich von dem Gebäck, das wir gerade genießen, während wir unsere Bibeln zum Gebet aufschlagen. So ist das wahre Leben. Es ist chaotisch und kompliziert, aber auch erfüllt von schönen Augenblicken, von Zweisamkeit und Wahrheit. Ich habe festgestellt, dass die Ruhe der Kompass ist, der mich zu diesen drei Dingen und zu vielen anderen wunderbaren Begebenheiten führt.

Im ersten Teil „Warum wir Ruhe brauchen“ beleuchte ich die praktischen Aspekte der Ruhe mittels kleiner Geschichten, wissenschaftlicher Beiträge, Reflexionen und praxisnaher Übungen. Teil II – „Die Gaben der Ruhe“ hat einen spirituellen Hintergrund. Diese Kapitel ziehen die Bibel heran, um aufzuzeigen, wie sich die Ruhe auf jeden Bereich unseres Lebens auswirkt. In Teil III gehen wir dem Versprechen der Ruhe auf den Grund. Hier stelle ich Ihnen die notwendigen Instrumente zur Verfügung, damit Sie die Kraft der Ruhe direkt in Ihrem eigenen Leben erfahren können.

Ich weiß nicht, wo Sie heute körperlich, seelisch oder geistig stehen. Wenn es Sie nach spiritueller Überzeugungsarbeit verlangt, dann lade ich Sie ein, mit Teil II zu beginnen, bevor Sie sich direkt damit befassen, wie Sie das Konzept Ruhe in Ihrem eigenen Leben umsetzen. Ja, Sie haben mich richtig verstanden. Sie haben die Wahl. Die REST-Methode ist kein stoisches Drei-Schritte-System, das Ihnen einen guten Schlaf und ein schönes Leben garantiert. Der Prozess zur Erneuerung des Lebens und zur Wiederherstellung von Energie und Wohlbefinden ist für jeden Menschen einzigartig und unterschiedlich. Genießen Sie die Reise dahin und entdecken Sie, welch großes Geschenk die Ruhe für Sie bedeuten kann.

Dr. Saundra Dalton-Smith

TEIL I
WARUM WIR RUHE BRAUCHEN

„Wenn ich mich ausruhe, weil sich mein Körper schwach fühlt, muss mir bewusst sein, dass ich den Tag nicht mit Nichtstun vergeude. Ich tue genau das, was ich tun muss. Ich erhole mich.“
Autor unbekannt

1
Leben im Burn-out-Modus

Es sollte eine „Raus aus der Verantwortung“-Karte geben, die man täglich ausspielen kann, wenn das Leben zu schwierig ist, und alles in uns einen Moment lang einfach nur still sein will. Dieser Gedanke ging mir durch den Kopf, als ich ausgestreckt auf dem Boden des Foyers lag.

Das Gewicht eines unkontrollierbaren Lebens lastet schwer auf dem Herzen müder Menschen. Es drückt und drückt, bis es einen in die Knie zwingt. Zum Glück kann es tatsächlich eine Art Therapie sein, sich spontan ausgestreckt auf einen Holzboden zu legen.

Ich wusste nicht, wie heilend kühle Holzbretter für den Körper sein können. Ich wusste nicht, wie viele Facetten des Friedens und der Ruhe es gibt, wenn man sich einfach hinlegt. Frieden kommt in vielen Formen. An diesem Tag kam er in Form einer zehnminütigen Pause inmitten des Chaos, das mein Leben geworden war. Ich hatte keine Zeit, mich daraus zu befreien und die Dinge richtig zu überblicken. In meinem Leben war kein Platz für rituelle Aktivitäten. Es gab kein heißes Bad mit Totes-Meer-Salz und keine Maniküre. Ich hatte keine Zeit für heißen Tee mit Keksen oder einen Karamell-Macchiato.

An diesem Tag erlaubte es mir die Zeit nicht, meine Erschöpfung mit einem meiner üblichen Laster zu vertuschen. Also tat ich, was jeder vernünftige, ausgebrannte Mensch tut, nachdem er die Kinder von der Kita abgeholt hat. Ich setzte sie mit einem Snack vor den Fernseher und legte mich auf den Boden. Ich streckte meinen Rücken gegen den Holzboden, presste die Handflächen nach unten und schloss meine

Augen. In diesem Moment des konzentrierten Innehaltens spürte ich, wie der Frieden sich in meinem ganzen Körper ausbreitete.

Er kam langsam. Es war, als ob mir Gott selbst seinen Atem einhauchen und neue Kraft in mir freisetzen würde. Ich atmete sie ein. Instinktiv klammerte ich mich an den Moment und wollte, dass er noch ein wenig länger anhielt. Ich brauchte noch mehr, um meine Sehnsucht nach Ruhe zu stillen. Es war nicht der Wunsch nach mehr Schlaf, sondern die Sehnsucht, frei zu sein. Wenn ich so darüber nachdenke, musste ich nicht aufgefüllt werden, sondern mich entleeren. Unabhängig davon, in welche Richtung die Energie floss, geschah etwas Gewaltiges auf dem Boden.

Das Lachen meiner Kinder erklang, im Hintergrund lief ein Zeichentrickfilm. Innerlich lachte ich mit ihnen. Das Lächeln, das sich auf meine Lippen schlich, wurde nur durch den Hund, der mir das Gesicht abschleckte, und das Kleinkind, das über mein Bein krabbelte, ein wenig gestört. Es war ein schlampiger Frieden, aber es war meiner. Es war Frieden inmitten eines mentalen Sturms.

Ich könnte mich beschweren, aber das wäre sinnlos. Wenn ich ganz ehrlich bin, war ich selbst schuld an diesem Sturm. Ich habe ihn nicht nur verursacht, sondern auch immer wieder angeheizt und ziehe dabei ständig andere Menschen in diese ungute Situation mit hinein. Ich tue das nicht absichtlich. Es ist einfach eine Realität meines Lebens, die ich geschaffen habe.

Sehen Sie, von der Mentalität her bin ich eine Macherin. Seit ich mich erinnern kann, dachte ich, dass ich meine Zeit verschwenden oder nicht sinnvoll nutzen würde, wenn ich nicht aktiv wäre. Ich dachte das sehr lange, bis ich mich in der vorab angesprochenen Situation wiederfand und in das Gesicht meines Ehemanns blickte, der mich staunend fragte: „Was in aller Welt machst du da auf dem Boden?“

Mir kam nur eine Antwort in den Sinn – ich verbrenne. Ein einziger Gedanke, der mir damals so unangebracht und irrelevant erschien, dass ich ihn fast nicht laut ausgesprochen hätte. Manchmal wünschte ich, ich hätte es nicht getan.

Sein Grinsen verging ihm, als die erste Träne fiel. Ich war wie gelähmt. Er kniete an meiner Seite, als sich die Schleusen öffneten. Ich – die Starke. Diejenige mit der To-do-Liste. Die Organisatorin. Die Planerin. Als mein Mann mich fragte, was ich da auf dem Boden mache, kam mir das Bild eines Holzscheites in den Sinn, das vom Feuer verzehrt wird. Ich war das Anmachholz.

Ich war ausgebrannt, und das Leben, das ich geschaffen hatte, vernichtete alles, was mir wertvoll war. An diesem Tag war ich ein Scheiterhaufen, der von einem gewaltigen Feuer verzehrt wurde. Einem Feuer, das die Kraft hatte, die Bürde der Geschäftigkeit von mir zu nehmen und einen Hunger in mir zu entfachen, der mich dazu brachte, diese seltsame, schlampige Ruhe anzuzapfen, die ich gefunden hatte. Es war ein Hunger nach Ruhe. Ich hatte das dringende Bedürfnis, diesen Ort der Ruhe zu finden.

Seien wir ehrlich: Wir sind alle zu beschäftigt. Ich bin zu beschäftigt, um dieses Buch zu schreiben, und Sie sind wahrscheinlich zu beschäftigt, um es zu lesen. Wir werden von unserem geschäftigen Leben in die Enge getrieben, obwohl wir eigentlich nur ein gutes Leben führen wollen. Und so befinden wir uns in dem unvermeidlichen Dilemma, zu viel zu tun und zu wenig zu genießen. Das Rad dreht sich. Wir stopfen den Tag voll und machen ihn zur Nacht, um am Ende festzustellen, dass wir uns trotzdem nicht ausgefüllt fühlen. Wir wollen nicht mehr – und vor allem nicht mehr tun. Nein, wir haben genug zu tun. Wir wünschen uns mehr Zeit, um die Dinge zu tun, die wir gerne machen.

Wir wollen Zeit haben, um unsere Kinder aufwachsen zu sehen. Wir wollen Zeit, um mit unserem Partner zu schlafen. Wir wollen Zeit, um ein gutes Essen zu genießen. Wir wollen Zeit, um in Ruhe auf die Toilette gehen zu können. Wir wollen mehr Zeit.

Aber es gibt nicht mehr Zeit. Zeit ist. Sie ist sowohl unendlich als auch endlich. Sie geht weiter und weiter. Mit oder ohne uns wird sie vergehen. Die Anzahl unserer Tage kennt nur Gott. Die Zeit läutet das Tosen unseres ängstlichen Verstandes ein und eröffnet einen Kampf zwischen kriegerischen Ängsten und mutiger Ruhe.

Der Mangel an Ruhe beraubt uns. Wir verlieren alles, was uns wichtig und wertvoll ist. Von der Fähigkeit, das Leben zu schätzen, bis zum Wert des eigenen Seins. Es ist so, als ob wir nichts Sinnvolles tun würden, wenn wir einfach mal nichts machen. Unser Wert definiert sich über endlose Aktivität. So drehen wir uns immer weiter im Kreis, und jedes Mal werden wir gereizter, unzufriedener und unglücklicher. Die Quintessenz ist klar, wenn unser Leben keine Ruhephasen hat, dann können wir den Alltag nicht überstehen.

Abschalten ist nichts für Schwächlinge. Sich Raum für Ruhe zu verschaffen, ist Arbeit. Zeit zum Abschalten zu finden, das ist der Hebel, an dem wir ansetzen müssen, um das zu bekommen, was uns letztlich wichtig ist. Wir müssen lernen, Nein zu sagen. Uns selbst, aber auch anderen gegenüber Grenzen zu setzen. Es erfordert Mut, sich inmitten einer ergebnisorientierten Gesellschaft einfach auszuklinken. Und es kostet viel Kraft, sich vom Guten zu lösen, um das Bessere zu suchen.

Der Menschenfreund in mir würde lieber zu allem Ja und Amen sagen und den Rest des hier Gesagten gleich wieder vergessen. Doch ich habe im Laufe der Jahre festgestellt, dass ich es niemandem recht machen kann, auch mir selbst nicht, insbesondere nicht, wenn ich innerlich ausgebrannt bin. Es ist schon komisch, dass jeder den Geruch des langsamen Verbrennens riechen kann, außer derjenige, der mitten im Feuer steht.

Schlaf hat nichts mit Erholung zu tun

Haben Sie schon einmal versucht, Ihre chronische Müdigkeit in den Griff zu bekommen, indem Sie am Wochenende absichtlich ein paar Stunden länger geschlafen haben, nur um dann mit dem Gefühl aufzuwachen, dass Sie sich überhaupt nicht ausgeruht fühlen? Sie hatten gute Vorsätze, aber Sie haben ein wichtiges Puzzleteil übersehen: Schlaf ist nicht gleich Ruhe. Als unterschiedliche Teile eines komplizierten Systems sind Schlaf und Ruhe so konzipiert, dass sie zusammenarbeiten, um sicherzustellen, dass jeder Teil von uns die Möglichkeit hat, sich zu regenerieren.

Wenn ich Ihnen jetzt gegenübersitzen würde, könnte unser Gespräch in etwa so verlaufen wie eines, das ich vor vielen Jahren mit einer Freundin hatte. Es war früh am Morgen, wir waren noch Ärzte im Praktikum und bereiteten uns auf eine lange Schicht im Krankenhaus vor: „Ich bin so müde", klagte meine Freundin. Ihr Haar steckte in einem unordentlichen Pferdeschwanz, und ihr Kittel war völlig zerknittert. Sie sah aus, als wäre sie direkt aus dem Bett in die Arbeit gestolpert.

„Um wie viel Uhr bist du denn gestern Abend ins Bett gegangen?", fragte ich. „Das ist es ja!", rief sie aus. „Es ist sinnlos! Es ist egal, ob ich fünf oder zehn Stunden schlafe. Ich wache immer erschöpft auf. Ich brauche einen doppelten Espresso Latte. Willst du auch einen?"

Zwanzig Minuten später kam sie mit zwei dampfenden Tassen Kaffee zurück. Ich bin überzeugt, dass der Himmel nach Haselnusskaffee riechen muss. Wir nippten daran und tankten neue Energie, während wir die Krankheitsgeschichten der einzelnen Patienten besprachen. Ich weiß nicht, was der Barista in unsere Tassen getan hat, aber es fühlte sich eher wie flüssiges Oktan an, als wie frisch gemahlene Bohnen. Mein Herz setzte fast einen Schlag aus bei dem starken Gebräu. An diesem Tag drehten wir unsere Runde im Krankenhaus in Rekordzeit, wir waren wie aufgezogen.

Ein paar Stunden später schliefen wir tief, und mit tief meine ich tief. Als ich aufwachte, war ich mir ziemlich sicher, dass ich auf die Couch im Studentenheim gesabbert hatte. Ich hatte zwar geschlafen, war aber vollkommen erschöpft aufgewacht.

„Wir brauchen mehr Kaffee“, erklärte meine Freundin. Ich war mir nicht sicher, ob ich eine weitere Tasse dieses Gebräus verkraften würde, also entschieden wir uns für ein wachhaltendes Gespräch.

„Warum hat das Schlafen denn nicht gegen unsere Müdigkeit geholfen? Ich fühle mich jetzt noch viel müder als vorher“, rätselte ich.

„Ich wünschte, ich wüsste es“, entgegnete sie. „Als ich noch im College war, konnte ich schlafen wie ein Baby. Sobald mein Kopf das Kissen berührte, war ich weg. Während des Medizinstudiums bekam ich dann Probleme mit dem Einschlafen. Zuerst dauerte es nur fünf bis zehn Minuten, bis ich einschlafen konnte. Jetzt kann es bis zu einer Stunde dauern, bis ich endlich schlafen kann.“

„Wow, eine Stunde. So müde, wie du immer am Ende einer Schicht bist? Ich hätte gedacht, dass du sofort einschläfst“, sinnierte ich. .„Ich weiß, komisch, nicht wahr“, seufzte sie.

Heute habe ich eine Erklärung dafür. Guter Schlaf ist sanft. Er kommt leise, sinkt auf dich herab und gibt dir neue Kraft. Schlechter Schlaf kommt wie eine Flut über dich, er überrollt dich und lässt dich erschöpft zurück. Es ist der gute Schlaf, den ich vermisse.

Schlaf ist eine biologische Notwendigkeit. Wenn Sie versuchen, ihn auszuklammern, wird Ihre Produktivität sinken, letztendlich kann der Schlafentzug sogar zum Tode führen. In dem Bemühen, diese Lebensfunktion jede Nacht von unserer To-do-Liste zu streichen, haben sich viele von uns mit Schlaf um jeden Preis und in jeder Qualität zufriedengegeben. Was uns zum Kernpunkt bringt: Unser Problem ist nicht einfach das Bedürfnis nach mehr Schlaf. Unser Problem ist die Qualität des Schlafs.

Schlaf ist nicht gleichbedeutend mit Ruhe, aber die Qualität unseres Schlafs beeinflusst, wie ausgeruht wir uns fühlen. Wir können zwar als Reaktion auf Ruhe schlafen, aber wir müssen uns nicht im Schlafzustand befinden, um Ruhe zu erfahren. Manchmal, so gestand meine Freundin, ist Schlaf für sie überhaupt nicht erholsam. Dann gibt es aber auch Zeiten, in denen wir uns trotz des Schlafmangels überraschenderweise ausgeruht und energetisch genug fühlen, um den Tag in Angriff zu nehmen. Der entscheidende Faktor ist der Unterschied zwischen gutem und schlechtem Schlaf.

Nachts versucht unser Körper in die fünf Phasen des Schlafs einzutreten: die vier Non-REM-Phasen sowie die REM-Phase. Hochwertiger Schlaf beginnt im dritten Stadium des Non-REM-Schlafs, wenn das Gehirn aktive Prozesse einstellt. Sie nehmen Ihre Umgebung nicht mehr bewusst wahr. Ihr Gehirn und Ihr Körper befinden sich in einem ruhigen Zustand. Schlechter Schlaf ist unruhig und ruhelos. Die Gedanken können sporadisch über die Ereignisse des Tages schweifen, und Sie werden feststellen, dass sich Ihre Beine als Reaktion auf die aufgestaute Spannung in Ihren Muskeln ruhelos bewegen.

Es muss eine Brücke zwischen gutem und schlechtem Schlaf geben, und diese Brücke ist die Ruhe. Schlaf ist eine rein körperliche Tätigkeit. Ruhe hingegen wirkt auf die Seele ein. Ruhe bringt Frieden in die täglichen Stürme, denen Geist, Körper und die Seele ausgesetzt sind. Die Ruhe ist es, die dem Schlaf eine bessere Qualität verleiht.

Sie sind wahrscheinlich stolz auf sich und die Power, die Sie so viel bewirken lässt. Doch wenn diese Produktivität dazu führt, dass Sie Ihre Energiereserven komplett ausschöpfen, kann sich diese vermeintliche Stärke durchaus negativ auswirken. Genau das ist auch oft genug der Fall, denn wir verbringen viel zu viel Zeit mit dem Tun und zu wenig Zeit mit dem Sein. Wir haben beschlossen, dass Ruhe nicht notwendig ist, und haben sie durch noch mehr Aktivität ersetzt.

Ich habe kein Problem mit produktiven Menschen. Ich habe ein Problem mit erschöpften, produktiven Menschen. Das sind die Gesichter der Menschen, die sich in meiner Praxis vorstellen, darunter Mütter, Geschäftsleute, Schichtarbeiter oder junge Berufstätige. Sie legen mir eine Liste von Symptomen vor, verlangen nach Antworten und wollen schnelle Lösungen für Probleme, die eigentlich eine Entschleunigung erfordern.

Es mag so klingen, als würde ich dieses Verhalten verurteilen, aber seien Sie versichert, das tue ich nicht. Ich bin nicht anders. Ich habe die Kerze an beiden Enden abgebrannt und die zerstörerischen Auswirkungen dieser Denkweise in meinem eignen Leben und in dem Tausender anderer Menschen gesehen. Können Sie hundert Prozent ehrlich zu mir sein oder mit sich selbst?

Wie fühlt sich Ihr gestresstes Multitasking-Leben an und welche Auswirkungen hat es? Führen all die Aktivitäten in Ihrem Leben zu dem Resultat, das Sie sich wünschen? Da Sie dieses Buch in die Hand genommen haben, würde ich vermuten, dass Ihre Antwort auf diese Frage ein Nein ist. Lassen Sie mich ein kleines medizinisches Geheimnis mit Ihnen teilen.

Die am wenigsten genutzte, wirksame, chemiefreie alternative Medizin wird wie folgt buchstabiert: R-E-S-T. Damit meine ich das englische Wort für Ruhe. Rund um diese vier Buchstaben habe ich eine Methode entwickelt, die den Mangel an Ruhe behebt und ihm präventiv vorbeugt: R wie Risiko-Diagnose, E wie Einordnen der aktuellen Situation, S wie Science und Forschung, und T wie Treatment in Form einer täglichen Aufgabe. In Kapitel drei werde ich die REST-Methode genau erläutern.

2
Das Geheimnis gut ausgeruhter Menschen

„Manchmal ist es wichtig, für den Goldtopf zu arbeiten. Aber genauso wichtig ist es, sich an manchen Tagen eine Auszeit zu nehmen und dafür zu sorgen, dass die wichtigste Entscheidung des Tages einfach darin besteht, welche Farbe auf dem Regenbogen nach unten rutscht."

Douglas Pagels

Karen war eine neue Patientin, die mit einer so langen Liste von Beschwerden in meine Praxis kam, dass ich sie für eine Hypochonderin hielt. Kein Mensch kann so eine komplexe Liste von Beschwerden haben. Aber sie hatte sie, und sie war überzeugt, dass es einen medizinischen Grund für ihre Probleme gab.

Ich glaube, sie wäre dankbar gewesen, wenn ich etwas Schreckliches bei ihr diagnostiziert hätte. Nichts ist beängstigender als das Unbekannte. Mit einer endgültigen Diagnose hätte sie wenigstens gewusst, womit sie es zu tun hatte. Sie war eine Frau, die verzweifelt nach Antworten suchte. Der Mangel an Verständnis war lähmend geworden. Sie wollte wissen, warum ihr Körper schmerzte und warum es ihr schwerfiel, sich zu konzentrieren. Sie wollte bestätigt werden, dass sie sich das alles nicht nur einbildete.

Der Zustand, in dem sie sich befand, erinnerte an einen Topf, der auf dem Ofen stand und randvoll mit Ängsten gefüllt war. Diese waren versetzt mit einer Prise Schlaflosigkeit und einer täglichen Dosis Stress, der das ganze zum Brodeln brachte. Ihre Unzufriedenheit verzehrte sie und beeinflusste die Beziehung zu ihrem Mann und ihren Kindern sehr negativ. Sie fühlte, dass sie den Ansprüchen, die an Ehe, Familie und Karriere gestellt wurden, nicht mehr gerecht werden konnte. Alles, wonach sie gestrebt hatte, alles, wofür sie gekämpft hatte, wurde ihr zum Verhängnis, so schien es ihr zumindest.

Karens Liste an Beschwerden liest sich so:

- ständige Müdigkeit und Erschöpfung
- das Gefühl, dass nichts, was man privat oder beruflich tut, einen Unterschied macht oder geschätzt wird
- höhere Krankheitsanfälligkeit
- das Gefühl, allein und getrennt von Familie und Freunden zu sein
- negative Lebenseinstellung
- Kopfschmerzen, Nackenschmerzen und Muskelkater
- leicht wütend und verärgert
- Abhängigkeit von Lebensmitteln, Tabletten und Wein, um sich besser zu fühlen
- Depressionen und Stress

Ich hörte ihr zu, als sie ihre Liste herunterratterte, und gab ihr einen Vertrauensvorschuss. Es gibt viele chronische Krankheiten und medizinische Störungen, die einen ständig müde machen können. Leider gibt es ebenso viele Menschen mit einem chronischen Ruhedefizit, und die Symptome können ähnlich aussehen. Aber im Gegensatz zu vielen chronischen Krankheiten kann ein chronisches Ruhedefizit geheilt werden.

Die erste Frage lautet also: Wie müde sind Sie?

Müdigkeit kann viele Ursachen haben. Sie kann die Folge eines hektischen Terminplans sein und durch Schlafmangel oder eine ungesunde Ernährungsweise ausgelöst werden. Auch eine Fehlfunktion der Schilddrüse kann verantwortlich sein, sowie ein akuter Hormonmangel oder ein Versagen der Nebennieren. Sie kann aber auch das Produkt von Medikamenten, Ängsten oder Depressionen sein oder schlichtweg von Ziellosigkeit und mangelnder Motivation. Die Ursachenforschung ist hier der schwierigste Teil der Gesundheitsfürsorge.

Dennoch untersuchte ich Karen und ordnete Tests an, mittels deren ich die häufigsten Ursachen für Müdigkeit abklärte. Alle lagen im grünen Bereich. Also erklärte ich ihr, dass medizinisch betrachtet alles in Ordnung sei.

„Sie sind kerngesund", verkündete ich.

Daraufhin wurde Karen wütend. Ihr Gesicht rötete sich, ihr Atem kam in kurzen, hektischen Stößen und ihre Augen schienen mich förmlich zu durchbohren. Meine Diagnose einer intakten Gesundheit hatte sie verletzt. Ihr Verhalten erinnerte mich an eine Tier-Dokumentation, die ich einmal gesehen hatte. Ich überlegte, ob ich meine Krankenschwester bitten sollte, eine Beruhigungsspritze bereitzuhalten. Bevor ich mich entscheiden konnte, begann sie zu schimpfen.

„Warum könnt ihr Ärzte nicht herausfinden, was mit mir los ist?"

Weitere Worte fielen, die ich hier nicht wiederholen möchte. Manchmal wollen die Menschen die Wahrheit hören, und manchmal nur das, was sie hören möchten. In der Medizin ist es hilfreich, festzustellen, wann jemand bereit ist, sich seinen inneren Problemen zu stellen. Ich überlege oft, wann der richtige Zeitpunkt ist, Themen wie Raucherentwöhnung oder Gewichtsabnahme anzusprechen.

Noch schwieriger ist es, jemanden bezüglich eines chronischen Ruhemangels zu konfrontieren. Weder eine Zigarette noch ein Donut kann einen nach Ruhe hungernden Körper befriedigen. Wenn zu dieser Müdigkeit noch Wut hinzukommt, ist diese Person nicht in der Lage zuzuhören. Die einzige Möglichkeit, zu diesem Menschen durchzudringen, besteht darin, eine Selbstdiagnose anzustoßen. Ich musste Karen dazu bringen, die Liste ihrer Krankheitssymptome auf eine neue Weise zu betrachten.

„Karen, ich glaube, wir haben es hier nicht nur mit einem medizinischen Problem zu tun. Ich denke, Sie leiden unter einem chronischen Erholungsdefizit. Auf Ihrer Liste haben Sie dies mehrfach benannt und mit chronischer Müdigkeit, chronischer Hoffnungslosigkeit und einem chronischen Mangel an Freude betitelt. Dies sind Probleme des Geistes, des Körpers und der Seele. Ihre Heilung muss aus dem Inneren heraus geschehen. Sobald Sie die nötige Ruhe in Ihrem Leben verankert haben, werden Sie die gewünschten Veränderungen sehen."

„An mangelnder Ruhe kann es nicht liegen!", protestierte sie. „Ich gehe zur Massage. Ich mache regelmäßig Urlaub und habe sogar einen spirituellen Berater, mit dem ich arbeite. Ich bin der Inbegriff von Ruhe."

Karen war sich bewusst, wie Ruhe jeden Bereich ihres Lebens beeinflusste. Sie hatte versucht, diese in ihr Leben zu bringen, aber ohne Erfolg. Zur gleichen Zeit erlebte auch ich selbst, wie sich verschiedene Arten von Ruhe auf mich auswirkten. Wie Karen hatte ich alle gängigen Empfehlungen der Selbsthilfegurus ausprobiert. Entweder waren wir beide zu kaputt, um repariert zu werden, oder deren Theorien ließen etwas missen. Der Optimist in mir weigerte sich aber, zu akzeptieren, dass es keine Lösung für mein Bedürfnis nach Ruhe geben sollte.

Ich musste Karens Bewusstsein dafür öffnen, dass Ruhe, oder genauer gesagt ihr Mangel an Ruhe, die Ursache für ihre Lebenskrise sein könnte. Ihre Antworten auf die folgenden Fragen trugen dazu bei, die Möglichkeit eines Ungleichgewichts im Bereich der Ruhe näher zu beleuchten. Nehmen Sie sich eine Minute Zeit, um diese für sich selbst zu beantworten.

- Fühlen Sie sich oft müde, wenn Sie morgens aufwachen?
- Fällt es Ihnen schwer, sich zu konzentrieren?
- Lassen sich Ihre Gefühle leicht von den Handlungen anderer beeinflussen?
- Haben Sie Kopf- oder Muskelschmerzen und spüren Sie eine allgemeine Müdigkeit, ohne dass eine medizinische Diagnose bekannt ist?
- Leiden Ihre sozialen Kontakte unter diesem Zustand?
- Verbringen Sie mehr Zeit mit den Dingen, die Sie zu tun haben, als mit denen, die Sie eigentlich machen wollen?
- Empfinden Sie Ihr Leben noch freudvoll, spannend und aufregend? Oder hat es an diesen Qualitäten verloren?
- Fällt es Ihnen schwer, beim Lesen oder Fernsehen wach und konzentriert zu bleiben?
- Sind Sie auf schnelle Energielieferanten wie Koffein oder Zucker angewiesen, um durch den Tag zu kommen?
- Brauchen Sie Comfort-Food, wie Eiscreme oder alkoholische Getränke, um sich zu entspannen?
- Neigen Sie zu plötzlichen Wutausbrüchen oder unerklärlichen Weinkrämpfen?
- Haben Sie oft das Gefühl, dass Ihr Leben außer Kontrolle geraten ist?

Karens Antworten deuteten auf ein Leben hin, das in der Verantwortung zu ertrinken drohte, ohne dass Rettung in Sicht war. Sie hatte instinktiv viel ausprobiert, um ihre Situation zu korrigieren und zu verbessern, alles ohne Erfolg. Sie war sich ihres drohenden Burn-outs bewusst, hatte aber ihre Unruhe als mögliche Ursache für ihre Symptome nicht in Erwägung gezogen. Karen hatte sich von der Idee, Erholung und Ruhe zu finden, verabschiedet. Das Projekt landete wie ihre ungelesenen Bücher auf dem Nachttisch. Die Ruhe wartete nur darauf, dass sich Karen dazu aufraffte, sie in ihr Leben zu bringen, aber sie tat es nicht.

Meine Nachforschungen und Beobachtungen zum Thema Ruhe zeigten eine klaffende Lücke in unserer Definition von Ruhe. Ruhe war zu einem Synonym für Schlaf, Passivität und Tatenlosigkeit geworden. Was aber, wenn Ruhe an sich eine lebenswichtige Aktivität ist, die wir brauchen, um den Garten unseres Lebens zu pflegen? Was, wenn die Ruhe das Wasser des Lebens ist. Was, wenn sie der Dünger ist, der uns zu Wachstum und Größe verhilft? Was, wenn sie die Hand des Gärtners ist, die das Unkraut ausreißt, das die Schönheit zu verdrängen droht?

Nicht alle Ruhezeiten sind gleich. Vieles von dem, was wir als Erholung oder Ruhephase erachten, funktioniert nicht, weil es nicht entspannend ist. Wenn wir unsere Aktivitäten verlagern oder den Ort wechseln, an dem wir tätig sind, ist das nicht erholsamer, als wenn wir dieselben Aktivitäten zu Hause durchführen. Die effektivste Erholung findet statt, wenn wir uns den Dingen widmen, die wir regelmäßig vernachlässigen, und gezielt das tun, was wir möchten. Jede sogenannte Ruhepause, die diesem Ziel nicht gerecht wird, ist keine, sondern nur weitere Arbeit, die zur Geschäftigkeit hinzukommt.

Erholungspläne, die nicht funktionieren

Ferien

Karens Vorstellungen von einem Traumurlaub erinnerten ein wenig an einen Aufenthalt in einer luxuriösen Privatklinik. Sie wollte ausschlafen, den Zimmerservice in Anspruch nehmen und ein schönes Zimmer fern von zu Hause genießen. Dazu kam, dass sie jeden Familienurlaub mit der Hoffnung plante, glücklicher und ausgeruhter abreisen zu können als bei ihrer Ankunft. In diesem Sinne stellte sie sich wunderbare Tage vor, an denen sie am Strand saß, die Sonne auf ihrem Körper spürte und dem Rauschen des Meeres lauschte. Leider wurde ihr Zeitplan in der Regel von Aktivitäten überschattet, die ihren Kindern und ihrem Mann Spaß machten, aber nicht ihr. Anstatt ausgeruht ins Bett zu gehen, fiel sie jeden Abend erschöpft von all den Unternehmungen ins Bett. Sie hatte eine gute Zeit, aber keinen erholsamen Urlaub. Der war eher Arbeit. Sie brauchte praktisch einen Urlaub, um sich von ihren Ferien zu erholen. Nach dem Urlaub war vor dem Urlaub. Sie verspürte die gleiche körperliche, geistige und emotionale Erschöpfung wie zuvor. Dazu musste sie sich nun auch noch all den Aufgaben widmen, die sich über die Ferientage in ihrem Büro angestaut hatten.

Urlaub ist eine großartige Gelegenheit, neue Dinge zu erleben und andere Orte zu erkunden, aber oft ist er kein ausreichender Ausgleich für unser rastloses Leben. Lassen Sie es mich an einem Rätsel verdeutlichen: Welches Souvenir würde jeder Urlauber gerne mit nach Hause nehmen? Die Antwort lautet: die Zeit. Das Geschenk der Ruhe bedeutet, frei von Zeitplänen und Terminen zu sein. Auch wenn es Karen gelänge, sich eine Woche lang auf die Befriedigung ihrer Bedürfnisse zu konzentrieren, würde das nicht ausreichen, um die restlichen einundfünfzig Wochen des Jahres durchzuhalten. Es wäre so, als würde man einem hungernden Kind eine Schale Reis geben und sagen: „Jetzt, wo du vorübergehend gesättigt bist, solltest du nie mehr Hunger haben.“ Doch diese Kurzzeiteffekte verpuffen, echte Regeneration verlangt nach Beständigkeit.

Reduzieren

Reduktion ist die einzige Lösung, wenn das Leben vollgestopft von Verpflichtungen ist, die keine Zeit mehr für das eigene Selbst lassen. Wenn zu viele Aktivitäten anstehen, dann muss man dieser Überlastung entgegenwirken. Karen setzte den Rotstift beim Terminplan ihrer Kinder an. Zudem beschnitt sie ihr Engagement in der Freiwilligenarbeit und im sozialen Bereich. Dafür schuf sie Spielraum für Dinge in ihrem Leben, die sie liebte. Leider neigt der Mensch eher dazu, das zu tun, was einfach erscheint, als das, was nützlich ist. Es ist einfach, den Fernseher einzuschalten und es sich mit einer Portion Eiscreme auf dem Sofa gemütlich zu machen. Es wäre märchenhaft, wenn wir irgendwo zwischen dem Löffel Eis und einer unterhaltsamen Serie all das finden könnten, was wir zum Glücklichsein brauchen. Aber Eskapismus ist keine Erholung. Es gibt kein Gelato, dass uns das Leben bescheren kann, das wir uns wünschen. Deshalb dürfen wir nicht vergessen, dass ein sinnvoller Umgang mit der Zeit vor allem bedeutet, dass wir sinnvolle Erholungspausen einplanen. Sonst öffnen wir Faulheit, Depression und Apathie Tür und Tor.

Medikamente

Karen war abhängig von Schlaftabletten. Sie verschafften ihr sechs bis acht Stunden Schlaf, dennoch fühlte sie sich nicht ausgeruht. Schlaf ohne Tabletten war undenkbar. Trotzdem versuchte sie jeden Abend ohne Medikamente einzuschlafen, in der Hoffnung, auf die Droge verzichten zu können. Mit dem Resultat, dass sie sich stundenlang im Bett hin und her wälzte. In anderen Nächten hielt ihr Verstand sie wach und ließ sie über ihre eigenen Gedanken und Gefühle grübeln – aber auch über die Gespräche mit anderen. Der medikamentös indizierte Schlaf war damit in jedem Fall besser als gar kein Schlaf, auch wenn sie sich dadurch am nächsten Tag benebelt fühlte. Schlaftabletten wirken sich nicht auf die Qualität der Erholung aus. Ihr Ziel ist es lediglich, den Schlaf herbeizuführen. Ruhe ist in jedem Fall essenziell, und sie lässt sich nicht mit Medikamenten erreichen.

Schlaf-Marathons

Diejenigen, die in der Lage sind zu schlafen, könnten in Versuchung geraten, wöchentliche Schlafmarathons zu absolvieren. Ein Beispiel: Sie bleiben an manchen Wochentagen lange auf, um sich einen Film anzuschauen, oder besprechen stundenlang das ein oder andere Drama im Job oder in Ihrem Umfeld. Nachts schlafen Sie tief und fest, aber jeden Morgen fällt es Ihnen schwer, aufzustehen. Die Wochenenden nutzen Sie dazu, das Schlafdefizit aufzuholen, indem sie die sechs Stunden Schlaf gegen zehn Stunden am Samstag und Sonntag tauschen. Sie schlafen, bis Ihr Körper schmerzt, weil Sie zu lange im Bett gelegen haben. Sie wachen mit einem Schlafkater auf. Der Kopf dröhnt, der Mund ist trocken und Sie fragen sich, warum Sie sich so schlecht fühlen. Sie haben mehr geschlafen, aber Sie sind erschöpfter als an den Tagen, an denen Sie planmäßig aufwachen.

Diese Schlafmarathons sind eher schädlich als hilfreich. Die lange Zeit ohne Essen versetzt Ihren Körper in einen Fastenzustand. Da der Körper nicht die Energie erhält, die er braucht, beginnt er, Muskeln und Fett abzubauen, um Energie zu gewinnen. Das ist wie ein Marathonlauf ohne Medaille am Ende. Schlafmarathons sind zerstörerisch für Ihre Gesundheit, wohingegen zu viel Ruhe niemals schädlich ist.

Multitasking

Wenn Sie mehr Aufgaben schneller erledigen können, haben Sie vielleicht mehr Zeit für sich selbst. Das ist die Lüge des Multitasking. Es geht davon aus, dass sich Ihr Gehirn effizient auf mehrere Aufgaben gleichzeitig konzentrieren und diese optimal erledigen kann. Multitasking ermüdet Ihre geistigen Ressourcen. Es teilt Ihre Aufmerksamkeit zwischen verschiedenen Aktivitäten auf und erhöht das Fehlerpotenzial, beeinträchtigt Ihr Urteilsvermögen und verringert Ihre Leistung. Multitasking führt nicht zu mehr Zeit für Erholungspausen. Wenn Sie für jede Aufgabe einen Zeitplan entwickeln, werden Sie feststellen, dass Sie diese schneller erledigen, als dies durch Multitasking möglich wäre. Gut ausgeruhte Menschen vervielfachen ihre Aktivitäten nicht exponentiell, sie teilen ihre Zeit auf und gewinnen dadurch mehr.

Karen verbrachte viel Energie damit, sich darüber zu beschweren, wie sie sich fühlte, anstatt diese Energie auf produktivere Weise zu nutzen. Sie zog es vor, ihre Müdigkeit und ihren Mangel an geistiger Klarheit zu vergöttern, anstatt die notwendige Arbeit zu leisten, um Ihren Zustand zu ändern. Als sie mit ihrer Beschwerdeliste vor mir saß, begann ich mich zu fragen, ob sie nicht bereit war, sich zu ändern, oder ob sie einfach nicht wusste, was sie ändern sollte.

Irgendwann in der Unterhaltung hatte ich alles gehört, was ich wissen musste. Ich klappte meinen Laptop zu und drehte mich auf meinem Hocker zu Karen um. Ich konnte sehen, dass sie nicht wusste, was los war. Sie plapperte weiter und schaute zwischen meinem Computer und mir hin und her. Ich tippte keine der Informationen mehr ein, die sie mir mitteilte. Schließlich hörte sie auf zu reden. Ich konnte mir ein Lächeln nicht verkneifen, als ich ihr verwirrtes Gesicht sah. Mein Verstand jonglierte mit einer Idee, die ich schnell wieder verwarf. Es war verrückt, aber manchmal öffnet das Ungewöhnliche die Tür zum Wunderbaren. Warum nicht, dachte ich mir und machte mich sofort an die Arbeit.

„Karen, was Sie brauchen, kann ich Ihnen in einer fünfzehnminütigen Sprechstunde nicht geben. Aber ich mache Ihnen folgenden Vorschlag: Ich schicke Ihnen in den nächsten 30 Tagen jeden Tag eine SMS. Alles, worum ich Sie bitte, ist, dass Sie jeden Text lesen und täglich tun, was darin steht."

„Nein, dafür habe ich keine Zeit. Ich brauche Hilfe! Wollen Sie mir helfen?", stieß sie hervor.

„Wollen Sie sich nicht selbst helfen?", konterte ich. „Wenn Sie sich nicht die paar Minuten Zeit nehmen können, um zu tun, was ich Ihnen hier vorschlage, dann fürchte ich, dass Ihnen niemand mehr helfen kann."

In den Wochen vor Karens Besuch hatte ich dieses neu gefundene Wissen, das ich an sie weitergeben wollte, bereits selbst angewandt. Es war eine der schwierigsten, gleichzeitig aber auch leichtesten Aufgaben, mit denen ich je konfrontiert wurde. Als menschenfreundlicher, arbeitssüchtiger Macher ist einem das Konzept Ruhe fremd. Vielmehr führt man so manchen innerlichen Kampf, was das Thema betrifft. Tatsache ist, Ruhe finden wir nur, wenn sich die Seele unterwirft, und die Seele will, was die Seele will. Sie wehrt sich gegen die Ruhe, indem sie an den Früchten, die unsere ständige Geschäftigkeit mit sich bringt, festhält. Dabei lässt sie einem nie die Zeit, diese Früchte genau zu betrachten. Denn dann würde man die Fäulnis und den Verfall dieses geschäftigen Lebens, das man sich geschaffen hat, im Kern sehen.

Karen war nicht länger damit zufrieden, ein Leben zu führen, das oberflächlich betrachtet perfekt aussah. Sie sehnte sich nach dem süßen Leben, das sie täglich genießen konnte. Sosehr sie auch daran zweifelte, dass Ruhe tatsächlich die Lösung für ihre Probleme sein sollte, so sehr hatte sie es satt, krank und müde zu sein. Sie willigte ein, sich auf eine REST-Challenge einzulassen. Dreißig Tage lang würde ich ihr täglich eine Entspannungsübung schicken. Was sie nicht wusste, war, dass sich jede dieser Übungen darauf konzentrierte, eine bestimmte Art von Ruhe in ihrem Leben wiederherzustellen.

Ruhe ist keine Einheitsgröße, die für alle gilt. In diesem Buch versuche ich nicht, Ihnen ein XYZ-Konzept für das schnelle Glück zu geben. Zum einen, weil es das nicht gibt. Zum anderen, weil Ihr persönliches Ruhekonzept so individuell wie Ihre DNA ist. Wenn Sie anfangen zu verstehen, welche wichtige Rolle die Ruhe in Ihrem Leben hat, wird sich vieles für Sie zum Guten ändern, das verspreche ich Ihnen:

- *Sie werden den Stress eines intensiven Lebens durch intensive Erholung ersetzen.*
- *Sie werden Ihr Ruhedefizit ermitteln und die für Sie perfekte Art von Entspannung finden.*
- *Sie werden dem chronischen Ruhemangel entgegenwirken.*
- *Sie werden Ihre Energiereserven erneuern und die Vorteile eines ausgeruhten Lebens erfahren.*
- *Sie werden auf Ihren Verstand und Ihre Vernunft setzen, indem Sie die Gaben der Ruhe in Anspruch nehmen.*
- *Sie werden die Schuldgefühle, die Ihre unerledigte Aufgabenliste mit sich bringt, gegen die Freiheit tauschen, sich nur für das Beste entscheiden zu müssen.*
- *Sie werden die Überforderung, die ein Leben, für das man hart arbeitet, mit sich bringt, überwinden.*

Ein entspanntes Leben

Ein paar Monate später kam Karen wieder zu mir. In ihrer Hand trug sie ein in rosa Leder gebundenes Tagebuch. Die Strenge und die Härte, die sie bei ihrem ersten Besuch an den Tag gelegt hatte, waren verschwunden. Sie wirkte ausbalanciert. Ihre Stärke war wiederhergestellt, sie ruhte in sich und hatte eine wunderschöne Ausstrahlung.

15. Oktober

Das Licht schien durch meine transparenten Vorhänge und kündigte die Morgendämmerung an. Es lud dazu ein, aus der Dunkelheit herauszutreten. Ich drehte mich um und schaute auf den Wecker. Bereits zum zweiten Mal in diesem Monat war ich schon Minuten vor dem Läuten des Weckers aufgewacht. Anstatt zwei- bis dreimal auf „Schlummern" zu drücken, schaltete ich den Wecker heute gleich aus. Sein schriller Appell, den Tag zu begrüßen, war nicht mehr nötig. Ich sah die Zeit nicht mehr als Feind an. Bis heute bedaure ich, dass ich dem Ruf meines Herzens, mich der Ruhe hinzugeben, nicht früher gefolgt bin.

18. Oktober

Es ist Samstag, und normalerweise wäre ich wach und würde all die Dinge tun, für die ich unter der Woche keine Zeit hatte. Stattdessen genieße ich eine Portion von dem guten Braten, den ich gemacht habe, und lasse es mir die nächsten drei Stunden einfach nur gut gehen. Ruhe ist jetzt die Droge meiner Wahl. Sie macht mich wach und entspannt zugleich. Heute bin ich 20 Minuten spazieren gegangen und habe gebetet. Bernsteinfarbene und rubinrote Blätter säumten meinen Weg. Der Herbstwind blies mir heftig in den Rücken und trieb mich vorwärts. Ich erklärte alles für gut. Der Wind stillte meinen Hunger nach mehr und brachte die Lüge der Geschäftigkeit zum Schweigen. Jahre blinder Aktivität haben mich in einem ständigen Schlummerzustand gehalten. Ich bin körperlich, geistig, spirituell und emotional wach. In der Stille des Morgens denke ich über den Tag nach. Ich spüre keine Last der Schuld. Ich brauche den heutigen Tag mehr, als er mich braucht.

23. Oktober

Dankbarkeit überflutet mich. Ich sehe Eigenschaften an meinen Kindern, die ich mir erhofft habe. Ihre Unabhängigkeit erschreckt und erfreut mich zugleich. Meine Kinder haben mir bewiesen, dass sie zu viel mehr fähig sind, als ich ihnen zugetraut hätte. Ich lege Verantwortung ab, die ich nicht mehr tragen muss. Hätte ich mich nur früher zurückgezogen, um ihre Entwicklung zu beobachten, aber ich werde der verlorenen Zeit nicht nachtrauern. Lieber gehe ich mit ihnen zum Schlittschuhlaufen. Fallen und wieder aufstehen, das ist es, was wir als Familie tun. Ich bin dankbar für die blauen Flecken, die uns zu einem besseren Gleichgewicht führen.

Karens Tagebucheinträge spiegeln das ausgeglichene Leben wider, das sie jetzt führt. Zum Glück war sie verzweifelt genug, sich auf etwas Neues einzulassen und ihre Lebensqualität damit zu verbessern. Sie befreite sich von ihrer Sucht nach Beschäftigung und fand das Geheimnis eines ausgeruhten Lebens. Es liegt nicht an der Anzahl der geschlafenen Stunden. Nicht an der Anzahl der Meditationen, der Gebete oder mentalen Übungen. Auch nicht am Job oder etwa daran, sich von seinen Verpflichtungen freizumachen. Das Geheimnis gut ausgeruhter Menschen liegt in der Beantwortung einer Schlüsselfrage.

Welche Art von Ruhe hat Ihnen gefehlt?

3

Die Ruhe, nach der Sie sich sehnen

Nichts macht so zufrieden wie Schokolade, erklärte der Bildschirmschoner auf Cynthias Laptop, als sie ihn zuklappte. Sie hatte festgestellt, dass Zufriedenheit ein interessantes Konzept war. Es war ein Rätsel, zutiefst ersehnt und doch beängstigend weit entfernt. Was also befriedigt uns wirklich? Dieses Leben hält so viele Optionen bereit. Doch keine befriedigte sie so, wie sie es sich erhofft hatte.

Sie kletterte in ihren geliebten BMW, trat den Heimweg auf der Interstate an und dachte über die vielen Dinge nach, die das Leben bereithält. So viele Gedanken gingen ihr durch den Kopf. Sie dachte darüber nach, in welcher Phase ihres Lebens sie sich gerade befand. Sie war dreißig und nichts war so, wie sie es sich vorgestellt hatte. Sie hatte geglaubt, dass sie inzwischen Ehemann und Kinder haben würde, aber das war nicht ihre Realität. Auch hatte sie davon geträumt, ins Ausland zu reisen, doch ihr abgelaufener Reisepass lag ohne einen einzigen Stempel in ihrem Nachttisch und verhöhnte ihre Pläne. Sie wusste, dass etwas passieren musste.

Es musste sich etwas ändern. Doch sie wusste einfach nicht, welche Schritte nötig waren, um aus Ihrem Trott herauszukommen. Was sie wusste, war, dass sie eine Vision benötigte – und zwar schnell. Sie wollte ein erfülltes Leben führen. Sie musste diese Erfüllung finden, und sie wusste, dass Schokolade nicht die Antwort war. Bei einer Größe von 1,65 m und 45,5 kg war Cynthia klar, dass der

Bildschirmschoner auf ihrem Laptop log. Schokolade machte weder satt noch zufrieden oder glücklich.

Die Musik dröhnte aus ihrem Autoradio, als sie tief in Gedanken versunken auf der Autobahn fuhr. In ihrem Kopf spielte sie die verschiedensten Szenarien durch. Was könnte sich in ihrem Leben ändern? Der Job, eine Beziehung, Reisen – es gab so viele Möglichkeiten. Eigentlich waren es zu viele, und das war ein Teil des Problems.

Sie nahm die Autos um sich herum nicht wahr, aber sie blieb im Takt mit dem sich bewegenden Strom aus Metall. Plötzlich wechselte der Fahrer vor ihr abrupt die Spur. Cynthia blieb in Gedanken versunken, bis das rote Bremslicht ihren Tagtraum stoppte. Das Auto hinter ihr war zu dicht aufgefahren und konnte nicht mehr rechtzeitig bremsen. Sie hatte die Veränderung nicht kommen sehen. Sie prallte mitten in ihr bequemes Leben, brachte sie ins Schleudern und manövrierte sie in eine Schlucht. Für ein paar Augenblicke verlangsamte und beschleunigte sich die Zeit gleichzeitig. Ihre Gedanken schienen sich sogar noch schneller zu bewegen als ihr sich drehendes Fahrzeug. Als ihr Auto im Graben landete und sie den Bezug zur Gegenwart verlor, schlief sie zu den Klängen von Kelly Clarksons Song *What doesn't kill you, makes you stronger* ein.

Nachdem Cynthia in der Notaufnahme angekommen war, wurde sie meiner Abteilung zugewiesen. Zwei Tage nach ihrem Unfall wachte sie mit dem melodischen Geräusch des mechanischen Beatmungsgeräts auf und wurde sich der zahlreichen Verletzungen bewusst, die sie erlitten hatte. Sie sah sich auf der Intensivstation um, betrachtete die verschiedenen Geräte im Raum und versuchte zu verstehen, warum sich überall an ihrem Körper Schläuche und Apparate befanden. Sie beobachtete die Krankenschwester, die an einem der Schläuche arbeitete, und zuckte zusammen, als ein Schmerz von der berührten Stelle ausging. Dann schloss sie die Augen und versuchte sich zu erinnern, was vorgefallen war. Wie war sie hergekommen? Was war geschehen?

Was hatte sie an diesen Ort verschlagen, zerbrochen, verletzt und von unglaublichen Schmerzen geplagt?

Eine ihrer Lungen war beim Aufprall kollabiert, was wahrscheinlich der Grund dafür war, dass sie am Unfallort ohnmächtig wurde. Der Rettungsdienst musste sie aus ihrem vollkommen demolierten Auto bergen. Viele CT-Scans und Röntgenaufnahmen später stellten die Ärzte weitere zahlreiche Verletzungen fest.

Ich beobachtete Cynthia von der Tür der Intensivstation aus. In ihren Augen stand deutlich die Angst geschrieben. Angst war eine Reaktion, die ich erwartet hatte. Sie geht immer mit unerwarteten Veränderungen einher. Ich habe festgestellt, dass Angst ein erbärmlicher Feind ist. Doch die Hoffnungslosigkeit ist es, die uns wirklich tötet. In diesen wenigen Augenblicken der Beobachtung suchte ich nach Anzeichen von Hoffnungslosigkeit. Cynthia signalisierte mir keine. Sie musterte den Raum wie eine Löwin, die sich auf die Jagd vorbereitet. Sie war offensichtlich müde, aber ihr Blick war voller Leben. Voller Pläne, voller Träume, voller Möglichkeiten, voller Hoffnung, voll von allem, was zur Wiederherstellung und Genesung nötig ist. Es war Zeit, mich vorzustellen.

„Hallo Cynthia, ich bin Dr. Dalton-Smith. Ich weiß, dass die Situation etwas beängstigend ist, aber lassen Sie mich erklären: Sie hatten einen Autounfall und haben sich mehrere Brüche zugezogen. Wir haben Sie operiert und Ihre Lunge punktiert. Zudem haben Sie eine Gehirnerschütterung und waren die letzten zwei Tage im Koma. Willkommen zurück. Jetzt ist es an der Zeit, dass Sie sich Ihr Leben zurückholen.

Sie starrte mich ausdruckslos an, als ob sie nicht verstehen würde, was ich sagte. Dann bemerkte ich, wie ihre Lippen versuchten, sich um den Endotrachealtubus in ihrem Mund zu bewegen. Sie war nicht in der Lage, das, was sie mir mitteilen wollte, in Worte zu fassen. Also nahm ich das am Bettende befestigte Klemmbrett und hielt es ihr entgegen, damit sie darauf schreiben konnte. Ihr erster Versuch war ein Buchstaben-Gekritzel, das nicht zu entziffern war.

„Tut mir leid, Cynthia, ich weiß nicht, was Sie mir sagen wollen."

Ich tauschte das Klemmbrett gegen ein laminiertes Blatt für die Patientenkommunikation aus, auf dem Fragen schwer kranker Patienten stehen.

Ich bat sie, auf das zu deuten, was dem, was sie sagen wollte, am nächsten kam. Sie zeigte auf das Bild einer Familie. „Möchten Sie, dass wir Ihre Familie anrufen?", erkundigte ich mich. „Wir haben ihre Daten bislang nicht, aber wenn ich Ihre Nummer notieren darf, rufe ich an und erkläre, was vorgefallen ist."

Ich dachte, die Tränen, die ihr in die Augen stiegen, seien Freudentränen über die Wiedervereinigung mit ihrer Familie. „Zeigen Sie einfach auf die Zahlen, die der Telefonnummer der Person entsprechen, die ich anrufen soll."

Ich hielt das Blatt wieder hoch, damit sie es sehen konnte. Langsam begann sie darauf zu deuten, aber nicht auf die Zahlen. Sie wählte fünf Buchstaben aus, die mir das Herz brachen. N-O O-N-E. Es gab niemanden. Das Allererste, was Cynthia mir sagen wollte, war, dass sie allein war. Krankheiten sorgen dafür, dass sich selbst die stärkste Person verletzlich fühlt. Die dünnen OP-Hemden verbergen nicht viel. Und jemand, der bereits körperlich entblößt ist, gibt selten sein Innerstes preis. Der körperliche Zusammenbruch reißt auch die Mauern des Egos ein. Die Verletzlichkeit ist hässlich und wunderbar zugleich, denn sie bringt alles an die Oberfläche, was geheilt werden muss.

Sieben Tage nach ihrem Krankenhausaufenthalt war Cynthia nicht mehr an ihr Zimmer gefesselt. Sie war eine eifrige Patientin, die sich darauf freute, wieder auf die Beine zu kommen. Eines Tages bemerkte ich: „Sie machen das großartig! Sie werden in kürzester Zeit wieder normal laufen können."

Das war der Zeitpunkt, an dem Cynthia begann, mir ihre Geschichte zu erzählen – mit der Erkenntnis, dass sie nie wieder der Mensch sein wollte, der sie einmal gewesen war. Eines Tages fragte ich sie, was sie über ihren Unfall dachte. Sie schloss für einen Moment die Augen, antwortete aber nicht. Ich fragte sie, ob der Unfall in ihren Augen einen Zweck hatte, oder nur ein zufälliges Ereignis war. Ich wollte wissen, ob sie selbst den tieferen Sinn erkennen konnte, der mit dem Unfall und dem Trauma der Veränderung verbunden war. Sie saß da und dachte nach. Dann begann sie mir zu erzählen, wie ihr Leben vor dem Unfall ausgesehen hatte. Sie berichtete von den Menschen in ihrem Leben. Sie erzählte von deren Aktivitäten und den Dingen, die sie liebten. Alles, was sie beschrieb, waren weder Erinnerungen noch Ereignisse. Es war eine Aneinanderreihung von verpassten Erfahrungen und Begegnungen, weil sie einfach keine Zeit gehabt hatte. Sie erzählte, wie ihr Leben ausgesehen hatte, gefangen in einem Kreislauf verpasster Gelegenheiten. Sie war nicht an dem Punkt angelangt, an dem sie sagen konnte, dass der Unfall eine gute Sache war, aber sie erkannte, dass er einen Sinn und Zweck hatte, und zwar auf eine Art und Weise, die sie nie erwartet hatte. Er veranlasste sie dazu, innezuhalten.

Auf ihrer Agenda für dieses Jahr stand nicht, dass sie sich ein paar Wochen ausruhen und erholen wollte. Aber jetzt lag ein All-inclusive-Aufenthalt in einem Gebäude, das nach Antiseptika roch, vor ihr. Umgeben von Fremden musste sie Dinge neu lernen, die sie ihr ganzes Leben lang beherrscht hatte. Nicht nur das Gehen, sondern auch Fähigkeiten, wie Vertrauen, Wachstum und Gelassenheit.

Sie gestand, dass ihr gar nicht aufgefallen war, wie müde sie gewesen war. Ihr Lebensstil hatte sie ausgelaugt. Obwohl die letzten Wochen schwierig waren, gab sie zu, dass sie sich besser fühlte als jemals zuvor. Sie war im Frieden mit sich. Es kam ihr vor, als ob ihr Leben wieder in die richtige Bahn gelenkt worden war. Als sie in ihrem Krankenhauszimmer lag, hatte sie wieder Zeit zum Träumen. Zeit, um eine neue

Vision ihres Lebens entstehen zu lassen und all die Möglichkeiten zu sehen, die sie hatte. Sie stieß ein kleines Lachen aus. „Wer hätte gedacht, dass es einer so drastischen Wendung bedurfte, um mich aufzuwecken“, sagte sie. Diese Bemerkung veranlasste auch mich zu einem Lächeln. Die heilende Kraft der Ruhe ist allgegenwärtig, auch wenn wir uns weigern, sie anzuerkennen. Das Bedürfnis nach Unterbrechungen, nach Ruhephasen für den Körper, ist in unserer Anatomie verwurzelt. Wir brauchen Gelegenheiten, um zu heilen. Der Geist muss eine Pause vom Denken bekommen. Der Körper benötigt Ruhe von der Bewegung. Die Emotionen brauchen eine Entspannung. Die Sinne wollen zur Ruhe kommen. Wir brauchen die soziale Gnade, in einem anderen Menschen Ruhe zu finden. Unsere Seele sehnt sich danach, genügend Zeit dafür zu haben, die geschaffene Schönheit um sie herum in sich aufzunehmen, und unser Geist verlangt nach einer Beziehung zum Göttlichen.

An dem Tag, an dem sie das Krankenhaus verließ, hinterließ Cynthia dem Personal eine handschriftliche Notiz. „Danke. Möge ich nie die Freundlichkeit vergessen, die ihr mir gezeigt habt, die Liebe, die ihr geteilt habt, und die Pflege, die ich erfahren durfte. Aber vor allem wünsche ich mir, dass ich nie vergesse, wer ich war, als ich in eurer Gegenwart war. Ihr habt mich heil gemacht.“ Cynthias Worte richteten sich an ihr medizinisches Team, aber sie spiegelten den Herzenswunsch vieler Menschen wider.

Heilung geschieht, wenn wir uns die Zeit, den Raum und die Gnade gönnen, inmitten unseres geschäftigen Lebens in der Gegenwart Gottes zu sein. Für Cynthia war das Krankenhaus der Ort, an dem ihr Leben wiederbelebt wurde und ein Richtungswechsel stattfand. Mitten im Durcheinander, im Trauma, und in all dem Schmerz fand sie zu sich selbst. Die Krankenschwester, die mir den Zettel zeigte, hatte Tränen in den Augen. Cynthia war auf ihrer Reise nie allein; keiner von uns ist es. Wir sind alle durch unsere kollektive Menschlichkeit miteinander verbunden. Doch manchmal müssen wir erst unsere inneren Blockaden überwinden, bevor wir bereit sind, uns anderen zu öffnen.

Ruhe ist eine zweite Chance

Cynthia empfing im Krankenhaus eine Offenbarung und fand dort Frieden und Verständnis. Es war ein Ort, an dem die Furcht, für immer zerbrochen zu sein, auf die Angst trifft, für immer derselbe Mensch zu bleiben. Ein Platz, an dem das Leben schwierig und kompliziert ist. Aber auch ein Ort der Ruhe, an dem wir erkennen: Heilung und Ganzheit können nur geschehen, wenn wir sie in unser Leben lassen und Raum dafür schaffen, über uns hinauszuwachsen. Die Ruhe sorgt dafür, dass wir still sein können und Gott erkennen. Sie fordert uns dazu auf, uns selbst und unsere Umgebung genauer zu betrachten. Sie zwingt uns zum Anhalten. Denn insgeheim betrachten wir das Leben oft so, als würden wir aus dem Fenster eines rasenden Autos schauen.

Die Ruhe fordert uns auf, langsamer zu werden und zu leben. Sie will, dass wir die Landschaft nicht mehr nur verschwommen vorbeifliegen sehen, sondern den Duft der Kiefern auf der Panoramastraße unseres Lebens einatmen. Nehmen Sie alles in sich auf und erleben Sie es. Ausruhen heißt nicht einfach, dass wir unser Leben auf Pause drücken. Ruhe bedeutet auffüllen, neu gestalten, erholen, wiederherstellen, regenerieren und reparieren. Ruhe beginnt mit dem Buchstaben R wie Repeat. Wir kehren zu einem früheren Zustand zurück, bekommen eine zweite Chance. Es ist die Gelegenheit, alles wieder in Ordnung zu bringen, was nicht im Einklang war.

Cynthia war zu beschäftigt, um sich auszuruhen, zumindest hatte sie sich das eingeredet. Sie weigerte sich, Zeit für Urlaub zu nehmen. Persönliche Freiräume schuf sie sich nur in ihrer Fantasie. Die einzige geistige Pause, die sie sich im Laufe des Tages gönnte, war auf der Straße im Auto. Es war ihre einzige Gelegenheit, sich zu entspannen – zu einer Zeit, in der sie eigentlich besonders aufmerksam sein sollte.

Statt sich jeden Tag eine mentale Auszeit zu gönnen, opferte sie lieber ihre Sicherheit. Dabei ist die Ruhe über jeden Kampf erhaben. Sie können entweder Ihr Bedürfnis nach Auszeiten respektieren oder das Leben wird Sie unweigerlich in eine Zwangspause schicken.

Ein chronischer Mangel an Ruhe führt letztlich zu einem Defizit. Dieses entsteht, wenn die Pause nicht ausreicht, um den täglichen Energiebedarf zu decken. Das Gesetz der Energieerhaltung besagt, dass Energie weder erzeugt noch zerstört werden kann. Sie kann nur in andere Formen umgewandelt oder übertragen werden. In jeder Minute, in der Sie aktiv sind, verbrauchen Sie Energie. Täglich übertragen Sie Energie von Ihrem Reservoir auf Ihr Aktivitätskonto und nutzen sie zum Leben. Die einzige Möglichkeit, die verlorene Energie wieder aufzufüllen, ist durch eine Energieübertragung von einer anderen Quelle. Ruhe ist das Bindeglied zwischen Ihnen und der Energie, die Sie brauchen. Unser Problem ist, dass wir uns leer fühlen, wenn Sie nicht die richtige Art von Ruhe bekommen.

Als ich zum ersten Mal erkannte, dass es verschiedene Arten von Ruhe gibt, war ich von dieser Offenbarung fasziniert. Wie kann Ruhe so kompliziert sein? Sollte Ausruhen nicht einfach sein? Doch wenn es so einfach wäre, würde es auch nicht so vielen von uns so schwerfallen, diese Ruhe zu finden. Und wenn wir uns dann endlich ausruhen, bleibt noch die Frage, warum wir uns danach erneut nicht ausgeruht fühlen? Genau diese Frage veranlasste mich dazu, tiefer zu graben und die verborgenen Geheimnisse gut ausgeruhter Menschen zu erforschen. Ich wurde belohnt. Nicht nur weil ich das Geheimnis gelüftet habe, sondern weil ich dieses Wissen für mich selbst nutzen konnte. Dank ihm habe ich Ruhe in mein Leben gebracht und finde Raum zum Atmen.

Allein beim Lesen dieses Kapitels haben Sie körperliche, geistige, emotionale, spirituelle, soziale, sensorische und kreative Energie eingesetzt. Jede dieser verschiedenen Ruheformen schöpft aus einem anderen Energiepool. Jede dieser Energien muss wiederhergestellt werden, damit sie beim nächsten Mal wieder zum Einsatz kommen kann. Ihr Körper benötigt physische, mentale, emotionale, spirituelle, soziale, sensorische und kreative Ruhe. Wenn Sie auch nur auf eine dieser Ruheformen verzichten, werden Sie die Folgen des daraus resultierenden Defizits zu spüren bekommen.

Womit sich die Frage stellt: Wie müde sind Sie?

Wenn Sie jeden Morgen voller Energie aufwachen und am Nachmittag erschöpft sind, fehlt Ihnen möglicherweise eine ausreichende körperliche Erholung, um den Tag zu überstehen. Wenn Sie morgens müde aus dem Bett kommen und dann im Laufe des Tages immer energiegeladener werden, leiden Sie möglicherweise unter kreativer Unruhe. Und wenn Ihnen Ihr Leben insgesamt leer und sinnlos vorkommt, dann kann ein geistiges oder emotionales Ruhedefizit die Ursache sein. Um dieses Ungleichgewicht zu beheben, ist es wichtig zu verstehen, welche Form von Ruhe Sie konkret vermissen.

Wenn Ihr Job geistig anstrengend ist, werden Sie sich durch körperliche Ruhe nicht ausgeruht fühlen. In diesem Fall können Sie Ihr Reservoir nur durch eine geistige Form der Erholung wieder auf ein gesundes Niveau bringen. Wenn Sie die meiste Zeit des Tages auf einen hellen Computerbildschirm starren oder ständig Lärm hören, benötigt Ihr Körper sensorische Ruhe, um sich zu erholen.

Wenn Ihre Lebensumstände Sie dazu veranlassen, mit dem Glauben und dem Sinn des Lebens zu ringen, wird sich Ihre Seele nach spiritueller Ruhe sehnen, nach einem Ort des Friedens und der Zufriedenheit. Für jede erschöpfende Tätigkeit gibt es eine belebende Gegenaktivität, die unsere Waage ausgleicht. Bevor wir weitermachen, ist es wichtig, dass Sie Ihre Erholungsdefizite genau kennen.

Nehmen Sie sich einen Moment Zeit und gehen Sie zum Ende des Buches und nutzen Sie das Tool zur Bewertung Ihres persönlichen Ruhedefizits. Bevor Sie in die nächsten sieben Kapitel über die unterschiedlichen Formen der Ruhe einsteigen, ist es wichtig, dass Sie Ihren aktuellen Zustand analysieren. So können Sie besser für sich herausfiltern, welche Form der Ruhe Sie brauchen und welche bereits einen Platz in Ihrem Leben hat.

Die REST-Methode basiert auf vier Schritten, die aufeinander aufbauen:

- **R**isiko-Diagnose
- **E**inordnen der derzeitigen Situation
- **S**cience und Forschung
- **T**reatment in Form einer täglichen Aufgabe

In den nächsten Kapiteln werde ich kurz die wichtigsten Ruhe-Konzepte erläutern. Müde Menschen haben keine lange Aufmerksamkeitsspanne, und dieses Buch wurde im Hinblick darauf geschrieben. Wenn Sie tiefgreifendere Informationen zu dem ein oder anderen Thema benötigen, zögern Sie nicht, mich anzusprechen. Ich möchte Ihnen jegliche Hilfestellung geben, damit Sie Ruhe in Ihr Leben bringen können.

Sie können sich entweder bewusst die Zeit für eine Ruhepause nehmen oder die Erholung wird sich mit der Zeit einstellen, die es braucht. Die Wahl liegt bei Ihnen. Die beste Zeit zum Ausruhen ist, wenn Sie keine Zeit dafür haben. Finden Sie das Ruhe-Konzept, das für Sie persönlich optimal funktioniert und gewinnen Sie Lebensqualität zurück. Füllen Sie Ihre Energiedepots auf und schärfen Sie Ihre Sinne.

4
Körperliche Ruhe

Wenn Sie sich hinlegen

Der Körper erzählt seine Geschichte in der Stille. Wenn wir körperlich aktiv sind, konzentrieren wir uns auf die Bewegung, ohne zu spüren, was in uns vor sich geht. In der Stille können wir erkennen, wann die Bewegung uns nicht mehr guttut. Wenn Sie sich heute verletzen, werden Sie morgen das ganze Ausmaß des Schadens spüren. Dieser Prozess der inneren Heilung findet täglich statt. Wenn wir lange genug innehalten, können wir den natürlichen Zyklus der Ruhe spüren.

Der Körper weiß, wenn ein Ungleichgewicht besteht; wir haben nur verlernt, ihm zu vertrauen. Stattdessen spielen wir seine Bitten herunter und bringen seine Proteste zum Schweigen. Wir behandeln das Gefäß, das wir zum Leben benötigen, wie ein optionales Gut. In der Stille fürchten wir uns vor dem, was wir finden werden, und halten nicht ein.

Ich habe eine Typ-A-Persönlichkeit. Ich bin eine Frau mit einem Plan, und ich werde diesen durchziehen. Die Geburten meiner Kinder waren für mich nur eine weitere Gelegenheit, mich selbst zu beweisen. Ich weiß nicht, wie wir Frauen auf die Idee kommen, dass eine natürliche Geburt ein besonderes Privileg ist. Wer denkt sich so etwas aus? Auch ich habe mich von diesem Irrglauben beeinflussen lassen. Ich wollte der Welt zeigen, dass ich Frau genug war, um mein Baby auf natürlichem Wege auszutragen, ohne Medikamente oder die Hilfe von Ärzten. Wer benötigt schon einen Arzt, um ein Baby zu gebären? Ich hatte meinen Geburtsplan, und ich war bereit. Das erinnert mich an das Sprichwort „Der Mensch plant, Gott lenkt."

Eines Abends las ich gerade über das Stillen nach, als meine Fruchtblase platzte. Eigentlich bin ich mir fast schon sicher, dass es da einen medizinischen Zusammenhang gibt. Ich schnappte mir meine Tasche, die schon seit zwei Wochen an der Eingangstür stand, und sagte meinem Mann noch schnell, dass er sich jetzt auf die Begegnung mit unserem Sohn vorbereiten müsse. In meinem Geburtsplan war alles genau festgehalten, deshalb hatte ich Kopien für meinen Mann, die Krankenschwestern und den Arzt gemacht. Doch aus einem mir nicht erklärlichen Grund wirkten alle Beteiligten nicht gerade begeistert. Die Krankenschwester, die mich betreute, warf mir einen süffisanten Blick zu. Sie stellte meinen Plan ins Regal und machte sich daran, Infusionen zu legen und Monitore anzubringen.

Vier Stunden nach Beginn der ersten Wehen geschah das Undenkbare. Der Schmerz erfasste meinen Körper auf eine Art und Weise, die ich nicht für möglich gehalten hätte. Und ich habe wirklich Jahre damit verbracht, den menschlichen Körper zu studieren. Das Wort „eskalierend" bekam eine völlig neue Bedeutung. Als Medizinstudentin hatte ich an zahlreichen Entbindungen teilgenommen und beobachtet, wie sich starke Frauen vor mir verwandelten, als die Wehen einsetzten. Insgeheim hielt ich sie für etwas schwächlich. Ich bereue dies heute zutiefst.

Mein Blick fiel auf die nun lächelnde Krankenschwester, die mich mutig fragte: „Und was sieht der Plan vor, was sollen wir jetzt tun?" Ich werde meine Antwort nicht wiederholen, aber sagen wir einfach, sie ließ keinen Raum für weitere Bemerkungen. Ich habe eine Schwäche für Krankenschwestern. Sie sind das Rückgrat der Medizin, aber diese hier bewegte sie sich gerade auf einem äußerst gefährlichen Terrain. Eine Typ-A-Frau ohne Plan ist wie ein Strand ohne Sand. Augenblicke später erschien der Anästhesist im Zimmer. Er erwähnte meinen

Entbindungsplan nicht. Er machte sich sofort an die Arbeit, um meine Schmerzen zu lindern.

Ich kann mich danach nicht mehr an viel erinnern. Die Kombination von Drogen und Erschöpfung hat mich schlichtweg umgehauen. Als ich aufwachte, war ich vom Hals abwärts gelähmt. Mein Mund war taub und ich konnte meinen Körper nicht spüren, kein einziger Muskel oder Nerv reagierte auf die Befehle meines Gehirns. Wenn der Körper sich weigert zu gehorchen, verfallen wir automatisch in Panik. Ich sah meinen Mann am Bettrand sitzen, mit einem Blick auf die Monitore. Es waren nur wir beide im Zimmer – nun ja, wir drei, einschließlich unseres ungeborenen Kindes. Es war, als ob mein Mann spürte, dass etwas nicht stimmte; seine Hände umschlangen sich, und seine Augen huschten zwischen dem Monitor des Babys und meinem hin und her. Ich öffnete meinen Mund, aber es kam nichts heraus. Mein Körper wurde so ruhig, dass er nicht mehr reagierte.

Der Monitor verringerte langsam die Frequenz der Pieptöne. Ich hörte es, bevor ich das Gefühl des Abdriftens spürte. Die rhythmische Melodie von zwei Herzen, die in einem Körper schlagen, begann zu verklingen. Wenn nicht bald Hilfe käme, würde ich sterben. Wie meine Mutter, die kurz nach meiner Geburt mit unbekannter Todesursache von uns gegangen war. Teilten wir etwa das gleiche Schicksal?

Hatte auch sie eine ungewöhnliche Reaktion auf die Narkose? Ich versuchte erneut, mich zu bewegen. Aber nichts. Ich war vom Hals abwärts taub, auch meine Lippen. Ich tat das Einzige, was ich tun konnte: Ich begann zu beten. „Gott, lass mich nicht sterben. Lass nicht zu, dass mein Mann unser Kind allein aufziehen muss. Hilf mir, dem, was mein Körper fühlt, eine Stimme zu geben."

Ich öffnete den Mund; ein kleines Quietschen kam heraus, und das war ausreichend. Mein Mann drehte sich um und sah mich an. Unsere Blicke trafen sich auf eine Art und Weise, die nur zwischen zwei Menschen stattfindet, die seelisch miteinander verbunden sind. Zwei

Menschen, die gelernt haben, gemeinsam zu leben, zu lachen, zu lieben und zu kämpfen. Ich murmelte die Worte: „Etwas stimmt nicht. Ich kann mich nicht bewegen."

Die nächsten Minuten verbrachte ich damit, das Bewusstsein zu wechseln. Das Zimmer war voller Menschen, die meine Reaktion beobachteten. Die Medikamente wurden abgesetzt, und ich kam wieder zu Kräften. Die Geburt meines ersten Sohnes verlangte von meinem Körper ein Maß an Stille, das mich in Angst und Schrecken versetzte. Sie raubte mir die Fähigkeit zu sprechen und mich frei zu bewegen. Letztendlich hinderte mich das daran, Ruhe zu suchen, und brachte mich auf den Weg, so aktiv wie möglich zu bleiben.

In den folgenden Jahren wehrte ich mich gegen die Stille. Die Stille kam mir wie eine Art Fegefeuer vor, ein Ort der Ungewissheit und Unklarheit. Keine Bestimmung, die man wählen kann, sondern eine, der man ausgeliefert ist. Ein Gefängnis für diejenigen, die sie gefangen nahm. Es war ein Ort, dem man entfliehen musste, also rannte ich in die entgegengesetzte Richtung. Ich rannte in Richtung eines vollen Terminkalenders, mit zusätzlicher Schichtarbeit. Laufen ist nur dann von Vorteil, wenn es einen dorthin bringt, wo man sein möchte. Ich war vom Weg abgekommen und suchte nach den Richtungspfeilen, die mich wieder auf Kurs bringen würden. Nach einer Orientierung, um das Bedürfnis meines Körpers nach körperlicher Ruhe zu erkennen. In diesem Sinne schauen wir uns jetzt einmal an, was die REST-Methode über das Ruhebedürfnis Ihres Körpers verrät.

Risiko-Diagnose

Es gibt sowohl passive als auch aktive Formen der körperlichen Erholung. Passive körperliche Ruhe liegt außerhalb Ihrer direkten Kontrolle. Sie fühlt sich an, als hätte jemand einen Schalter umgelegt, der uns zwingt, still zu sein. Diese Trägheit bedeutet Heilung, die Stille dient der Wiederherstellung der natürlichen Selbstheilungskräfte des Körpers. Zur passiven Ruhe zählen auch der Schlaf und der Schlummer. Wobei der Schlaf Ihnen keine Optionen lässt. Ganz egal, ob wir uns hinlegen oder nicht, der Körper wird heruntergefahren. Wichtig ist, dass wir erkennen, dass Schlaf ein Nebenprodukt der Erholung ist. Es gibt viele gute Bücher darüber, wie Sie Ihre Schlafumgebung verbessern und Schlafrituale entwickeln können. Ich möchte meine kurze Zeit mit Ihnen in diesem Buch nicht damit verbringen, den Schlaf zu diskutieren. Ich möchte Ihnen zeigen, wie Sie auf Ihren Körper hören können, damit sich Ihre Schlafqualität verbessert. Deshalb werde ich Ihnen hier die Arten der aktiven körperlichen Erholung aufzeigen, die für die Qualität Ihrer passiven Erholung förderlich sind.

Zu den wirksamsten Formen der aktiven körperlichen Erholung gehören dynamisches Stretching, Atemübungen, Tauchbäder, Spaziergänge und Dehnungsübungen. Diese Formen der aktiven körperlichen Erholung lösen die Verspannungen in den Muskelgruppen und bringen den Körper zur Ruhe. Wenn Sie Ihren Körper den ganzen Tag überbeanspruchen, brauchen Sie körperliche Ruhe. Diese Praxis ist auch bei Sportlern üblich. Sie integrieren Dehnungsübungen oder Ruhetage ganz automatisch in ihr Work-out. Hingegen denkt die Mutter, die ein fünfunddreißig Pfund schweres Kleinkind unzählige Male am Tag hochhebt, selten daran, ihre Arm- und Nackenmuskeln zu dehnen.

Welche Art von aktiver Erholung für Sie erforderlich ist, hängt von Ihrer Neigung ab, Stress in bestimmte Bereiche Ihres Körpers zu tragen. Welche Teile Ihres Körpers spüren Sie beim Lesen am meisten? Fühlt sich Ihr Nacken verspannt an? Sind Ihre Hände um den Buchdeckel gekrallt? Haben sich Ihre Zehen zusammengerollt? Spüren Sie einen Druck hinter Ihren Augen? Haben Sie das Gefühl, dass sich Kopfschmerzen zusammenbrauen? Knirschen Sie mit den Zähnen? Fühlen sich Ihre Gesichtsmuskeln angespannt an? Was will Ihnen Ihr Körper damit sagen? Welche Form der Ruhe braucht er?

Kommunikation ist die Lebensader der Gesundheit. Lange bevor Ihr Arzt über Ihre Laborwerte oder die bildgebende Diagnostik ein Ungleichgewicht aufdecken kann, wird Ihr Körper beginnen, Ihnen seine Probleme mitzuteilen. Doch diese stille kleine Stimme in Ihrem Inneren kann nicht mit dem lauten Brummen Ihres hektischen Zeitplans mithalten. Um die Botschaft Ihres Körpers zu hören, müssen Sie erst wieder lernen, auf ihn zu hören.

Ich finde, dass Kinder das sehr viel besser können als Erwachsene. Es kann ermüdend sein, wenn ein Kleinkind uns ständig jedes Wehwehchen und jeden Kratzer zeigt. Wir sagen ihm dann: „Das ist doch nichts, mein Schatz. Es ist nur ein blauer Fleck." Und wir bringen ihm damit bei, seinen Körper zu ignorieren. Wir senden die Botschaft, dass es wehleidig ist, zu viel fühlt oder schwach ist. Dabei ist es immens wichtig, mit dem Körper zu kommunizieren.

Im Laufe der Jahre versuchen wir, unser Verhalten zu korrigieren. Wir trainieren unseren Körper, um ihn stärker, schneller und leistungsfähiger zu machen. Wir heben Gewichte und führen Aktivitäten durch, die unseren Körper belasten und stressen. Das Sprichwort „ohne Fleiß kein Preis" wird zu unserem Evangelium.

Die ganze Zeit über versucht der Körper mit uns zu kommunizieren. Doch dieses Mitteilungsbedürfnis stößt auf taube Ohren. Wenn jemand mit Brustschmerzen zu mir kommt, die er schon seit Monaten hat, oder mit einem jahrelangen Husten oder einem golfballgroßen Brusttumor, frage ich immer, warum er so lange mit der Untersuchung gewartet hat.

Sie können das Bedürfnis nach Ruhe ignorieren, aber Ihr Gähnen erzählt eine andere Geschichte. Es verblüfft mich, wie wenig wir unserem Körper zutrauen. Dabei versucht er ständig, mit uns zu sprechen. Dieses Gefäß, das uns in die Welt trägt, uns ihre Schönheit zeigt und uns so viel Freiheit gibt, wird wie ein Fremder oder gar ein Feind behandelt. Wir verbringen unser ganzes Leben in ihm, und dennoch vernachlässigen wir ihn so stark, dass wir uns nicht einmal eine jährliche

Untersuchung gönnen. Nein, wir sind sogar stolz auf die Fähigkeit, unseren Körper zu ignorieren und unsere Probleme zu verbergen.

Die Präventivmedizin ist das Ziel der modernen Gesundheitsfürsorge, aber längst sind wir nicht so weit. Es scheint einfacher zu sein, eine Krankheit im Nachhinein zu behandeln, als etwas dafür zu tun, dass sie erst gar nicht entsteht. Lassen Sie sich nicht täuschen: Wir können keine Abkürzung auf dem Weg zu einer besseren Gesundheit nehmen, aber es gibt Wege, mittels derer wir frühzeitig genug erkennen können, wie wir uns schnell besser fühlen.

Einordnen der aktuellen Situation

Die Hitze der Morgensonne wärmt die Wiese auf. Der Tau glitzert auf den Grashalmen, die von den kühlen Herbstnächten gebräunt sind. Junge Beine rennen und springen auf dem Gras herum. Ältere lassen sich in Gartenstühlen aus Segeltuch nieder. An einer Ecke des Spielfelds steht ein Schild. Auf ihm finden sich Ermahnungen, die vom Kind an die Eltern gerichtet sind: *(1) Ich bin noch ein Kind. (2) Es ist alles nur ein Spiel. (3) Der Coach arbeitet freiwillig. (4) Auch Trainer sind nur Menschen. (5) Und am Ende dieses Spieltages warten keine Awards und auch keine Stipendien.*

Jede dieser Regeln ist notwendig. Sie mahnen Eltern und Großeltern, sich an einem Spieltag richtig zu benehmen. An diesem Tag nahm die Mannschaft meines Sohnes am Pappy-Dunn-Turnier teil. Bereits in der Qualifikationsrunde hatte sie hart gekämpft und sich gegen viele andere Mannschaften durchgesetzt, um ins Halbfinale zu kommen. Jeder Spieler war bereit, alles zu geben. Jeder wollte ein Stück vom Kuchen. Während der gesamten Saison hatte der Trainer den Schwerpunkt auf die Verbesserung der Fähigkeiten der Kinder und nicht auf das Siegen gelegt. Dabei hatte er deutlich gemacht, dass dies kein normales Spiel war. Nicht jeder würde die gleiche Spielzeit bekommen. Ziel war es, zu gewinnen. Die Starspieler traten an und kämpften um ihren Platz im Finale. Ich hätte mich wahrscheinlich auf meinen Sohn auf dem Spielfeld konzentrieren sollen, aber mein Blick blieb an einem jungen Mann hängen, der am Spielfeldrand saß. Er war ein guter, solider Fußballer, aber kein Top-Spieler. Das änderte aber nichts an seiner Einstellung und Leidenschaft, seinem Team zum Sieg zu verhelfen. Von meinem Platz aus konnte ich seine Mundbewegungen sehen: „Trainer, setzen Sie mich ein."

Die Kinder spielten ein temporeiches, intensives Spiel. Zur Halbzeit lagen wir bereits mit 5:0 in Führung. Die Spieler schleppten sich vom Feld und sanken auf der Bank zusammen. Beide Seiten des Spielfelds spürten die Strapazen dieser Schlacht, aber keiner der Spieler war bereit, seine Position aufzugeben.

Jeder versicherte dem Trainer: „Ich brauche keine Pause. Ich kann weitermachen." Herz und Verstand vergaßen, sich beim Körper zu melden, der für die eigentliche Arbeit zuständig war. In der Mitte der zweiten Halbzeit wurde die Lage drastisch: Unseren Spielern ging die Luft aus. Waren wir gerade noch 5:0 in Führung gewesen, stand es nun 5:3. Aufgrund der Unfähigkeit, auf den Körper zu hören und als Team zu spielen, drohten wir das Spiel zu verlieren. Der Junge an der Seitenlinie ließ sich dennoch nicht beirren und rief immer noch: „Lass mich rein, Coach!" Dieses Mal hörte ihn der Trainer.

Es gibt Sportler, die von Natur aus begabt sind, und diejenigen, die fehlendes Talent mit Leidenschaft und Engagement ausgleichen. Jedes engagierte Team setzt auf diese Kombination, um erfolgreich zu sein. In der Trinkpause tauschte der Trainer viele unserer Spitzenspieler gegen unsere passionierten Spieler aus, und mit diesem Wechsel kam ein neuer Wind auf. Der Trainer schickte gut ausgeruhte, energetische Spieler aufs Feld, womit die andere Mannschaft keine Chance mehr hatte. Wir konnten zwar nicht mehr punkten, aber die andere Mannschaft auch nicht. Die Blutung wurde gestoppt, und wir zogen ins

Finale ein. Die Ersatzspieler verfügten zwar nicht über die Fähigkeiten ihrer Gegner, aber was ihnen an Können fehlte, machten sie durch pures Adrenalin wett. Der Trainer der anderen Mannschaft weigerte sich, seine Elitespieler auszutauschen. Er war davon überzeugt, dass das Können ausreichen würde; zum Glück hatte unser Trainer auf die Kraft der Ausgeruhten gesetzt.

Keiner von uns ist in Bestform, wenn er erschöpft ist. Unser Körper kann nicht über einen langen Zeitraum mit Bestleistungen glänzen und voll funktionieren, wenn er sich in einem ständigen Wettkampf um Spitzenleistungen und maximale Effizienz befindet. Die Auswirkungen dieses Kampfes werden sich letztlich bemerkbar machen.

Es ist an der Zeit, von der täglichen Hektik in die tägliche Stille überzugehen. In der Stille löst sich die Anspannung und die Erholung beginnt. Bedenken Sie, wie sich verschiedene Aktivitäten auf Ihren Körper auswirken. Die Chemikalien, die bei Aktivitäten freigesetzt werden, wirken sich auf die Muskeln, das Nervensystem, den Kreislauf und die Atmung aus.

Bei welchen Aktivitäten fühlen Sie sich energiegeladen? Welche Gewohnheiten schaffen ein Gefühl der Ruhe und Entspannung? Bemühen Sie sich darum, herauszufinden, was Sie erholt. Experimentieren Sie mit verschiedenen Arten der aktiven körperlichen Erholung, um herauszufinden, welche ein tiefes Maß an Ruhe, Frieden und Wohlbefinden hervorrufen.

Es muss eine Balance zwischen dem herrschen, was Sie Ihrem Körper abverlangen und was Sie für ihn tun. Wir müssen auf unseren Körper hören. Wir müssen ihn pflegen und seine Bedürfnisse nicht als Schwäche sehen. Sie mögen sich wie ein Krieger fühlen, der für das kämpft, was ihm wichtig ist, aber denken Sie daran, auch Fighter überdenken ihre Position. Ob Sie nun ein Gebetskrieger, ein Liebeskrieger, ein Hoffnungskrieger, ein Friedenskrieger oder einfach ein Alltagsheld sind. Jeder Krieger muss wissen, welche Waffen ihm zur Verfügung stehen. Und die Ruhe ist eine bewährte Waffe, die uns helfen kann, als Sieger aus dem täglichen Lebenskampf hervorzugehen.

Diese Anzeichen deuten darauf hin, dass Sie unter einem körperlichen Ruhedefizit leiden könnten:

- Sie haben nicht die nötige Energie, um all die körperlichen Aufgaben zu erledigen, die auf Ihrer To-do-Liste stehen.
- Sie fühlen sich müde und haben Schwierigkeiten einzuschlafen.
- Sie haben ein schwaches Immunsystem und leiden häufig an Erkältungen und anderen Krankheiten.
- Sie haben häufig Muskelschmerzen.
- Sie sind auf Substanzen angewiesen, die Ihnen mehr Energie geben (Koffein, Energieriegel, Zucker).
- Sie sind von Substanzen abhängig, die Ihnen mehr Ruhe verschaffen (Alkohol, Tabletten, Beruhigungsmittel).

Science und Forschung

Ich habe es anfangs bereits erwähnt. In einer von der National Sleep Foundation durchgeführten Umfrage gaben 60 Prozent der Teilnehmer an, dass sie fast jede Nacht Probleme mit dem Schlafen haben, mehr als 40 Prozent schliefen selten gut. Seit Jahren suchen Forscher nach Wegen, wie sich die Schlafqualität verbessern lässt. Sie haben viel Zeit und Energie in diese Thematik investiert, dabei aber die lebenswichtige Beziehung zwischen Schlaf und Erholung außer Acht gelassen. Wir haben schlichtweg verlernt darauf zu achten, welche Auswirkungen unser Lebensstil auf die Fähigkeit hat, körperliche Erholung zu erfahren. Sowohl passiv als auch aktiv.

Studien zeigen, dass sich ein Drittel der Bevölkerung aufgrund eines hyperaktiven Lebens erschöpft fühlt. Erstaunliche 97 Prozent geben an, dass sie sich die meiste Zeit über müde fühlen. Und auch meine Kollegen können bestätigen, dass mehr als 10 Prozent ihrer Patienten aufgrund von Erschöpfungszuständen und Müdigkeit ihre Praxis aufsuchen. Infolgedessen ist der Verkauf von Nahrungsergänzungsmitteln wie Energydrinks, Proteinriegeln und Ginseng in den vergangenen zwei Jahren um mehr als 5 Prozent gestiegen. Fazit ist: Es geht nicht um schnelle Lösungen, sondern um Entschleunigung. Um Therapieansätze, die dem Körper regelmäßig die Art von aktiver Ruhe geben, die er benötigt.

Eine Studie an meiner Alma Mater, der University of Georgia, hat gezeigt, dass ein leichtes, 20-minütiges Training, das dreimal die Woche absolviert wird, bereits ausreicht, um Müdigkeitssymptome bis zu 65 Prozent zu reduzieren. Bereits nach sechs Wochen fühlten sich die Teilnehmer insgesamt energiegeladener. Regelmäßige Bewegung erhöht nicht nur den Blutfluss zum Herzen und verbessert die Sauerstoffversorgung der Lunge, sie fördert auch die Fähigkeit des Körpers, Nährstoffe aufzunehmen und zu verteilen. Wenn Sie also das nächste Mal in die Versuchung kommen, zu einer Dose Red Bull zu greifen, dann entscheiden Sie sich lieber für einen zehn- bis zwanzigminütigen Spaziergang im Freien. Anstatt die Höhen und Tiefen künstlicher Stimulanzien zu erleben, werden Sie einen wachen Körper spüren, der sich in der Regenerationsphase befindet.

Ich will Sie dazu motivieren, mutig zu sein und auf das zu hören, was Ihnen Ihr Körper mitteilen will – und natürlich auch darauf zu reagieren, indem Sie seine Probleme beheben. Lernen Sie, die Sprache Ihres Körpers zu sprechen.

Hören Sie auf Ihre Muskeln und Nerven und antworten Sie dann in einer Sprache, die Ihr Körper versteht. Wenn Ihre Muskeln angespannt sind, weil Sie im Stress sind, dann üben Sie sich im Loslassen, indem

Sie abwechselnd rhythmische Dehnungs- und Streckübungen machen. Wenn Ihre Nerven gereizt sind, dann antworten Sie, indem Sie den Blutfluss in Ihrem Körper durch Spaziergänge und leichte aerobe Aktivitäten erhöhen. Die verstärkte Durchblutung bringt entzündungshemmende Zellen zu den Stellen, die Heilung brauchen. Diese heilenden Zellen befinden sich bereits in Ihrem Körper, sie können die verletzten Stellen aber nur erreichen, wenn Sie Ihren Kreislauf aktivieren.

Ein fünfzehnminütiger Spaziergang in der Morgen- oder Nachmittagspause kann den Unterschied zwischen Spannungskopfschmerzen und einem schmerzfreien Tag ausmachen. Wir verwechseln die Übungen, die zur Gewichtsabnahme empfohlen werden, mit den Aktivitäten, die das körperliche Wohlbefinden fördern. Sport zur Gewichtsreduzierung ist oft ein Stressfaktor für den Körper. Zwar ist es eine gute Form von Stress, allerdings nur insofern Sie Ruhepausen integrieren. Jeder gut trainierte Sportler lernt, dass regelmäßige Pausen das Ergebnis seiner körperlichen Ausdauer verbessern.

Treatment: Heutige Aufgabe

Die Verzweiflung kann einen dazu bringen, so seltsame Dinge zu tun, wie am Vormittag spontan einen Entspannungskurs zu besuchen. An einem bestimmten Morgen fand ich mich in einem Raum voller verzweifelter Menschen wieder, die mit dem Gesicht nach unten auf einer Schaumstoffmatte lagen und versuchten zu atmen, ohne dabei laut zu schnauben. Für diejenigen von uns, die ein wenig Bauchfett haben, ist es eine Herausforderung, Luft einzuatmen, während die Schwerkraft auf den Bauch drückt.

Auf dem Bauch zu liegen ist unbequem. Es ist eine verletzliche Position. Für den Körper und für unser Ego. Sie erfordert unsere Beteiligung auf eine Art und Weise, die uns aus der hektischen Aktivität herauszieht und uns zur Ruhe kommen lässt. Es ist wie eine Auszeit für Erwachsene.

Eine Auszeit ist niemals als Bestrafung gedacht. Manchmal ist es nur die Art und Weise, wie wir zur Pause angehalten werden, die zu unserer diesbezüglich negativen Haltung führt. Erinnern Sie sich nur daran, als Ihre Eltern Sie anwiesen, eine Pause einzulegen. Ich jedenfalls hatte diese Auszeit auf der Yogamatte dringend nötig. Sie brachte mich dazu, meinen Körper wieder zu verstehen und neu zu lernen, was er braucht. Sie zeigte mir, wie ich meine Beziehung zum Faktor Zeit wiederherstellen konnte.

Wenn es nach unserem Körper ginge, würde er diese Auszeiten ohne Argumente oder Vorwände hinnehmen. Er würde sich absichtlich hinlegen, weil er wüsste, dass ihn eine Belohnung erwartet, wenn er sich in diese Ruhephase begibt. Unser Körper verfügt über ein immenses Wissen. Er kennt geheime Wege, um Ruhezustände herbeizuführen. Wir müssen nur auf ihn hören. Im Leben geht es nicht nur um das Tun, sondern auch um das Sein, das Sehen, das Wissen und das Erleben. All dieses Wissen und die Hilfen, die das Leben bereithält, finden wir, wenn wir uns einfach hinlegen und Ruhe suchen.

> **Den Körper bewegen** – Wenn Sie wach sind, sollten Sie nicht länger als eine Stunde in derselben Position verharren. Bleiben Sie in sanfter Bewegung. Strecken Sie sich heute sporadisch oder drehen Sie Ihren Kopf im Kreis. Beugen Sie Ihre Zehen. Öffnen und schließen Sie den Mund. Wippen Sie auf den Fersen vor und zurück und stehen Sie dann auf den Zehenspitzen. Drücken Sie Ihre Hände zusammen und öffnen Sie sie. Diese kleinen Bewegungen tragen dazu bei, dass sich keine Steifheit einstellt.
>
> **Der Stille einen Sinn geben** – Entscheiden Sie sich, fünf Minuten lang absichtlich still zu sein. Gehen Sie hierfür

in die Rücken- oder Bauchlage. Nutzen Sie die Zeit bewusst, und konzentrieren Sie sich darauf, wie sich Ihr Körper anfühlt. Tut Ihnen etwas weh? Wenn ja, fragen Sie nach, warum. Atmen Sie tief oder flach? In der Genesis hauchte Gott dem Menschen Leben ein. In unserer Eile gehen wir oft von vollen Atemzügen zu kurzen, keuchenden über. Wir hören auf, göttliche Energie einzuatmen, und lernen stattdessen, uns auf uns selbst zu verlassen. Atmen Sie tief ein und erinnern Sie sich mit jedem Atemzug daran, was Sie da einatmen. Nehmen Sie das ausgeruhte Leben an, das Gott Ihnen anbietet.

Auf den Schlaf vorbereiten – Entwickeln Sie eine Routine, um Ihren Körper auf Schlaf zu programmieren. Wenn Sie Wasser als beruhigend empfinden, nehmen Sie ein Bad oder duschen Sie, bevor Sie ins Bett gehen. Ziehen Sie sich etwas Bequemes an, um Ihrem Körper zu signalisieren, dass die Zeit für Entspannung gekommen ist. Dimmen Sie das Licht. Vermeiden Sie laute Geräusche und blinkende Bildschirmlichter.

Machen Sie ein paar Dehnübungen und versuchen Sie, jeden Abend zur gleichen Zeit ins Bett zu gehen, damit Ihr Körper darauf vertrauen kann, dass Sie ihm die nötige Ruhe geben. Auch wichtig: Widerstehen Sie der Versuchung, jetzt noch einen Blick auf die sozialen Medien zu werfen oder Ihre Textnachrichten zu checken.

5
Mentale Ruhe

Zerebrale Hintergrundgeräusche abschalten

Der Schreibtisch in meinem Homeoffice quillt über – er ist der Ort, an dem ich Papiere, Büromaterial und andere wichtige Dokumente aufbewahre. Das Ablagesystem trennt das Wichtige vom Unwichtigen. Das Bastelpapier, die Schere und die Malstifte der Kinder bleiben in sicherer Entfernung von wichtigen Unterlagen wie Pässen und Steuerunterlagen. Vor kurzem haben wir beschlossen, das Büro neu zu gestalten. Fünf Stunden Sortierarbeit und zehn Müllsäcke später habe ich ernsthaft darüber nachgedacht, mich freiwillig für eine Folge von *Hoarders* zu melden. Für alle, die dieses Format nicht kennen. Ich spreche von einer amerikanischen Reality-TV-Serie über Menschen, die alle möglichen Dinge horten und sammeln.

Ohne Kontrolle entsteht Unordnung. In Ihrem Kopf ist das nicht anders. Er kann eine unvorstellbare Menge an Informationen speichern. Er ist auch in der Lage, Informationen effizient abzulegen, zu sortieren und zu ordnen. Die lebensverändernde Kraft des Aufräumens beginnt damit, dass Sie die Gedanken loslassen, die keine positive Wirkung in Ihrem Leben haben.

Neben den notwendigen Ruhephasen für den Körper ist es auch wichtig, den Geist von der ständigen Informationsflut zu befreien und zu schützen. Ähnlich wie die Nachrichten in den sozialen Medien ist auch unser geistiges Hintergrundrauschen oft von Negativität durchdrungen. Gedanken über die Zukunft sind mit Ängsten verunreinigt. Gedanken über die Vergangenheit sind mit Bedauern behaftet und Gedanken über die Gegenwart werden durch Unzufriedenheit verdorben.

Der Verstand ist großartig, aber er hat seine eigene Agenda. Anstatt sich bereitwillig auf positive Gedanken zu konzentrieren, zieht er es vor, sich mit negativen Gedanken zu beschäftigen, die Stress, Sorgen, Ärger und Frustration verstärken. Er wird versuchen, Ihre Aufmerksamkeit mit nutzlosen Informationen zu beschäftigen, was Ihre Zeit und Energiereserven erschöpft. Mentale Entspannung bedeutet, den ständigen Strom von Gedanken, der schnell in den Kopf eindringt, zu unterbrechen und ein Gefühl der geistigen Entspannung zu erlangen.

Im zerebralen Bereich steht Ihr Gehirn unter dem Einfluss ständiger Hintergrundgeräusche. Es scheint, als würde das Geplapper Ihrer Gedanken nie aufhören. Wir denken ununterbrochen über Ideen, Vorstellungen, Gefühle und Emotionen nach. Diese Geräuschquelle aus dem Kopf zu verbannen kann schwierig sein. Gerade wenn Sie glauben, dass Sie Ihren Geist zur Ruhe gebracht haben, tanzt plötzlich ein anderer Gedanke durch Ihren mentalen Raum. Diese Gedanken können gut und motivierend sein, aber auch wirr und chaotisch. Sie verschmelzen alle miteinander und beeinflussen Ihren Tag.

Das zerebrale Rauschen ist ein laufender Kommentar, den Sie mit sich selbst führen. Es ist der Raum, in dem Ihre Ideen geboren werden und Ihre Gefühle frei umherstreifen. Es beginnt von dem Moment an, in dem Sie aufwachen, und kann Sie sogar am Einschlafen hindern. Vielleicht sind Sie sich dieses mentalen Rauschens nicht bewusst, weil es ein natürlicher Teil Ihres Lebens werden kann. Mein mentales Rauschen wird sich anders anhören als Ihres, aber beide haben das Potenzial, anstrengend und erschöpfend zu sein.

Das mentale Rauschen kann sich in vielen Formen äußern:

- Selbstkritik und Bewertung in Form eines ständigen inneren Monologs
- Die gleichen Gedanken wiederholen sich in einer Endlosschleife
- Vergangene Ereignisse werden wiederbelebt. Verfassen eines neuen Drehbuchs – mit anderen Handlungen und den Worten, die man gerne gesagt hätte
- „Was-wäre-wenn"-Szenarien und Zukunftsängste
- Beurteilung und Verarbeitung aktueller Situationen anhand eines vergangenen Schmerzes oder Bedauerns
- ständiger Eskapismus – Fantasien über einen anderen Ort/eine andere Zeit, anstatt die Gegenwart zu erleben
- permanente innere Kommentare, die den Seelenfrieden stören
- nie ganz präsent zu sein – man denkt immer an etwas anderes, als an das, was gerade passiert

Wäre es nicht toll, wenn wir einen Zustand erreichen könnten, in dem wir nur denken würden, wenn es gerade nötig ist, beispielsweise wenn wir ein Problem lösen müssen. Nach getaner Arbeit stellen wir den Verstand dann einfach wieder ab. Wenden wir die REST-Methode an und finden wir heraus, wie Sie Ihr zerebrales Hintergrundrauschen zum Schweigen bringen können.

Risiko-Diagnose

Geistige Ermüdung entsteht, wenn die Überaktivität des Gehirns zu einer Erschöpfung der Gehirnzellen führt. Die kontinuierliche geistige Anstrengung, die für die Ausführung von Aufgaben erforderlich ist, und die Konzentrationsanforderungen an den Geist prädisponieren Menschen mit kreativen, akademischen und geistig anstrengenden Berufen für diese Art von Erholungsdefizit. Die Anzeichen für eine geistige Erschöpfung verschlimmern sich oft im Laufe des Arbeitstages, wenn die Stimulation durch das morgendliche Koffein nachlässt. Der Nebel im Kopf nimmt dann zu und die Konzentration lässt nach. Wir verlieren unseren Fokus, die Fehlerquote steigt. Die Fähigkeit, Probleme zu lösen und anstehende Aufgaben zu erledigen, nimmt ab. Die Versuchung ist groß, das Gehirn mit weiteren Stimulanzien wachzurütteln, doch kann es nicht ewig auf Hochtouren laufen.

Bleibt die geistige Ermüdung unbehandelt, kann sie sich zu psychischen Krankheiten wie Depressionen ausweiten. Bei Menschen mit einem mentalen Ruhedefizit kommt es häufig zu ewig andauernden Monologen während des Schlafs. Diese Menschen kommen nie zur Ruhe. Stressfaktoren des Tages können im Bewusstseinsstrom des Gehirns verbleiben und in den Schlaf übertragen werden, sodass der Geist aktiv bleibt, obwohl er eigentlich ruhen sollte. Eine Entschlackung des Geistes vor dem Schlafengehen ist notwendig, um den geistigen Raum zu entrümpeln.

Einordnen der aktuellen Situation

Während ich hier über den Zustand der seelischen Entspannung schreibe, erinnere ich mich an eine Geschichte von zwei Männern, die einer jungen Frau begegneten, die versuchte, einen Fluss zu überqueren. Sie fürchtete sich vor der Strömung und fragte, ob man sie hinübertragen könne. Einer der Männer zögerte aufgrund seiner religiösen

Überzeugung. Der andere hob sie schnell auf seine Schultern und trug sie auf die andere Seite. Sie bedankte sich bei ihm und sie gingen ihrer Wege. Als die Männer ihren Weg fortsetzten, war derjenige, der seine Hilfe abgelehnt hatte, unruhig und grüblerisch.

Schließlich konnte er seine Gedanken nicht mehr für sich behalten und sagte: „Uns wird beigebracht, jeglichen Kontakt mit Frauen zu vermeiden, aber du hast diese auf deine Schultern genommen und sie getragen!"

Der zweite Mann antwortete: „Mein Freund, ich habe sie schon vor Stunden auf der anderen Seite abgesetzt, aber du trägst sie immer noch."

Wie der empörte Mann in der Geschichte halten wir an geistigem Ballast fest, der sein Verfallsdatum überschritten hat. Lassen Sie nicht zu, dass Ihr Verstand Sie davon abhält, im gegenwärtigen Moment präsent zu sein. Sie können Ihre Aufmerksamkeit auf die Dinge lenken, die in Ihrem Leben gute Früchte tragen, und über sie meditieren.

Welche Gedanken tragen Sie unnötigerweise mit sich herum?

Diese Anzeichen können dafür sprechen, dass Sie unter einem geistigen Ruhedefizit leiden:

- Sie haben das Gefühl, dass Sie Ihre Aufgabenliste mental nicht mehr bewältigen können.
- Sie sind gereizt oder frustriert, wenn Sie über Ihren Tag nachdenken.
- Sie vermeiden einige Aktivitäten, weil Sie befürchten, einen Fehler zu machen.
- Sie fühlen sich tagsüber schläfrig oder haben das Gefühl geistiger Benebelung.

- Sie kritisieren Familie und Arbeitskollegen und lästern über unbedeutende Dinge.
- Sie verbringen die meiste Zeit Ihres Tages mit Aufgaben, die Sie überfordern.

Science und Forschung

Die geistige Ermüdung ist eine der Hauptursachen für Unfälle. Wenn der Geist müde ist, ist er nicht mehr in der Lage, den Körper und die Reflexe vollends zu kontrollieren. Die Folge sind Stürze, Autounfälle und andere Unfälle. Studien, in denen die Gehirnaktivität vor und nach geistig anstrengenden Aktivitäten untersucht wurde, weisen darauf hin, dass die elektrischen Gehirnimpulse nach diesen Aktivitäten abnehmen. Die nachlassende Energie steht in positivem Zusammenhang mit der nachlassenden Fähigkeit, anstehende Aufgaben zu erfüllen. Viele unserer To-do-Listen beschränken sich nicht auf rein geistige Aufgaben, sondern auf solche, die sowohl unseren Geist als auch unseren Körper fordern.

Eine Studie aus dem Jahr 2015 zeigte, dass wir, wenn wir versuchen, geistige und körperliche Aufgaben gleichzeitig zu erledigen, einen bestimmten Bereich unseres Gehirns aktivieren: den sogenannten präfrontalen Kortex. Diese Aktivierung führt dazu, dass unser Körper viel schneller ermüdet, als wenn wir uns nur mit einer körperlichen Aufgabe befassen würden. Der Geist beschleunigt dann den Abbau unserer körperlichen Energie. Wenn der Verstand uns körperlich erschöpfen kann, ist es nur logisch, dass auch der umgekehrte Fall eintreten kann: Geistige Aktivität kann also auch den Körper stärken.

Treatment: Heutige Aufgabe

Ihr Gehirn macht ständig Überstunden, um Ihre nicht enden wollende To-do-Liste zu bewältigen, und verdient eine Pause. Mentale Entspannung ist die Komfortzone Ihres Gehirns. Es ist der Ort, an den sich Ihr Gehirn zurückzieht, um sicherzustellen, dass Ihr Geist optimal funktionieren kann. An dieser Stelle möchte ich anmerken, dass es keine schnelle Lösung für ein chronisches geistiges Ruhedefizit gibt. Es resultiert aus der Ausbeutung Ihrer Reserven und kann nur ausgeglichen werden, indem der Geist an einen Ort der Ruhe und Fülle zurückkehren kann. Das Wertvollste, was Sie für Ihre geistige Gesundheit unternehmen können, ist, Ihren Geist ruhen zu lassen und Raum für Regeneration zu schaffen. Nur so kann er all das bewältigen, was jeden Tag von ihm verlangt wird. Hier sind einige Tipps, die Sie schon heute anwenden können, um den Nebel zu lichten und Ihren Geist zur Ruhe zu bringen.

Vermeiden Sie Aktivitäten mit geringem Output – Verschaffen Sie sich einen Überblick über Ihr Zeitmanagement. Womit verbringen Sie Ihre Zeit und wie fühlen Sie sich mental nach diesen Aktivitäten? Filtern Sie die Dinge heraus, die Ihnen keinen dauerhaften Nutzen bringen, und verschwenden Sie Ihre Zeit nicht mehr auf sie. Generell können Sie wiederholte Konzentrationsschwankungen vermeiden, wenn Sie sich täglich nur auf für Sie sinnvolle Tätigkeiten beschränken. Planen Sie begrenzte Zeiträume für die Aktivitäten ein, die Sie unbedingt erledigen müssen. Dreißig Minuten sind hier eine gute Zeitspanne. Erledigen Sie alles auf einmal, am besten früh am Tag, wenn Ihr Geist am klarsten ist. Entsprechend Ihrer Tätigkeit und Ihren Verantwortlichkeiten benötigen Sie möglicherweise mehr als ein Zeitfenster für dieselben kräftezehrenden Aufgaben. Zu den Aktivitäten, die sich am besten in Zeitabschnitten erledigen lassen, gehören das Verwalten von E-Mails, die Nutzung sozialer Medien, das Erledigen kleinerer Büroarbeiten, das Surfen im Internet, Videospiele, Fernsehen und das Verfolgen der aktuellen Nachrichten.

Meditieren Sie – Nehmen Sie sich jetzt einige Augenblicke Zeit, um zu beobachten, welche Gedanken Ihren Geist beschäftigen. Analysieren oder beurteilen Sie diese nicht und versuchen Sie auch nicht, sie zu verstehen. Nehmen Sie einfach zur Kenntnis, dass Sie diese Gedanken haben. Eventuell entdecken Sie auch Bilder und Situationen in Ihrem Kopf, die Ihnen vollkommen neu sind. Erobern Sie sich Ihre mentalen Fähigkeiten zurück. Eine ausgezeichnete Vorlage hierzu findet sich in der Bibel, Philipper 4,8, wo wir ermutigt werden, unsere Gedanken auf all dem ruhen zu lassen, was immer wahr, edel, richtig, rein, liebenswert und bewunderungswürdig ist. Wenn irgendetwas hervorragend oder lobenswert in Ihrem Leben ist, denken Sie daran. Bemühen Sie sich bewusst, Ihren geistigen Raum mit erholsamen Gedanken zu füllen.

Schaffen Sie sich einen geistigen Zufluchtsort – Wenn Ihr kompletter Tag im Chaos versinkt, wohin wird sich Ihr Geist dann zurückziehen, um Ordnung zu schaffen? Der Geist braucht einen Rückzugsort, um Ruhe zu finden, und dieser Ort muss Ihnen heilig sein. Ihr Gehirn und die Neuronen sind programmiert darauf, um Ihr Leben zu kämpfen. Sie sind täglich in Alarmbereitschaft und halten Ausschau nach potenziellen Gefahren. Ihr Geist ist aufopferungsbereit. Er geht nur aus dem Grund nicht in den

Ruhezustand, weil der Schutz Ihres Körpers Priorität hat. Geistige Ruhe erfordert, dass Ihr Verstand seine Wachsamkeit ablegt. Im Römerbrief 8,6 wird davor gewarnt, dass die Ausrichtung des Geistes auf das Fleisch (zeitliche Befriedigung der Sinne) zum Tode führen kann. Die Ausrichtung des Geistes (ewige Befriedigung der Seele) hingegen bringt Leben und Frieden.

Dies ist eine lebensverändernde Gleichung. Ein Geist, der sich gewohnheitsmäßig in Stress übt und danach strebt, seine Begierden zu befriedigen, ist ständig am Limit. Ein positiver Geist, der in sich ruht, findet Lebenskraft und Frieden. Eine Möglichkeit, sich einen geistigen Zufluchtsort zu schaffen, besteht darin, jeden Tag eine Eigenschaft Gottes zu wählen, auf der man sich ausruhen kann. So wie Liebe, Freude, Frieden, Freundlichkeit, Güte, Sanftmut und Glaubensstärke. Lassen Sie diese Eigenschaften der geistige Ort sein, zu dem Sie im Laufe des Tages zurückkehren, während Sie sich darin üben, Ihr eigenes geistiges Sanktuarium zu schaffen.

6

Emotionale Ruhe

Erkennen Sie Ihre aktuelle Situation an

Wenn ich auf Veranstaltungen spreche, kleide ich mich meist nach dem Zwiebelprinzip. Man weiß nie, ob es in den Tagungsräumen kalt oder heiß ist, und kann seine Kleidung damit Schicht für Schicht anpassen. Dieser Event fand in einem Hotel in der Innenstadt von Philadelphia statt. Überall standen Eisskulpturen, die als Deko-Elemente dienten, die Umgebung war entsprechend kalt. Meine Thermojacke schützte mich zwar vor den kühlen Temperaturen, aber gegen die unterkühlten Gesichter im Raum war sie machtlos.

Nach der Einführung stieg ich die Seitentreppe zur Bühne hinauf. Meine PowerPoint-Präsentation und das Mikrofon waren bereit, aber ich war wie erstarrt. Dies war nicht mein erstes Rodeo. Es war eher eine Art Zugabe-Präsentation. Im Jahr zuvor war ich bereits die Hauptrednerin auf der Konferenz „Frauen in der Medizin“ gewesen.

Die gleichen Veranstalter hatten mich auch dieses Jahr wieder eingeladen. Letztes Mal hatte ich die Teilnehmerinnen ermutigt, sich nicht hinter ihren weißen Kitteln zu verstecken, die Reaktion auf meine Rede war unglaublich gewesen. Ich hatte sie aufgefordert, im Umgang mit anderen realistisch und authentisch zu sein, und sie gebeten, sich selbst ehrlich einzugestehen, was sie explizit brauchen würden, um ihr Leben genießen zu können. Mit Begeisterung hatte ich festgestellt: Diese Frauen waren der Herausforderung uneingeschränkt gewachsen. Sie waren auf der Suche nach Authentizität und hungrig nach Verantwortung.

Dieses Jahr hatten mich die Organisatoren gebeten, eine Konferenz zu leiten, die sie so noch nie durchgeführt hatten. Meine Aufgabe war es, die Teilnehmer in kleinen Gruppendiskussionen über Themen, die ihr Leben betrafen, zu einer Gemeinschaft zusammenzuführen. Das Ganze fühlte sich an wie Girls Talk auf der Veranda. Vor meinem Geist manifestierte sich ein Bild von plaudernden, sich in Liegestühlen räkelnden Frauen, die sich über das wahre Leben und die Kämpfe, die sie als Frauen in der Medizin ausfochten, austauschten. Auch in der E-Mail-Einladung hörte sich das Vorhaben noch relativ einfach an.

Aber in einem Raum voller Chirurgen, Internisten, Geburtshelfer, Gynäkologen, Zahnärzte, Medizinstudenten, Assistenzärzte und Psychiater gestaltete sich das Projekt dann doch alles andere als einfach. Als ich in die Gesichter blickte, wurde mir klar, dass sich diese Frauen hinter ihren emotionalen Mauern wohlfühlten. Die Jahre der Assistenzzeit und des Medizinstudiums hatten ihnen beigebracht, dass man Emotionen nicht zeigen darf. Was für ein fehlerhaftes System. Es macht unsere Heiler sogar noch anfälliger für die Angriffe des emotionalen Schmerzes.

Genau wie diese Mediziner sind auch wir in den meisten Fällen dazu ausgebildet worden, unsere Gefühle zu ignorieren. Wir füllen unsere Emotionen sozusagen in Flaschen ab und stellen sie auf ein hohes Regal. Dann lassen wir sie dort, als ob sie nicht existieren würden. Aber sie sind da und diese eingelagerten Gefühle sind besonders hart und roh. Sie werden nicht durch die Erfahrung gemildert und sind deshalb beim Kontakt mit anderen besonders schnell verletzlich. Als Folge daraus wird der Kontakt zum Problem – wir ziehen uns in unsere Isolation zurück. Womit wir letztendlich auch verlernen, unsere Emotionen für unsere eigene Heilung zu nutzen.

Dabei sind Emotionen ein sehr mächtiges Instrument. Sie können Gedanken außer Kraft setzen, unsere Beziehungen beeinflussen und unser Verhalten verändern. Sie befähigen uns, uns selbst zu verstehen und Herausforderungen zu überwinden. Emotionen müssen erforscht, erlebt und genossen werden. Sie waren nie dazu gedacht, in Flaschen abgefüllt zu werden und nicht verfügbar zu sein.

Als ich dieses Jahr auf der Konferenz „Frauen in der Medizin“ die Bühne betrat, wusste ich, dass meine vorbereitete Rede nicht die von mir erwünschte Wirkung zeigen würde. Hübsch choreografierte Worte sind nicht leidenschaftlich und stark genug, um diese im obersten Regal versteckten Gefühle zu erreichen. Es ist ein beängstigender Moment, vor Hunderten von Gleichgesinnten zu stehen und keine Ahnung zu haben, was man als Nächstes tun soll.

Mir fiel eine Dame auf, mit der ich beim Frühstück gesprochen hatte. Wir hatten an unserem Kaffee genippt und dabei ein aufschlussreiches Gespräch darüber geführt, wie alleine wir uns in unseren jeweiligen Krankenhäusern fühlten. Wir waren nicht in der Lage, dem Stress Ausdruck zu verleihen, aus Angst, schwach zu wirken. Auch waren wir nicht bereit, Hilfe in Anspruch zu nehmen, weil wir sonst womöglich für unfähig gehalten wurden. Natürlich hatten wir uns bemüht, waren aber an unsere emotionalen Grenzen gestoßen. Und nun saßen wir hier zusammen, immer noch zu ängstlich, uns unsere gemeinsamen Schwächen mitzuteilen, ängstlich, die Wahrheit gegenüber denjenigen zu offenbaren, die uns am besten verstehen würden.

Es war an der Zeit, den Stier bei den Hörnern zu packen. „Sehr geehrte Damen, mir wurde die Aufgabe zuteil, uns in eine Art Sisterhood, eine Schwesternschaft, zu führen. Wenn wir diesen Raum verlassen, werden wir erst gemeinsam eine Mahlzeit einnehmen. Im Anschluss daran finden wir uns in kleinen Gruppen von sechs bis acht Personen zusammen, um uns in der Diskussion auszutauschen und voneinander zu lernen. Lassen Sie mich vorausgehend sagen, wenn sich nicht sofort etwas in uns ändert, werden wir die Aufgabe, die vor uns liegt, nicht bewältigen können.

Das liegt nicht etwa an Ihrer persönlichen Unfähigkeit, sondern an einem medizinischen System, das Sie so sehr in die Enge getrieben hat, dass Sie emotionale Konfrontationen vermeiden. Lassen Sie mich die Erste sein, die sich dafür bei Ihnen entschuldigt. Als Ausbilder und Mentor tut es mir leid, dass ich zu einem System beigetragen habe, das Sie emotional abgestumpft hat. Als Medizinstudent haben wir Sie den emotionalen Abstand gelehrt, als die ersten Tränen über den Verlust eines Patienten flossen. In der Assistenzzeit haben wir Sie dazu gedrängt, die Emotionen anderer zu ignorieren, damit sie diese nicht in der Fähigkeit, Ihre Arbeit zu verrichten, beeinträchtigen. Und jetzt erkennen wir, dass Sie müde, erschöpft und zerschlagen sind, und bitten Sie, sich zu öffnen, damit wir Ihnen dabei helfen können, zu heilen. Vergeben Sie uns, was wir getan haben. Ich bin es leid, so zu tun, als würden mich diese Dinge nicht stören, und ich glaube, Sie sind es auch.

Lassen Sie uns einfach ehrlich sein. Sprechen wir über unsere Beziehungen, die kaputtgehen, weil wir vergessen haben, wie man geliebt wird. Lassen Sie uns über unsere Kinder reden, von unserer Angst, dass wir zwar ihre finanziellen Bedürfnisse befriedigt haben, aber nicht ihre emotionalen. Legen wir das Schwere ab und gehen wir an diesem Wochenende leichter und freier nach Hause."

In der darauffolgenden Stille konnte ich das Geräusch von Gefäßen hören, die zerbrachen. Aufgestaute Emotionen flossen über. Meine improvisierte Rede war der Katalysator für eine spürbare Veränderung der Atmosphäre. Viele Teilnehmer begannen zu weinen. Tiefe Erleichterung kam in Wellen aufgestauter Trauer. Einige reichten der Frau neben mir die Hand. Einige waren unter Schock. Sie waren in diesem Moment gefangen und wussten nicht, was sie tun, sagen oder fühlen sollten. Es war eine Erschütterung, die alles aus den Angeln hob.

An diesem Nachmittag ruhten wir uns ineinander aus. Wir tauschten uns über die Zeiten aus, in denen wir einen Verlust betrauern mussten, und wir diskutierten darüber, warum wir tun, was wir tun. Hoch qualifizierte Akademikerinnen aller Rassen und Religionen lernten an diesem Tag die Bedeutung emotionaler Ruhe und Entspannung kennen.

Risiko-Diagnose

Sie erleben emotionale Ruhe, wenn Sie nicht mehr das Bedürfnis haben, etwas leisten zu müssen, und auch die Erwartungen anderer für Sie keine Rolle mehr spielen. Es ist das Ende allen emotionalen Strebens. Jeder von uns verfügt über die Fähigkeit, seine Gefühle zu steuern.

Aus dieser Fähigkeit heraus agieren wir, wenn wir einer Freundin, die gerade ihren Mann verloren hat, unser Beileid aussprechen, ein weinendes Kleinkind in unseren Armen trösten oder einen Kollegen für seine gute Arbeit loben. Bei jeder Interaktion geben wir ein Stück von uns selbst. Wenn unser emotionaler Rückzug unsere emotionale Kapazität übersteigt, erleben wir emotionale Ermüdung. Emotionales Gleichgewicht lebt von der Einzahlung auf unser emotionales Konto.

Wo verbrauchen Sie emotionale Energie? In einem Wutausbruch? Mit ängstlichen Gedanken, während Sie die Abendnachrichten sehen? Mit Depressionen über die steigende Zahl auf der Waage? In einer Auseinandersetzung im Job? Bei der Erziehung eines Kleinkindes? Im Konflikt mit ihrem Teenager oder Hochschulabsolventen? Unabhängig davon, was Sie tun, lernen Sie Ihre Emotionen regelmäßig dazu zu nutzen, um mit Ihrer Umgebung zu interagieren.

Emotionen sind wie Infektionen: Sie sind hochgradig ansteckend. Wenn Sie Ihre Emotionen teilen, werden Sie auch von den Emotionen anderer beeinflusst. Befinden Sie sich im Umfeld anderer Menschen, werden sich Ihre Emotionen übertragen. Jetzt, wo das Internet so leicht zugänglich ist, können sie direkt oder indirekt verbreitet werden. Gespräche von Angesicht zu Angesicht sind jetzt weniger wichtig, denn Textnachrichten, Telefonanrufe, Videos, Facebook-Posts, Tweets und E-Mails ermöglichen uns, unsere Emotionen zu jeder Tages- und Nachtzeit zu teilen. Wir sind emotional mehr mit der Welt verbunden als je zuvor, und deshalb haben wir unsere emotionale Kapazität ausgeschöpft.

Ich fürchte, wir haben die Fähigkeit verloren, unsere Gefühle zu verarbeiten. Es ist einfacher, sich an einem emotionalen Wutanfall in den sozialen Medien zu beteiligen, als zu verstehen, woher ein Schmerz der Ablehnung überhaupt kommt und wie man ihn verarbeitet. Es ist einfacher, eine E-Mail zu schreiben, als den Freund zu besuchen, der gerade seinen Job verloren hat. Bei einem persönlichen Gespräch gibt es keinen Ort, an dem man sich verstecken kann. Unsere Körpersprache verrät unseren aktuellen emotionalen Zustand, und wir können diese Kommunikation nicht gutheißen, weil unser aktueller emotionaler Zustand ganz anders sein kann als der, den wir lieber in den sozialen Medien teilen würden. Die Technologie hat es uns leicht gemacht, so zu tun, als hätten wir alles im Griff.

Mein jüngster Sohn liebt die Schauspielerei und das Theater. Ich ertappe ihn oft dabei, wie er sich eine Lieblingssendung im Fernsehen ansieht und den Text der Schauspieler Wort für Wort wiederholt. Wenn er in eine Rolle schlüpft, wird er zu einer anderen Person. Seine Gesichtsausdrücke sind anders, seine Stimme verändert sich, und seine Verhaltensweisen reflektieren die der Figur, die er darstellt.

Gibt es Zeiten, in denen Sie sich selbst als Schauspieler erleben? Haben Sie schon einmal jemanden getroffen, der sich in einer anderen Umgebung wie eine völlig andere Person verhält? Sie können unter Ihren Kollegen als unsicher gelten, aber Ihren Freunden als extrovertierter Komiker erscheinen. Sie mögen den Anschein erwecken, dass Sie die Anerkennung Ihres Chefs suchen, aber Ihr Ehepartner erlebt Sie als respektlos. Sie könnten mit einer Person zu Mittag essen und plötzlich Ihr Verhalten ändern, sobald sich jemand Neues an den Tisch setzt.

Haben Sie das Gefühl, dass Sie sich in der Nähe bestimmter Menschen anders verhalten? Wenn ja, befinden Sie sich in guter Gesellschaft. Die meisten erfolgreichen Menschen geben zu, dass sie in verschiedenen Situationen unterschiedliche Persönlichkeiten annehmen. Das soll kein Vorwurf sein, dass Sie nicht 100 Prozent authentisch sind. Die Wahrheit ist, dass wir alle schon Momente erlebt haben, in denen wir nicht authentisch waren. Wir alle spüren den Druck, etwas leisten zu müssen. Dieser Drang kann sich im Beruf, in der Familie und in sozialen Beziehungen bemerkbar machen. Er verfestigt sich in unserer Art, mit anderen zu interagieren, und zwar so sehr, dass wir uns nicht mehr wohlfühlen, wenn wir einmal wirklich wir selbst sind. Wir machen uns Sorgen, dass die Leute uns nicht verstehen oder dass wir nicht gut genug sind.

Es fühlt sich einfach sicherer an, eine Person darzustellen, von der wir glauben, dass sie jeder akzeptieren wird, als eine Ablehnung zu riskieren. Wenn wir aufhören, authentisch zu sein, tauchen wir in ein tiefes emotionales Loch ein. Der einzige Ausweg besteht darin, an den Ort zurückzukehren, an dem wir ohne Scham oder Schuldgefühle in unserer aktuellen Wahrheit ruhen können.

Einordnen der aktuellen Situation

Ich kann es all diesen Menschen nicht verdenken, dass sie nach etwas Besserem streben. Wer wünscht sich nicht das Paradies im Leben? Selbst Adam und Eva ergriffen die Gelegenheit, ihr Wissen zu erweitern und ihre Position zu verbessern, als sie sich ihnen bot. Sie haben nicht darüber gebetet. Sie haben es nicht gegoogelt. Nein, sie taten, was oberflächlich betrachtet als großartiger Schachzug erschien. Sie wussten nicht, dass diese eine Entscheidung alles verändern würde.

Alles begann mit einer aufkeimenden Beziehung. Die Herzen verbanden sich bei Spaziergängen in der Kühle des Tages. Es wurden ernsthafte Gespräche geführt, in denen beide zuhörten, voneinander lernten und sich zu lieben begannen. Dann kam das Schweigen. Nach einer fatalen Entscheidung fühlte sich die Authentizität nicht mehr sicher an. „Adam, wo bist du?“, rief es in den stillen Garten. „Ich schäme mich und versteckte mich vor dir“, kam die verletzte Antwort.

Liest man die Schöpfungsgeschichte weiter, erkennt man, dass sich die Beteiligten ihre emotionalen Masken bereits aufgesetzt haben. Emotionale Unruhe führt zu verstärkter Angst, zu Scham und dem Wunsch, die aktuelle Wahrheit zu verbergen. Wir sind geschickt darin, uns zu verstecken, selbst wenn wir gefunden werden wollen. Hinter den Büschen und Bäumen suchte Adam nach Sicherheit. Sie war nicht verfügbar. Er brauchte einen Platz zum Ausruhen. Verstecken sieht wie Ruhe aus. Er schirmte sich ab und schützte sich. Aber im Gegensatz zur Ruhe zehrt dieses Versteckspiel uns aus. Es reißt auseinander und trennt. Ruhe bringt uns wieder zusammen. Sie ist eine Wiedervereinigung mit unserem besten Selbst.

Authentizität bedeutet, so zu leben und sich so zu verhalten, dass es mit unseren Grundwerten, Wünschen, Stärken und Schwächen übereinstimmt. Es bedeutet, dass wir ehrlich sind. Uns dem aktuellen Stand der Dinge bewusstwerden. Es bedeutet, dass wir uns die Wahrheit sagen und diese auch annehmen. Diese Wahrheit ist unabhängig von äußeren Einflüssen, von der Meinung anderer und deren Macht, uns zu manipulieren.

Diese Anzeichen deuten darauf hin, dass Sie unter einem emotionalen Ruhedefizit leiden könnten:

- Sie neigen dazu, sich auf Ihre Fehler und Schwächen zu konzentrieren.

- Sie leiden unter Selbstzweifeln und Unsicherheit. Beides hindert Sie daran, neue Dinge auszuprobieren.
- Sie entschuldigen sich konstant für sich selbst und Ihr Verhalten und versuchen sich zu erklären.
- Sie machen sich Vorwürfe, wenn Sie auch nur den kleinsten Fehler machen.
- Sie fühlen sich oft deprimiert oder wütend, wenn Sie über Ihr Leben nachdenken.
- Sie machen sich übermäßig viele Gedanken oder haben Angst vor bestimmten Situationen.

Science und Forschung

Kennen Sie jemanden, der ein chronischer Nörgler oder durchweg pessimistisch ist? Wie fühlen Sie sich in dessen Nähe? Sind Sie in der Lage, Ihre Emotionen zu beherrschen, oder lassen Sie sich anstecken und beginnen auch Sie mit Ihrer eigenen Liste von Beschwerden?

Die wechselseitige Wirkung von Emotionen ist umfassend untersucht worden. Psychologen beschreiben die emotionale Ansteckung als „die Tendenz, Ausdrücke, Stimmen, Haltungen und Bewegungen einer anderen Person automatisch nachzuahmen, um sich mit dieser zu synchronisieren und sich folglich emotional anzustecken."

Wir ahmen also unbewusst und automatisch die Gefühlsäußerungen anderer nach. Wenn uns jemand anlächelt, lächeln wir zurück. Wenn wir jemanden weinen sehen, empfinden wir wahrscheinlich Traurigkeit oder Mitgefühl. Der Gefühlsausdruck anderer löst in unserem Gehirn Reaktionen aus, die dazu führen, dass wir uns daran erinnern, wann wir dieses Gefühl zuletzt erlebt haben. Diese Neigung zur Empathie kann dazu führen, dass wir diese Gefühle fälschlicherweise als unsere eigenen interpretieren, wodurch wir anfällig für die Emotionen der Menschen in unserer Umgebung werden.

Fühlen Sie sich niedergeschlagen? Dann verbringen Sie ein paar Minuten mit jemandem, der ein ansteckendes Lächeln und ein heiteres Gemüt hat, um Ihre Gefühle zu heben. Leider gilt das Gleiche auch für negative Gefühle. Die Zeit, die Sie in der Gesellschaft von Menschen verbringen, die negativ denken oder an Depressionen leiden, kann Ihnen die Stimmung verderben.

Die Forschung zeigt, dass wir über Spiegelneuronen verfügen, die uns veranlassen, die emotionale Atmosphäre anderer direkt zu erleben. Unsere emotionale Verbundenheit ist eine Anpassung zu unserem kollektiven Nutzen. Sie bringt das „Humanitäre" zurück in die Menschlichkeit. Sie ermöglicht es uns, mitfühlend zu sein. Sie ist die Kraft, die hinter unserem Drang steht, denjenigen Mut zu machen, die ein gebrochenes Herz haben, die Verletzten zu trösten und die zu unterstützen, denen es weniger gut geht. Diese emotionale Verbundenheit hat einen starken Einfluss auf unsere Beziehungen zu Familie, Freunden und Geschäftspartnern. Mit der Zeit kann die ständige emotionale Belastung zu emotionaler Erschöpfung führen. Was daraus resultiert, ist: Angst, Reizbarkeit, Depression, Wut, Apathie sowie der Verlust der Leidenschaft.

Wie wirkt es sich auf Sie aus, wenn Sie sich ständig in einem Zustand emotionaler Verbundenheit befinden? Die Forschung zeigt, dass Introvertierte eher von den positiven Emotionen anderer beeinflusst werden, während extrovertierte Menschen eher von den negativen Gefühlsäußerungen anderer betroffen sind. Frauen neigen dazu, den Stress und die Negativität ihrer Mitmenschen zu absorbieren. Mädchen werden oft dazu erzogen, sich um die emotionalen Bedürfnisse derer zu kümmern, die sie lieben.

Diese Tatsache wurde mir dieses Jahr zu Weihnachten vor Augen geführt. Ich fragte meine Nichte, was sie sich vom Weihnachtsmann wünschen würde, und sie beschrieb mir lebhaft eine Babypuppe, die weint, pinkelt und in die Windel macht. Muss sich eine Siebenjährige mit solchen Dingen befassen?

Männer sind nicht immun gegen emotionale Ermüdung, aber sie fühlen sich oft wohler, wenn sie ihr wahres Ich zeigen. Ich denke da mal spontan an eine Gruppe von Männern, die sich in einem Rülps-Wettbewerb misst. Männer scheuen sich nicht, ihr wahres Selbst zu zeigen – sowohl die schlechten als auch die guten Seiten. In der Ehe und in der Vaterschaft ist die Investition in die emotionale Verbundenheit jedoch viel größer, und in diesen Bereichen spüren viele Männer die Auswirkungen eines chronischen emotionalen Ruhedefizits.

Treatment: Heutige Aufgabe

Wir sind uns oft nicht bewusst, wie sehr unsere Gefühle von den Gefühlszuständen anderer beeinflusst werden. Eine wichtige Frage, die man sich stellen sollte, ist: „Inwieweit werden meine Emotionen beeinflusst, wenn ich in der Nähe einer anderen Person bin?“ Achten Sie genau auf Ihre Gefühle in verschiedenen Situationen und in der Gegenwart unterschiedlicher Menschen. Machen Sie eine Bestandsaufnahme der Menschen in Ihrem Leben, die Sie auslaugen, und derer, die Sie energetisieren. Ergreifen Sie dann die Initiative, um toxische Beziehungen zu beenden oder einzuschränken, und umgeben Sie sich bewusst mit Menschen, die eine positive Wirkung auf Ihr Leben haben.

> **Seien Sie sich Ihrer Emotionen bewusst** – Wenn Sie gut gelaunt zur Arbeit gehen, um dann mittags festzustellen, dass Sie deprimiert sind, ist das ein deutlicher Hinweis darauf, dass Sie an Ihrem Arbeitsplatz mit negativen Emotionen konfrontiert sind. Wenn Sie sich in der Nähe eines Freundes ängstlich fühlen und Sie feststellen, dass sich Ihre Stimmung bessert, wenn Sie von dieser Person

getrennt sind, ist es an der Zeit, die Auswirkungen dieser Beziehung auf Ihre emotionale Gesundheit zu bewerten. Wenn Sie anfangen, auf diese Hinweise zu achten, werden Sie lernen, wie Sie in Ihren Beziehungen auf eine Weise geben und empfangen können, die Sie emotional gesund macht.

Keine Vergleiche mehr – Kinder benutzen keine emotionalen Masken. Sie müssen der Versuchung nicht widerstehen, ihr wahres Ich zu verbergen. Ihre Gefühle sind ein Teil ihres Wesens. Erst wenn sie anfangen, sich mit anderen zu vergleichen, hören sie auf, authentisch zu sein. Vergleiche schränken die Individualität ein und zerstören die Fähigkeit, authentisch zu sein. Der Versuch, sich anzupassen, ist emotional anstrengend. Es ist an der Zeit, dass Sie aufhören, nach Ihrer Wertigkeit zu streben. Ruhen Sie stattdessen in der Selbsterkenntnis Ihrer einzigartigen Macken und Neigungen. Denken Sie heute an zwei bis drei Situationen, in denen Sie sich selbst als unauthentisch empfunden haben oder feststellen mussten, dass Sie sich zu sehr bemüht haben, um anderen zu gefallen. Wie kompensieren Sie diese mangelnde Authentizität? Erkennen Sie diese Verhaltensweisen an und gestatten Sie es sich, mit dem Vergleichen aufzuhören.

Risiko Verletzlichkeit – Wenn wir unsere Wahrheit verbergen, verletzen wir nur uns selbst. Wir verbrauchen unser emotionales Potenzial mit der täglichen Aufgabe, eine Lüge zu leben. Emotionales Engagement ist riskant, aber notwendig für ein erfülltes Leben. Trauen Sie sich, echt zu sein; riskieren Sie es, verletzlich zu sein. Lassen Sie sich auf die Ungewissheit der Authentizität ein. Machen Sie sich wieder mit dem Abenteurer in Ihnen vertraut.

Wir sind dazu geschaffen, um in der Verbindung mit anderen zu gedeihen. Bei welchen Menschen fühlen Sie sich wie Sie selbst? Wenn Sie tief in diese lohnenden Beziehungen eintauchen, werden Sie die Kraft finden, mit Verletzlichkeiten umzugehen.

7
Geistige Ruhe

Betreten Sie Ihr persönliches Heiligtum

Als kleines Kind, das ohne Mutter aufwuchs, glaubte ich, man könne Gott nicht trauen. Jede Beziehung, die ich von diesem Zeitpunkt an hatte, basierte auf einem Gerüst aus behütetem Schmerz. Manchmal muss man sich über den göttlichen Plan wundern. Jemand, der an einem tiefen Schmerz festhält, ist nicht gerade derjenige, den ich zu einem Heiler machen würde. Aber Gott belehrte mich eines Besseren, er führte mich in einen Beruf, der auf Heilung basiert. An der Wand meiner Arztpraxis, dort, wo die Zulassungen, Zertifikate und Auszeichnungen hängen, sollte eigentlich ein riesiges Neonschild mit der Aufschrift „verletzter Heiler" hängen.

Was tun wir, wenn wir jemandem in die Augen sehen, der uns gerade gesagt hat, dass er sterben möchte? Wie helfen wir jemandem, dessen Welt wir gerade mit einer Krebsdiagnose erschüttert haben? Welche Hoffnung können wir einem querschnittsgelähmten Menschen geben? Welchen Frieden können wir einer Mutter schenken, die eine Totgeburt im Arm hält? Wie trösten wir diese bekümmerten Menschen? Wie können wir ihnen Erleichterung schenken?

Dies war eine schwierige Frage, mit der ich konfrontiert wurde, und es war eine, auf die viele Menschen, die ich beriet, eine Antwort haben wollten. Eine Antwort, die ich nicht geben konnte. Ich hatte keinen Glauben an Gott, und ich glaubte auch nicht an seine Verheißungen.

Ich konnte keine Beweise für seine Existenz sehen, weder in meinem Leben noch in dem anderer Menschen. Auf meiner spirituellen Reise ging es nie darum, Gott zu finden. Es ging immer darum, ein Zuhause zu finden – einen Ort der Ruhe.

Schon als kleines Mädchen wusste ich, dass es irgendwo einen Ort gibt, an dem mein Herz sich wie in einem bequemen Sessel ausruhen und in Zufriedenheit und Frieden zurücklehnen kann. Irgendwo brannte ein Feuer, das von der Hitze meiner vergangenen Fehler entzündet und von der Reinheit einer Gnade angefacht wurde, die ich bis jetzt nicht begreifen kann. Irgendwo da draußen war die Straße, die mich zurück in die Heimat führen würde, nach der sich mein Geist sehnte. An einen Ort, den ich vor so langer Zeit verlassen hatte, dass ich nicht mehr wusste, ob er wirklich existierte oder nur eine Illusion war. Ein Ort, der durch Gottes Liebe gesichert und von seinem Frieden getragen wird.

Diese Heimreise führte nicht an Regenbögen und Sonnenuntergängen vorbei. Der Weg erinnerte mehr an eine Achterbahn als an ein Kinderkarussell. Das Transportmittel, das mich voranbrachte, war eher ein Schleppboot als ein luxuriöses Kreuzfahrtschiff. Unterwegs gab es keine Fanfaren, keine Feier. Niemand jubelte oder versammelte sich, um mir zu meiner Reise zu gratulieren. Es gab keine Medaille am Ende des Marathons, der mich an den Ort meiner Sehnsucht führte. Ich konnte mich nicht auf ruhigen Gewässern treiben lassen. Auf dieser Heimreise musste ich etwas wagen – und von einer heilenden Brücke zur nächsten springen.

Brücken sind eine interessante Sache. Sie verbinden zwei Orte miteinander, oft über ein Hindernis oder ein unruhiges Gebiet hinweg. Ohne Brücken wären wir niemals in der Lage, große Abgründe zu überqueren. Wenn man am Rande einer dornigen Böschung steht und auf das tosende Wasser hinunterblickt, kann die Vorstellung, zu den prachtvollen Gärten auf der anderen Seite zu gelangen, einem wie ein aussichtsloses Unterfangen erscheinen. Es sei denn, es gibt eine Brücke, die den

Ort, an dem man sich gerade befindet, mit dem, an dem man sein möchte, verbindet.

So wie man eine physische Brücke braucht, um Schluchten in der Natur zu überqueren, bedarf es metaphorischer Brücken, um spirituelle Abgründe zu überqueren.

Wenn Sie in Ihrem Leben tiefen Schmerz erfahren, kann er Ihre Gefühle, Ihren Glauben und Ihre Fähigkeit, Gott zu vertrauen, erschüttern und ein tiefes spirituelles Tal erschaffen. Ein Tal, das so weitläufig und verlockend ist, dass es zu einer Zuflucht werden kann. Es kann zu einem Ort werden, an den man sich zurückzieht, aus Angst, wieder verletzt zu werden. Ich nenne diesen Ort das Tal der Verwundeten, und ich habe einen Großteil meiner Kindheit damit verbracht, das Wenige, was es zu bieten hat, zu erforschen. Ich muss zugeben, dass es Schutz bot. Mein Schmerz hinderte mich am Aufbau von Beziehungen, die mir möglicherweise in Zukunft Schaden zufügen könnten. Er bot mir Sicherheit, da nur wenige dazu bereit waren, mich an meinem Ort der Unzufriedenheit zu besuchen. Und er bot die nötige Motivation, um sich mit Selbstgenügsamkeit und Eigennutz hervorzutun.

Sie ahnen es vielleicht, letztlich entsprach dieses Angebot nicht dem, wonach sich mein Herz und meine Seele wirklich sehnten. Das Tal konnte sich nie wie ein Zuhause anfühlen. Es konnte nie mein Zufluchtsort sein. Wir alle brauchen einen Zufluchtsort, einen sicheren Hafen, der Schutz und Trost bietet. Wir brauchen Erleichterung von den täglichen Kämpfen, die das Leben mit sich bringt, und Zeiten, in denen wir vor äußeren Angriffen geschützt sind.

Der Zufluchtsort ist nicht einfach ein Ort, sondern ein Zustand des Seins. Dort finden wir ein Gefühl der Sicherheit und des Friedens, das aus der Verbindung zu Gott erwächst. Er ist unser eigenes inneres Heiligtum, an dem wir uns ausruhen können. Für mich war es die Reise zu diesem Zufluchtsort, die mich vor mir selbst gerettet und in die Arme Gottes zurückgeführt hat.

Auf der Suche nach der Wahrheit habe ich im College viel Zeit mit dem Studium der Weltreligionen verbracht. Ich war nicht auf der Suche nach Erlösung, Jesus oder Gott. Vielmehr war ich auf der Suche nach dem, was in meinem Leben fehlte, und war offen dafür, wie auch immer es aussehen mochte. Allerdings hatte ich nicht erwartet, dass es einem zweitausend Jahre alten Messias ähneln würde. Obwohl ich mit der Person Jesu haderte, stellte der historische Beweis seiner Existenz meinen Verstand zufrieden. Erst Jahre später war mein Herz bereit für eine Beziehung. Der Schmerz, den mein Herz erfahren hatte, war zu zerbrechlich für die Größe Gottes. Ich konnte die Sanftheit, die hinter einer so großen Macht steckt, nicht ergründen.

Risiko-Diagnose

„Wenn Sie Jesus erwähnen, dann gehe ich."

Es war ein typischer Arbeitstag in der Praxis. Ich hatte den größten Teil des Vormittags damit verbracht, Patienten mit Standard-Krankheitsbildern von Asthma über Bluthochdruck bis Diabetes zu behandeln. Bis auf einmal sie auf der Bildfläche erschien – eine neue Patientin, die von einem Freund an mich weitergeleitet wurde, der dachte, ich könne ihr helfen. Ich hatte sie noch keine zwei Minuten befragt, als sie schon die obige Aussage machte: „Wenn Sie Jesus erwähnen, dann gehe ich."

Ich bin Christ, aber ich mache es mir nicht zur Gewohnheit, Bibelverse zu zitieren, während ich praktiziere. Mein Glaube ist ein Teil meines Wesens. Seinen Einfluss auf mein Leben zu leugnen, wäre unauthentisch. Seine Wirkung in meinem Leben reicht in jede Interaktion hinein. Der Glaube schult mein Herz im Mitgefühl und in der Pflege. Der Umgang mit Tod, Schmerz und Krankheit kann einen abhärten – und emotional verwaisen lassen. Der Glaube nährt den ausgetrockneten Boden und bereitet ihn für die Saat vor.

Täglich fällt Saatgut. Manchmal ist das Feld meiner Seele bereit, dieses Geschenk festzuhalten. Zu anderen Zeiten fallen die Samen auf meinen Weg, und ich trete einfach über sie hinweg. Manchmal werden die Samen durch das Feuer meines ausgebrannten Lebens völlig zerstört. Dennoch wirft der Gärtner diese Samen immer wieder aus und bietet uns täglich die Gelegenheit, tiefgreifend etwas zu bewirken. Täglich offenbart er Wahrheiten über das Wesen und den Charakter Gottes und entwirrt falsche Vorstellungen über die Trennung von Glauben und Wissenschaft.

Während meiner medizinischen Ausbildung warnte uns einer meiner Professoren davor, Glauben und medizinische Wissenschaft miteinander zu verbinden. Bedauerlicherweise ist dieser Professor jung gestorben. Ich hoffe, dass irgendwo auf seinem Weg jemand mutig genug war, seinen Glauben mit ihm zu teilen. Er hatte sich in seiner Annahme, dass Glaube und Medizin nicht vereinbar sind, gründlich geirrt.

Ein Heiler machte einmal die tiefsinnige Aussage: „Wer den Körper behandelt, muss auch die Seele heilen." Das ist genau der Grund, warum die meisten Heiler eine Vielzahl von Krankheiten nicht heilen können: Sie vernachlässigen das Ganze. Der Mensch besteht aus einem Körper, einem Geist und einer Seele. Drei einzigartige Teile machen das Ganze aus. Ganz sein ist das, wonach der Körper strebt. Ihr Körper versucht, sich an die untrennbare Beziehung von Geist und Seele und damit auch an die Heiligkeit der Ganzheit zu erinnern. Es liegt jedoch auf der Hand, dass Sie, wenn Sie ganz sein können, auch das Gegenteil von ganz sein können. Man kann fragmentiert oder zersplittert sein. Der Begriff zerbrochen wird laut Wikipedia als „gewaltsam in Teile getrennt" definiert. Kurzum, etwas ist nicht vollständig.

Jeder von uns erfährt diesen Zustand der Gebrochenheit. Geboren zu werden bedeutet, zerbrochen zu werden. Wir können die Erde nicht betreten, ohne das Wasser, das uns neun Monate lang genährt hat, zu durchbrechen. Das Leben ist voll von schwangeren Momenten.

Perioden tiefer Dunkelheit, die wir durchbrechen müssen. Zeitspannen der Gebrochenheit, in denen wir versuchen, ganz zu werden. Der Körper erfährt körperliche Gebrochenheit in Form von Traumata, Krankheiten und Verletzungen. Die Seele erfährt Gebrochenheit in Form von emotionalem Trauma, Stress, persönlichem Verlust und dem Gefühl, von sich selbst oder anderen getrennt zu sein. Der Geist erfährt Gebrochenheit in Form von spirituellem Trauma, Wut auf Gott, fehlendem Glauben und einem Gefühl der Trennung vom Göttlichen. Wenn einer dieser drei Bereiche Gebrochenheit erfährt, beeinträchtigt dies die Funktion der anderen Bereiche.

Spirituelle Ruhe ist der Ort, an dem die zerbrochenen Stellen repariert und neu zusammengefügt werden. Ruhe erkennt die innerliche Zerrissenheit an und lässt Nähe zu. Der Glaube und die Beziehung zu Gott beeinflussen die Fähigkeit, sich gut ausgeruht zu fühlen. Wir stellen fest: Viele Arten von Ruhe, die wir kennen, wirken sich auf Körper und Geist aus. Jetzt müssen wir uns auf die Regeneration des Geistes konzentrieren.

Meine neue Patientin Hannah klagte über chronische Unruhe und sie glaubte nicht, dass Gott hierbei, auch nur in irgendeiner Form, eine Rolle spielen sollte. Sie hatte mich gegoogelt und festgestellt, dass ich an eine Verbindung zwischen Glauben und Heilung glaubte. Dennoch kam sie zu mir, um meine Meinung bezüglich ihres Gesundheitszustandes einzuholen. Allerdings bestand sie darauf, dass ich dies zu ihren Bedingungen tun sollte. Ich habe Herausforderungen immer gern angenommen.

Das ist der Grund, warum ich mich für die Innere Medizin entschieden und warum ich meinen Bachelor-Abschluss in Biochemie gemacht habe. Ich bin fasziniert von der in den Zellen verborgenen DNA und der Rolle der Neurotransmitter hinsichtlich unserer Gefühle. Ich genieße die Reise vom Unbekannten zum Bekannten, vom Verlorenen zum Gefundenen.

Die Beine gekreuzt und die Arme vor dem Bauch verschränkt, in dieser Haltung hatte Hannah mir gegenüber Platz genommen. Sie sah nicht wütend oder verärgert aus. Ihre Aussage kam so beiläufig wie ein „Ja, Diabetes liegt in meiner Familie“. Sie war nicht konfrontativ. Sie war entschlossen, dass sie keine spirituelle Verbindung brauchte. Ich konnte ihren Körper heilen. Ich könnte ihren Geist aufklären. Aber sie machte mir klar, dass ich besser nicht über ihn sprechen sollte. „Warum soll ich ihn nicht erwähnen?“, fragte ich sie. „Und was denken Sie, würde passieren, wenn ich mich nicht an unsere Abmachung halten würde?“

Ihre Antwort war erschütternd aufschlussreich. „Überhaupt nichts.“ Hannah hatte recht. Absolut nichts passiert, ohne eine Beziehung zum Glauben. Jahre einer nicht akzeptierten Religion hatten sie von der spirituellen Verbindung abgeschnitten. Sie erlebte den Glauben als leblose Disziplin ohne Kraft und ohne Nutzen.

Hannah fuhr fort, mir ihre Überzeugungen über Spiritualität mitzuteilen. Sie glaubte weder an ein höheres Wesen noch an einen Gott. Sie glaubte, dass wir alle eine universelle Liebe in uns tragen, die aus einer zentralen Quelle kommt. Wo sich diese Quelle befand, war ihr schleierhaft, aber sie konnte spüren, wenn sie sich in der Gegenwart von jemandem befand, der diese universelle Liebe ausstrahlte. Lassen Sie es mich mit Hannahs eigenen Worten formulieren: „Ich fühle eine magnetische Qualität, die uns Menschen anzieht. Von ihr geht eine Liebe aus, so stark wie eine Flut, die einen einfach mitreißt, auch wenn man gegen diese Kraft ankämpfen will.“

An dieser Stelle wird Spiritualität verwirrend. Sie deckt alle religiösen Lehren ab, die es gibt: Alle Götter werden in einer Kategorie zusammengefasst. Buddha sitzt mit Jesus zusammen, die Toten mit den Lebenden. In dieser Sichtweise wird Religion als ein Thema gesehen, über das man etwas lernen kann, und nicht als eine Gelegenheit für eine göttliche Beziehung. Was wäre, wenn es bei der Spiritualität nicht darum geht, etwas über Religion zu lernen, sondern um das Erleben einer Beziehung?

Ist Ihr Herz bereit, eine Beziehung einzugehen, oder halten Sie es sicher hinter den Mauern der Religion versteckt?

Einordnen der aktuellen Situation

„Wenn der Geist verwundet ist, wer kann das ertragen?“

Sprüche 18,14b KJV

Wir alle haben Wunden. Die meisten sind oberflächlich und flüchtig. Sie hinterlassen kaum Anzeichen dafür, dass wir sie jemals hatten, andere gehen tief. Diese traumatischen Wunden dringen in unsere Seele ein und zerbrechen etwas in unserem Inneren. Das Ergebnis ist der Schmerz, über den niemand spricht, der verborgene Schmerz eines zerbrochenen Glaubens, eines verwundeten Geistes und eines blutenden Herzens. Es ist der Schmerz, der entsteht, wenn man von jemandem zurückgewiesen wird, der einen eigentlich für immer lieben sollte.

Das ist die Verletzung, die entsteht, wenn man über längere Zeit hinweg negativen, lähmenden Worten und selbstzerstörerischen Gedanken ausgesetzt ist. Es ist die Leere, die man spürt, wenn eine chronische Krankheit zum täglichen Begleiter wird. Und es ist die klaffende Wunde, die entsteht, wenn ein Kind Selbstmord begeht oder eine Naturkatastrophe Ihr Zuhause zerstört. Es ist der tiefe Schmerz, der zurückbleibt, wenn Tod, Verlust, Missbrauch, Scheidung oder schwere körperliche Krankheit in Ihr Leben treten. Der daraus resultierende anhaltende Schmerz hat viele von uns zu sehr verletzt, um Gott unseren Schmerz anzuvertrauen. Wir fühlen uns hoffnungslos und hilflos. In solchen Momenten stellt sich die Frage: „Wo ist Gott, wenn ich so leide?“

Der Schmerz dieser tiefen Wunde schafft eine Kluft im Herzen, die unser Verstand nicht überwinden kann. In den Momenten, in denen wir Gott am meisten brauchen, schreit dieser Schmerz: „Ihm kann man nicht trauen! Schau, wie er uns leiden lässt!“ Das Tal unseres Schmerzes dringt in den Kern unseres Seins ein und verändert unser Selbstbild sowie unser Bild von Gott. Der Schmerz wird zum Feind, das Ziel ist nicht mehr die Heilung, sondern die Vermeidung von Schmerzen. Doch genau darin liegt das Problem. Ohne Schmerz kann es keine Heilung geben.

Entgegen der landläufigen Meinung heilt die Zeit nicht alle Wunden. Es gibt einen Heilungsprozess, und dieser Prozess ist ähnlich, unabhängig davon, ob es sich um eine körperliche, emotionale oder geistige Wunde handelt. Alle Wunden müssen zunächst erkannt werden. Die Verbände, die das Problem verdecken, müssen gelöst werden, damit der Schaden, der sich unter der Oberfläche verbirgt, ersichtlich wird und genau untersucht werden kann. Es muss eine tiefe Reinigung der Wunde stattfinden, damit Heilung geschehen kann.

Gesunde und kranke Bereiche können nebeneinander bestehen, allerdings besteht dann die Gefahr, dass die gesunden kontaminiert werden. Die Fäulnis muss entfernt werden, damit keine Infektion erfolgt. Nimmt der Schmerz daraufhin zu, muss man sich entscheiden, ob man die Wunde behalten oder die Unannehmlichkeiten der Heilung ertragen will. In totem Gewebe gibt es keine lebensfähigen Nervenenden. Es ist ohne Gefühl – reaktionslos.

Es ist das gesunde Gewebe, das beim Herausschneiden schmerzt. Viele durchlaufen diesen Weg der Heilung nie. Sie wehren sich gegen den Schmerz und suchen stattdessen in ihren Wunden Trost. Doch der Schmerz ist ein wichtiger Teil des Heilungsprozesses. Unser Schmerz bezeugt, dass wir wieder zu einem Zustand der Ganzheit zurückkehren können, wenn wir bereit sind, den Prozess der Heilung zu durchlaufen.

Diese Anzeichen deuten darauf hin, dass Sie unter einem spirituellen Ruhedefizit leiden:

- Sie fühlen sich unzufrieden, ihr Leben ist nicht ausgefüllt.
- Sie fühlen sich hilflos, hoffnungslos und gefangen.
- Sie sehen das Leben als Energieverschwendung an und haben keine Motivation.
- Sie fühlen sich weit von Gott entfernt.
- Sie haben Selbstmordgedanken und Depressionen.
- Sie fühlen sich wie betäubt und apathisch.

Wissenschaft und Forschung

Obwohl sie von völlig unterschiedlichen Ansätzen unseres Verständnisses ausgehen, arbeiten Glaube und Wissenschaft zusammen. Die Theorie der Oppositionsanalogie von Sir William Bragg, einem britischen Wissenschaftler und Nobelpreisträger, veranschaulicht dies besonders deutlich. Sie lautet wie folgt: „Manchmal stellt man mir die Frage, ob Religion und Wissenschaft nicht im Widerspruch zueinanderstehen. Sie tun es – in dem Sinne, dass der Daumen und die Finger meiner Hand einander entgegengesetzt sind. Es ist ein Gegensatz, durch den alles erfasst werden kann."

Studien haben gezeigt, dass Beten und Meditieren das Gehirn in gleicher Weise beeinflussen wie ein Gespräch mit einem Menschen, der vor einem steht. Diese Studien legen nahe, dass religiöse Aktivitäten neurologisch reale Erfahrungen in uns hervorrufen. Erfahrungen, die genauso real sind, als ob Gott greifbar und fühlbar wäre. Unsere Gespräche mit Gott prägen sich in unser Gedächtnis ein, als wären wir diejenigen, die mit ihm im Garten plaudern.

Beten kann sogar zu einer besseren Gesundheit führen. Getrennte Studien der Universitäten Duke, Dartmouth und Yale zeigen, dass Menschen, die beten, seltener krank und depressiv werden als diejenigen, die nicht beten. Ferner wurde berichtet, dass das Gebet die Heilungs- und Genesungszeiten verbessert. Das Gebet mag wie ein unbedeutender Teil der Gleichung für unsere Regeneration erscheinen, aber es hat das Potenzial, sie drastisch zu verändern.

Treatment: Heutige Aufgabe

Jede Minute, die mit geistigen Ruheübungen wie Meditation, Gebet, oder dem Führen eines Tagebuchs verbracht wird, wirkt sich auf den Zufluchtsraum, den Sie sich innerlich schaffen, aus. Sie selbst kreieren diesen Raum der heiligen Ruhe, in dem sich Ihr Geist und Ihr Bewusstsein regenerieren können. Es gibt viele Möglichkeiten, mit Gott in Verbindung zu treten. Hier sind einige, die Sie in Betracht ziehen können, aber fühlen Sie sich nicht auf diese Vorschläge beschränkt. Lassen Sie der schöpferischen Natur Gottes Raum. Es gibt so viele Wege, sich mit ihm verbunden zu fühlen.

> **Erforschen Sie Ihre Beziehung zu Gott** – Es ist viel einfacher, Gott kennenzulernen, wenn Sie die Religion aus der Gleichung herausnehmen. Sosehr er auch möchte, dass wir alle bessere Menschen werden, so ist es doch seine dringlichste Bitte, ihn einfach zu lieben. Liebe ist nicht religiös; Liebe ist beziehungsorientiert. Erinnern Sie sich daran, wie es war, als Sie versuchten, Ihren Liebsten oder Ihre Liebste kennenzulernen? Die stundenlangen Gespräche bis tief in die Nacht und die langen Liebesbriefe schienen so natürlich wie die Feuchtigkeit in Alabama.

Lassen Sie Gott in den nächsten sieben Nächten an Ihrem Tag teilhaben, entweder schriftlich oder mündlich. Ganz ohne formelle Gebete. Es ist nicht erforderlich, ein Kapitel in der Bibel zu lesen oder andere rituelle Handlungen auszuführen. Jesus fragte seine Jünger: „Wer meint ihr, bin ich?“ Gehen Sie dieser Frage auf den Grund, bis Sie einen Zugang zu Gott finden. Beziehungen brauchen Zeit. Beginnen Sie heute mit dem Aufbau Ihrer Beziehung zu Gott.

Bitten Sie Gott um Hilfe – Vielleicht geht es Ihnen wie mir. Als ich meine Reise begann, wollte ich nichts mit Gott zu tun haben. Ich mochte ihn nicht, vertraute ihm nicht und sah keinen Grund, überhaupt zu versuchen, ihn zu verstehen oder kennenzulernen. Wenn auch Sie so fühlen, beginnen Sie mit diesem mutigen Schritt: Ziehen Sie sich in einen ruhigen Raum zurück und heben Sie beide Hände hoch über Ihren Kopf und bekennen Sie einfach: „Ich brauche Hilfe.“ Warum möchte ich, dass Sie Ihre Hände über den Kopf heben? Damit Sie mutig, mit weit geöffneten Händen versuchen zu erfassen, was Sie nicht verstehen können. Ich möchte, dass Sie das Niveau Ihrer Erwartung über die Grenzen Ihres Verstandes hinausstrecken.

Dass Sie das Göttliche nicht verstehen, macht Sie nicht weniger würdig, es zu empfangen. Wenn Tränen fließen, ist das in Ordnung. Wenn es den Anschein hat, dass nichts passiert, ist das auch in Ordnung. Und wenn Sie anfangen zu schreien und Gott aus voller Kehle verfluchen? Auch das ist in Ordnung. Heilung ist eine Reise, und ein Teil des Prozesses besteht darin, allmählich die Dinge zu beseitigen, die Ihnen den Weg zur Ganzheit versperrt haben, einen Stolperstein nach dem anderen.

Körper, Geist und Seele in Balance bringen – Viele meiner Patienten können für sich nachvollziehen, dass die Verbindung mit Gott helfen kann, emotionale und geistige Schmerzen zu lindern. Allerdings wird mir diesbezüglich oft folgende Frage gestellt: „Wie genau kann ich durch die Gegenwart Gottes meine körperlichen Schmerzen lindern?" Körperliche Schmerzen nehmen zu, wenn Sie unter emotionalem Stress und seelischer Anspannung leiden. Wenn Sie Ihre emotionalen Schmerzen behandeln, wird sich das auch auf Ihr körperliches Befinden auswirken. Machen Sie heute den ersten Schritt, um Ihre Schmerzen zu lindern, indem Sie sich in Gottes Gegenwart begeben. Identifizieren Sie zuerst die Art von Schmerz, unter der Sie leiden. Dann laden Sie sich die kostenlose Druckversion meiner Heilungsaffirmation herunter. Sie finden diese auf meiner Website: www.IChooseMyBestLife.com unter der Rubrik Ressourcen, Punkt 6 Healing Scripture Affirmations. Lesen Sie diese Affirmationen, vielleicht hören Sie auch Musik dazu. Insgesamt sollte der Vorgang etwa zehn bis fünfzehn Minuten dauern. Das ist die gleiche Zeitspanne, die viele Ärzte für einen Praxisbesuch einplanen. Schließen Sie mit dieser einfachen Bitte ab, die Sie von Herzen äußern: „Bitte, Gott, begegne mir."

Wenn Sie die Hilfe eines Arztes in Anspruch nehmen wollen, müssen Sie seine Praxis aufsuchen und sich Zeit und Ruhe für die Untersuchung nehmen, genau wie die Patienten, die in meine Praxis kommen. Nutzen Sie die Affirmationen als eine Art Therapie für zu Hause, in

Zeiten, in denen Stress Ihre Schmerzen verschlimmert, und profitieren Sie von der Heilkraft der geistigen Ruhe. Bitte verstehen Sie mich hier nicht falsch: Natürlich ersetzen die Affirmationen bei schlimmen und plötzlich auftretenden Schmerzen keinen Arztbesuch.

8
Soziale Ruhe

Finde Trost bei anderen

Ich entdeckte ihn, lange bevor er mich bemerkte. Mein erster Instinkt war, ihm auszuweichen. Ich war nicht verpflichtet, ihn anzuerkennen, aber das ruhige Vertrauen in seinem Blick zwang mich dazu. Das Blatt, das er in der Hand hielt, war eine einfache Bitte um Hilfe. Keine Erklärungen, keine Ausreden. Er war obdachlos und brauchte dringend eine Unterkunft, Wärme und Nahrung. Alle Autos vor mir fuhren vorbei, die Fenster verschlossen, um die Kälte draußen zu halten. Ich war noch viele Meter von ihm entfernt, doch er sah mich direkt an. Der Blickkontakt führte zu einem Kopfnicken und einer Aufforderung zum Gespräch. Ich fischte ein paar zerknitterte Dollar aus meiner Handtasche. Während ich ihm das Geld im Vorübergehen gab, berührten sich unsere Finger. Ein kurzer Akt der Menschlichkeit. Der Verkehr um uns herum lief weiter, die anderen Fahrer nahmen den Austausch nicht wahr. Und der Mann sah das Geld nicht einmal an.

„Danke, Ma'am. Ich danke Ihnen. Würden Sie bitte daran denken, für mich zu beten? Mein Name ist Cody." Seine Stimme klang gehetzt und flehend. „Denken Sie daran, für Cody zu beten."

Er hielt das Geld in der einen Hand und streckte die andere aus, um nach etwas noch viel Wertvollerem zu greifen: sozialer Harmonie. Soziale Harmonie entsteht, wenn wir in unseren Beziehungen und sozialen Interaktionen Trost finden.

An diesem frostigen Tag brauchte Cody die Ruhe, die sich einstellt, wenn wir Beachtung finden, wenn wir gesehen werden und spüren, dass sich jemand um uns kümmert – jemand namentlich für uns betet. Er stand mit einem Schild da, auf dem er um Hilfe für lebenswichtige Dinge bat. Innere Ruhe ist eine dieser Notwendigkeiten, und an diesem Tag versuchte er hungrig sein Bedürfnis nach Verbindung zu stillen.

Jedes Leben hat eine Geschichte und all diese Geschichten sind durch Interaktionen im Job, in der Familie, unter Freunden, im Spiel oder im Sport miteinander verbunden. Einige Teile unserer Geschichte spielen sich an einsamen Orten ab. Sie entwickeln sich vielleicht im Zuge von Fehlern und Schwierigkeiten, sodass wir uns isoliert fühlen. Dieses Gefühl der Trennung wirkt sich negativ auf unsere Fähigkeit, Ruhe zu finden, aus. Anstatt dass wir uns in einem Zustand sozialer Verbundenheit befinden, bleiben wir in der Nähe anderer ruhelos. Wir fühlen uns minderwertig und ausgegrenzt. Das Ergebnis ist ein Gefühl der Unverbundenheit, das uns mutlos macht und deprimiert.

Die soziale Ruhe sorgt dafür, dass der Beziehungsaustausch wieder möglich wird. Wir brauchen diese Augenblicke der Verbundenheit. Es ist ein schönes Gefühl, wenn ein Arbeitskollege an unseren Geburtstag denkt oder uns ein Ehepartner zur Begrüßung küsst. Jede Interaktion ist scheinbar klein und unbedeutend, füllt aber insgesamt unser soziales Ruhedefizit auf. Jede hilft uns, Stress abzubauen und unser allgemeines Wohlbefinden zu steigern. Jede Interaktion bekämpft das Gefühl der Isolation.

Isolation und Einsamkeit sind die beiden häufigsten Formen der sozialen Unruhe. Diese Isolation kann real oder gefühlt sein. Eine frisch verwitwete Frau kann von Familie und Freunden umgeben sein und sich dennoch zutiefst isoliert und allein fühlen, weil sie die Beziehung verloren hat, in der sie am meisten sozialen Halt fand. Eine Studentin im ersten Semester kann sich stark in Ihrer Universität engagieren, aber dennoch mit Isolation kämpfen, weil es ihr an sinnvollen sozialen

Kontakten mangelt. Wir alle brauchen soziale Kontakte, um unsere Sichtweise der Isolation zu korrigieren und unsere Einsamkeit zu überwinden. Das Bedürfnis nach sozialer Verbundenheit ist Teil der DNA unseres Körpers.

Unabhängig davon, ob Sie sich als introvertiert oder extrovertiert betrachten, sind Beziehungen ein wichtiger Bestandteil eines ausgeruhten Lebens. Wenn Sie zu viele Mahlzeiten auslassen, fängt Ihr Magen an zu knurren. So wie der Körper hungert auch die Seele nach Verbindung. Einsamkeit ist ein Appell der Seele, das Bedürfnis nach sozialer Ruhe zu stillen.

Risiko-Diagnose

Beziehungen sind wie Bankkonten, in die wir einzahlen, wenn wir im Haben sind, und aus denen wir schöpfen, wenn wir im Soll sind und uns leer fühlen. Ich strebe danach, im Umgang mit anderen ehrlich, authentisch und verletzlich zu sein, aber das ist schwierig. Beziehungen sind harte Arbeit. Der Wunsch, mich gut darzustellen und gemocht zu werden, steht oft im Widerspruch zu dem, echt zu sein. Ich mache mir Sorgen, dass ich jemanden verletzen könnte, wenn ich meine Wahrheit sage, oder er mich nicht akzeptiert. Es ist einfacher, den Mund zu halten und sich einfach anzupassen.

Können Sie das in Ihrem Leben nachvollziehen?

Oft sehen wir auf nicht authentische Menschen herab, entdecken aber an uns selbst ein ähnliches Verhalten. Nicht selten heucheln wir, wenn es um die Authentizität in unseren Beziehungen geht. Wir fordern diese von anderen, während wir uns selbst weigern, uns voll einzubringen. Soziale Ruhe erfordert die Bereitschaft, sich mit unseren Beziehungsschwierigkeiten auseinanderzusetzen. Sie verlangt von uns, dass wir uns mit dem Urteil anderer, mit dem Gefühl der Ablehnung und mit der Angst, nicht dazuzugehören, konfrontieren. Nur so können wir Beziehungen aufbauen, in denen wir authentisch sind.

Das Konzept der sozialen Ruhe mag wie ein Schrei nach Einsamkeit klingen, ist aber genau das Gegenteil. Es geht darum, Raum für die Beziehungen zu schaffen, die wir wiederbeleben möchten. Wenn Sie mit einem Freund zusammen sind, bei dem Sie sich wohlfühlen und der Ihnen das Gefühl gibt, dass Sie ihm alles sagen können, erleben Sie soziale Ruhe. Beziehungen von dieser Qualität nehmen Ihre Sorgen ernst und geben Ihnen das Gefühl, wertgeschätzt zu werden.

Soziale Ruhe ist die Art und Weise, wie wir die Kunst des Gebens und Nehmens in authentischen, verletzlichen Beziehungen praktizieren. Diese Beziehungen unterscheiden sich stark von vielen anderen. Die meisten unserer täglichen Interaktionen sind solche, in denen wir unsere Zeit oder unser Fachwissen zur Verfügung stellen und etwas geben, ohne die Möglichkeit zu haben, etwas zurückzugewinnen.

Die meisten Beziehungen nehmen von uns. Das ist nichts Schlechtes. Es ist einfach die Realität vieler unserer Interaktionen. Ihre Kinder wollen nicht unbedingt anspruchsvoll sein, wenn sie fragen, was es zum Essen gibt, und doch essen sie gerne mehr als einmal am Tag. Ihr Ehepartner lädt Sie nicht unbedingt ins Bett ein, wenn er Sie in die Arme nimmt. So unschuldig diese Momente auch sein mögen, so sehr können sie Ihren Körper und Ihre Ressourcen beanspruchen.

Auch werden wir ständig mit oberflächlichen sozialen Kontakten bombardiert, vor allem in den sozialen Medien. Es ist nicht ungewöhnlich, dass jemand Tausende von Freunden in den sozialen Medien hat und sich trotzdem isoliert und allein fühlt. Onlinebeziehungen können ein Teil Ihrer sozialen Erholungsstrategie sein, aber allzu oft geht es in diesen virtuellen Beziehungen mehr um das Streben als um die Erholung. Die Anzahl der Likes und Shares dominiert die tatsächliche Kommunikation. Die sozialen Medien werden schnell zu einer Plattform, auf der sich die Menschen gegenseitig angreifen. Es gibt keinen Platz mehr für Gnade, Harmonie und Mitgefühl. Unsere soziale Reichweite hat unsere soziale Kapazität überschritten. Wir verbringen mehr Zeit damit, uns um die Angelegenheiten anderer zu kümmern, obwohl wir selbst genug zu tun haben. Damit meine ich nicht zuletzt unsere persönlichen Beziehungen, die wir ignorieren, während wir auf unsere Bildschirme starren.

Wir sind nicht dazu geschaffen, all diese Menschen täglich in unser Haus zu holen und jeden Moment mit ihnen zu interagieren. Wir sind darauf ausgelegt, einen inneren Kreis von Beziehungen zu haben, aus dem alle anderen sozialen Interaktionen hervorgehen. Die soziale Überlastung ist schädlich. Wir haben zu viele Beziehungen, die über unsere Bildschirme und Telefone auf uns einwirken. Es mag einfacher scheinen, wenn wir uns etwas aus der Entfernung mitteilen, da wir kein unmittelbares Feedback über die Mimik, den Ausdruck, die Stimmlage und die Körpersprache unseres Gegenübers bekommen. Doch führt es auch zu einer engeren Verbundenheit?

In der Gegenwart einer vertrauten Person wird eine Atmosphäre der Ruhe geschaffen. Ihre Äußerungen der Akzeptanz, des Verständnisses und des Mitgefühls werden zur notwendigen Nahrung, um die Einsamkeit zu überwinden.

Einordnen der aktuellen Situation

„Der erste Schnitt war der schwerste“, sagte sie.

Ihre Stimme war leise und zittrig, aber die Aussagen, die sie traf, waren einfach und sachlich. Ich begegnete ihr zum ersten Mal in der Notaufnahme. Sie wirkte gefühllos und leer. Ihre langen dunklen Haarsträhnen fielen über ihr Gesicht und bedeckten ihr linkes Auge, konnten aber nicht die Tränen verbergen, die ihr über das Gesicht liefen. Nach diesen ersten Worten hoffte ich, dass der Dialog hier enden würde. Müßiggang stand an diesem Tag nicht auf meiner Tagesordnung. Ich hatte nur eine Aufgabe: sie wieder zusammenzuflicken. Ich war nicht dazu da, sie zu beraten. Ich war nicht dazu verpflichtet, ihr Gefühlschaos zu durchleuchten. Wenn ich ganz ehrlich bin, hatte ich sogar Angst davor, mich dorthin zu wagen.

Ich wollte sie nicht wirklich sehen. Ihr in die Augen zu schauen und ihre Wahrheit zu sehen würde bedeuten, mich in sie hineinversetzen zu müssen. Doch ich wollte nicht sehen, was sich hinter meinen eigenen Mauern verbarg. Ich hatte keine Lust, den Schmerz, den ich meisterhaft vergraben hatte, zu entwurzeln. Deshalb schaute ich weg. Ich konzentrierte meinen Blick auf meine behandschuhten Hände. So, ich fokussierte mich auf die Dinge, die ich kontrollieren konnte. Ich konnte die Schnitte, die sie sich an ihren beiden Handgelenken zugefügt hatte, zusammennähen und ihre blutenden Wunden versorgen. Nicht aber ihr blutendes Herz. Es war diese Blutung, die mir am meisten Angst machte.

Der Winkel der Nähnadel und die Verpflichtung zur Präzision erlaubten es mir, emotionale Distanz zu wahren. Ich wusste, dass der Psychiater bald in der Notaufnahme sein würde, um diese verletzte Seele für die nächsten Tage an einen sicheren Ort zu bringen. Psychiater sind darin geschult, mit dieser Art von Verwirrung umzugehen, doch ich war das nicht. So konzentrierte ich mich auf die Arbeit, für die ich ausgebildet worden war.

Ich habe genäht. In aller Stille nähte ich wieder an, was abgetrennt worden war. Es gab keine Möglichkeit, den Schmerz zu betäuben, also versuchte ich es gar nicht erst. Weder den Schmerz in ihrem Handgelenk noch den in ihrem Herzen. Einsamkeit tut weh.

Die Nadel glitt mühelos in ihr Fleisch hinein und wieder heraus. Als ich mich bewegte, konnte ich spüren, wie ihre Augen mich anstarrten. Ich weiß nicht, ob ich besonders mitfühlend wirkte oder jemandem ähnlich sah, aber irgendetwas bewog sie dazu, sich mir anzuvertrauen. Es war nicht mehr möglich, ihrem Blick auszuweichen. Er durchdrang mich förmlich und bohrte ein Loch durch meine Entschlossenheit. Nur eine Sekunde lang, gerade so lange, wie ich brauchte, um die Nadel zu wechseln und mich auf das Nähen des anderen Handgelenks vorzubereiten, schaute ich ihr in die Augen.

Große braune Augen sahen mich nicht an, sie sahen in mich hinein. Einen Moment lang hatte ich das Gefühl, dass ich diejenige war, die entblößt war. In diesem kurzen, flüchtigen Augenblick hatten sich die Rollen vertauscht. Nicht mehr der Arzt fragte den Patienten, sondern der Patient fragte den Arzt: „Fühlen Sie sich auch manchmal unsichtbar?“ Wäre es mir möglich gewesen, wegzusehen, dann hätte ich den Austausch ignorieren können. Aber ich konnte es nicht. Meine Seele verbat es mir davonzulaufen – von diesem Ort der brutalen Erkenntnis. Wir waren identisch.

Ich hatte mir nie die Pulsadern aufgeschnitten, aber dennoch ging es mir genauso wie ihr. Auch ich verarbeitete meine Einsamkeit. Nicht durch Schnitte und Selbstverstümmelung, sondern auf meine eigene Art. Während sie zu einer Klinge griff, hinterließ die Waffe meiner Wahl kaum Spuren. Während sie sich Erleichterung verschaffte, indem sie zusah, wie ihr das Blut die Arme hinunterlief, suchte ich Erleichterung, indem ich mich hinter einer Maske der vermeintlichen Normalität versteckte. Mein Schmerzmittel war akzeptabel, ihres nicht so sehr. Wir starrten uns an, Schwestern in einem Kampf, den keine von uns wollte. Verbunden durch eine Reise, die wir nicht antreten wollten. Konfrontiert mit Entscheidungen, die uns nirgendwohin führten, wo wir sein wollten. Ein weiterer verbaler Austausch war nicht erforderlich. Ich arbeitete. Sie starrte.

Krankenschwestern kamen und gingen. Die Zeit verging. Blut war geflossen. Die äußeren Blutungen hatten aufgehört, die inneren hielten an. Die Isolation war real. Das winzige Zimmer, das das Krankenhaus den Assistenzärzten zuwies, hatte etwa die Größe eines Hausmeisterschranks. Es gab gerade genug Platz für ein Bett und einen Stuhl. Es war ein viel zu kleiner Raum für das Ausmaß der Gefühle, die ich in dieser Nacht erlebte. Die blutverschmierten Handschuhe wurden ausgezogen. Wunden wurden gesäubert. Handgelenke bandagiert. Meine Patientin wurde in die fähigen Hände von Verhaltenstherapeuten übergeben. Ihre Blutung hatte aufgehört. Meine hatte gerade erst begonnen, und mit ihr kam der tiefe Wunsch, körperlich, geistig und seelisch ganz zu sein.

Diese Anzeichen deuten darauf hin, dass Sie an einem sozialen Entspannungsdefizit leiden könnten:

- Sie fühlen sich allein auf der Welt.
- Sie fühlen sich von Ihrer Familie und Ihren Freunden getrennt.
- Sie fühlen sich zu Menschen hingezogen, die Sie misshandeln oder missbrauchen.
- Es fällt Ihnen schwer, enge Beziehungen zu pflegen oder Freundschaften zu schließen.
- Sie isolieren sich von anderen.
- Sie bevorzugen Onlinebeziehungen gegenüber persönlichen.

Wissenschaft und Forschung

Studien zeigen, dass Menschen mit stabilen Beziehungen länger leben, besser mit Stress umgehen können und insgesamt gesünder und glücklicher sind. Eine Studie mit über 300.000 Menschen ergab, dass ein Mangel an intakten Beziehungen das Risiko eines vorzeitigen Todes um bis zu 50 Prozent erhöht. Dieses Sterberisiko ist größer als das durch Fettleibigkeit und vergleichbar mit dem Rauchen von fast einer Schachtel Zigaretten pro Tag. Ein starker sozialer Rückhalt hilft Ihnen nicht nur, die Stürme des Lebens zu überstehen, sondern verlängert auch die Anzahl Ihrer Lebenstage.

Die Qualität Ihrer sozialen Kontakte ist wesentlich wichtiger als ihre Quantität. Ihr Konto in den sozialen Medien mag Tausende von Freunden oder Followern aufweisen. Es sind jedoch die wenigen Menschen, die Sie persönlich kennen, die den größten Einfluss auf Ihre Erfahrungen mit der sozialen Ruhe haben. Es spricht nichts dagegen, ein breit gefächertes Netz von Bekannten aufzubauen, aber denken Sie daran, die sozialen Kontakte zu den Menschen zu pflegen, die Ihnen am nächsten stehen. Sie sind diejenigen, die für Sie da sind und mit Ihnen durch dick und dünn gehen.

Studien belegen, dass Menschen, die über ein gutes soziales Netzwerk verfügen, das auf engen Vertrauten basiert, nicht nur ein stärkeres Immunsystem haben, sondern auch über eine bessere kardiovaskuläre Gesundheit verfügen und eine geringere Neigung zu Demenz aufweisen. Diese erholsamen Beziehungen können mit einem Ehepartner, einem Freund oder einem Familienmitglied bestehen. Es gibt sogar Momente sozialer Ruhe in kurzen sozialen Interaktionen, in denen man aufgrund einer gemeinsamen Erfahrung eine ungewöhnliche Verbindung zu einem anderen fühlt. Diese Ruhe finden viele Menschen in Selbsthilfegruppen wie Celebrate Recovery. Diese Gruppen werden zu einem sicheren Ort, an dem die Gnade fließen kann und an dem sich die heilende Wirkung der sozialen Harmonie manifestiert. Sobald wir Trost in anderen finden, löst dies Gefühle des Friedens, der Freude, der Hoffnung, der Liebe und Barmherzigkeit in uns aus. Diese Gaben verändern uns und machen uns zu besseren Menschen, die man gerne um sich hat.

Der Umgang mit positiven, lebensbejahenden Menschen ist in jedem Fall gut für Sie. Die hieraus resultierende soziale Ruhe stärkt das Gefühl der Zugehörigkeit und das Selbstvertrauen. Sie entlarvt die Lüge, dass Sie der einzige Mensch sind, der sich jemals einsam oder unwürdig gefühlt hat. Sozial erholsame Beziehungen helfen Ihnen, die Zeiten zu bewältigen, in denen Sie das Leben verletzt, beispielsweise bei einer Scheidung, einer schweren Krankheit, dem Verlust des Arbeitsplatzes oder dem Tod eines geliebten Menschen. Soziale Ruhe ermutigt Sie dazu, Ihr Glück in der Interaktion mit anderen zu suchen und nicht nur in materiellen Dingen.

Treatment: Heutige Aufgabe

Das Beste an meiner Arbeit sind die Menschen, die ich kennenlerne. Das Schwierigste in meinem Job sind die Menschen, die ich treffe. Manche Beziehungen sind alles andere als erholsam. Sie werden Menschen, die Ihnen auf die Nerven gehen, nicht ganz vermeiden können, aber Sie können persönliche Grenzen ziehen, wenn Sie diese in Ihren inneren Kreis lassen.

> **Priorisieren Sie Vieraugengespräche vor Ort** – Die Technologie macht es uns einfach, eine SMS zu senden, einen Anruf zu tätigen oder einem Freund eine E-Mail zu schicken. Der Wunsch nach einer schnellen Verbindung kostet uns im schlechtesten Fall die Fähigkeit, starke Beziehungen aufzubauen. Beziehungen sind soziale Investitionen. Sie wachsen mit der Zeit, wenn Sie kleine Beiträge auf ihr Konto verbuchen. Identifizieren Sie die Beziehungen in Ihrem Leben, die Entspannung, Akzeptanz, Ruhe und ein positives Gefühl in Ihnen auslösen. Nehmen Sie sich bewusst Zeit, wenn Sie mit diesen Menschen zusammen sind. Wenn Ihre Ehe eine Quelle sozialer Ruhe ist, schalten Sie den Fernseher aus und klappen Sie Ihren Laptop zu, wenn Sie mit Ihrem Ehepartner allein sind. Verbringen Sie Quality-Time zusammen. Jemandem direkt in die Augen zu schauen, ist eine Form der Intimität. Nehmen Sie sich in diesen Momenten Zeit.

Erleben Sie diese Nähe und finden Sie Trost und Freude in den Beziehungen, die Sie schätzen.

Zuhören und Lernen – Wenn Sie die meiste Zeit mit Ihren engsten Verwandten oder Freunden im Gespräch verbringen, sollten Sie sich selbst zurückhalten und zuhören. Oft haben wir das Gefühl, dass wir mit unseren Kämpfen und Problemen allein sind. Wenn Sie anderen ermöglichen, mit Ihnen zu kommunizieren, können Sie daraus lernen. Der Blickwinkel dieser Menschen kann Ihnen helfen, klarer zu sehen. Man wird sich der Ähnlichkeiten im Leben bewusst, wie Schmerz, Verlust, Enttäuschung und Angst. Die gemeinsame Erfahrung macht uns bewusst, dass wir nicht allein sind. Wir sind keine Ausnahme und vor allem nicht der einzige Mensch im Universum, der sein Leben so sehr vermasselt hat, dass es nicht mehr zu retten ist. Ich war einmal bei einem spirituellen Coaching, als ich mich an einem Tiefpunkt in meinem Leben befand. Ich jammerte über vermeintlich falsche Entscheidungen, als der Coach plötzlich sagte: „Wie kommen Sie eigentlich darauf, dass Ihre Probleme so groß und unüberwindbar sind, dass selbst Gott sie nicht lösen kann? Glauben Sie mir, niemand hat solch große Probleme." Ich lächle jetzt, wenn ich an diese Worte denke. Doch in dem Moment, als mir die Therapeutin das sagte, feuerte ich in Gedanken Killerpfeile auf sie ab.

Ich gebe es nur ungern zu, aber sie hatte recht. Jeder von uns ist einzigartig, und die Umstände, die unsere jeweilige Situation ausmachen, sind individuell, aber Ihr Herz ist genauso verletzlich wie meines. Unser Geist mag anfällig für Depressionen sein und unser Körper der

Müdigkeit nachgeben. Doch all diese Schwächen sind nicht so außergewöhnlich, dass man sie nicht korrigieren könnte.

Pflegen Sie Ihr Bedürfnis nach Kontakt – Soziale Ruhe ist aktiv, erholsam und sie verlangt nach dem Umgang mit Menschen. Finden Sie Ihre Familie, Ihren Stamm, die Menschen, mit denen Sie sich auf natürliche Weise verbunden fühlen, und Sie werden eine unerschöpfliche Quelle der sozialen Erholung finden. Treten Sie einer religiösen Vereinigung oder einer Selbsthilfegruppe bei. Sprechen Sie mit Gleichgesinnten darüber, wie sie leben und mit Stress umgehen. Schließen Sie sich einer gemeinnützigen Gruppe an oder setzen Sie sich für eine Sache ein, die für Sie von Bedeutung ist. Nehmen Sie an Versammlungen teil oder treten Sie Berufsverbänden bei, um sich mit anderen in Ihrer Branche auszutauschen. Die Erweiterung Ihres sozialen Netzwerks ist oft der erste Schritt, um die Menschen zu finden, die Ihre Welt besser machen. Es ist zwar wichtig, sich nicht zu viel zuzumuten, wenn Sie sich ausgelaugt fühlen, aber der Kontakt zu anderen muss nicht viel Zeit oder Mühe kosten. Nur Sie allein werden wissen, wie viel soziale Interaktion Sie brauchen, um Energie zu tanken und nicht erschöpft zu sein.

9
Sensorische Ruhe

Vermeiden Sie externe Ablenkungen

Lassen Sie Ihrer Fantasie freien Lauf und stellen Sie sich diese Szene mit mir vor: Sie sind an Ihrem Lieblingsstrand. Eine kühle Meeresbrise streichelt Ihr Gesicht und wirbelt durch Ihr Haar. Sie atmen tief ein. Der Duft Ihrer Kokosnuss-Sonnencreme liegt in der Luft. Die frühe Morgensonne taucht die Szenerie in ein dunstiges Licht und wärmt Ihre Haut. Der feine weiße Sand fühlt sich rau auf Ihren Fußsohlen an und massiert den Schmerz weg. Jede plätschernde Welle lädt Sie zum Baden ein. Sie tauchen unter die Schaumkronen und genießen das Tauziehen zwischen Ihrem Körper und der Strömung. Die Lippen schmecken den Salzgeschmack des Meeres und sehnen sich nach der herben Süße eines Mango-Ananas-Smoothies. Am Ufer erwartet Sie eine Hängematte zwischen zwei Palmen, in der Sie den letzten Stress wegschaukeln.

Klingt wunderbar, nicht wahr? Nun stellen Sie sich die gleiche Szene ohne Ihre Sinne vor. Unsere Ohren sind taub für das Rauschen der Wellen. Ihre Geschmacksknospen schmecken die salzige Luft nicht. Ihre Augen sind blind für die Sonne. Die Nase nimmt den Duft der See nicht wahr und ohne Ihren Tastsinn spüren Sie weder Sand noch Wind. Die meisten Dinge im Leben sind nur deshalb so schön und beeindruckend, weil wir sie mit all unseren Sinnen wahrnehmen können. Wir leben unser Leben inmitten von Sinneseindrücken. Das Problem ist, dass die meisten von uns ihre Sinne für selbstverständlich halten. Wir sind so sehr an diese ständigen Eindrücke gewöhnt, dass wir gelernt haben, viele davon auszublenden. Wir haben uns an unsere laute, künstlich beleuchtete Welt angepasst und sind in der Lage, das zu ignorieren, womit wir uns nicht beschäftigen wollen.

Unsere übermäßig geschäftige und stimulierende Gesellschaft hat die perfekte Umgebung für eine Reizüberflutung geschaffen. Und auch der technologische Fortschritt beeinträchtigt die Unantastbarkeit unserer fünf Sinne zunehmend. Als ich vor über achtzehn Jahren anfing, als Ärztin zu arbeiten, verbrachte ich die meiste Zeit damit, meinen Patienten in die Augen zu schauen. Heute verbringe ich immer mehr Stunden meines Tages damit, auf elektronische Gesundheitsakten zu starren. Die Zahl der Diabetes-, Bluthochdruck- und Fettleibigkeitserkrankungen steigt jährlich an, da es unsere Geschmacksnerven nach immer salzigeren, cremigeren und süßeren Lebensmitteln verlangt. Die Fähigkeit, das Einfache zu genießen, ist betäubt worden – so wie unsere sensorische Fähigkeit, Ruhe zu erleben.

Bei der sensorischen Entspannung geht es darum, dass wir einem oder mehreren Sinnen für kurze Zeit die Erfahrung der physischen Welt vorenthalten. Ein vollständiger Entzug ist nicht möglich. Das würde bedeuten, keine Geräusche, und Gerüche, keinen Geschmack, und keine Gefühle mehr zu empfinden, einschließlich der Empfindung, die Kleidung auf unserer Haut auslöst, oder der Geräuschkulisse unseres Lebens. Wir nutzen jeden Moment des Tages mindestens einen unserer fünf Sinne. All unsere Sinne arbeiten zusammen, um unserem Gehirn mitzuteilen, was um uns herum geschieht. Zudem schützen uns die Sinne, indem sie uns vor Gefahren warnen.

Jeden Tag ist unser Nervensystem einer immerwährenden Stimulation ausgesetzt. Im Büro, im Aufzug und in der Warteschleife eines Telefongesprächs. Das Fernsehen und unsere Computer, iPads und Smartphones lassen unsere Umgebung in einem künstlichen Licht erstrahlen. Das Popcorn im Kino vermischt sich mit den neuesten Parfümkreationen und überflutet unsere Nasengänge. Unser Körper sehnt sich nach einer Erholungspause von all diesen sensorischen Eindrücken. Regelmäßige Zeiten der selektiven sensorischen Deprivation entziehen unseren Sinnen bewusst äußere Ablenkungen und Reize, um sie zu regenerieren.

Risiko-Diagnose

Ich liebe Filme, den Duft von Popcorn und den ohrenbetäubenden Surround-Sound. Als Mutter von zwei Jungs im Teenageralter sehe ich mir regelmäßig die neuesten Filme an. Entweder geht es um Action oder um einen Blockbuster mit Kampfszenen und viel Action. Der letzte Film, den wir uns angesehen haben, hat mich ganz schön mitgenommen, und als er zu Ende war, musste ich dringend auf die Toilette. Öffentliche Toiletten sind chaotisch. Die Leute tänzeln von Wand zu Wand und beten, dass sie keinen Unfall haben, bis endlich eine Kabine frei wird. Mein Platz in der Schlange war direkt vor dem Waschbecken.

In den wenigen Minuten, die ich dort stand, erlebte ich eine sensorische Überlastung. Automatische Toilettenspülungen erklangen, berührungslose Händetrockner dröhnten in ohrenbetäubender Lautstärke, fluoreszierende Deckenleuchten leuchteten grell und ein chemisch frischer Duft verpestete die Luft. Dazu lag ein schreiendes Baby auf dem Wickeltisch, daneben eine stinkende benutzte Windel. Die Geräusche zahlloser Gespräche trafen all meine Sinne auf einmal. Nach zwei Stunden, in denen ich all das und das ohrenbetäubende Gedröhn aus den Kinolautsprechern in mich aufgenommen hatte, waren meine fünf Sinne für diese Nacht erschöpft.

Es gab eine Zeit, in der das Leben langsamer verlief. In der wir Geräusche genießen konnten und die Gerüche des Lebens gerne in uns aufnahmen. Jetzt rast das Leben in einem lauten Rauschen an uns vorbei, vollgepackt mit Bildern, Geräuschen und Gerüchen, wohin wir auch sehen. Der übermäßige Kontakt mit den ununterbrochen gesendeten sensorischen Informationen hat viele von uns erschöpft. Wir akzeptieren die gesundheitlichen Vorteile, die der Verzicht auf Junkfood mit sich bringt. Doch selten bedenken wir die Auswirkungen der überladenen Sinneseindrücke, die wir durch die Wahl unserer Unterhaltungsangebote oder unseres Lebensumfelds erhalten. Wenn unsere Sinne Serien-Marathons, Videospielen und hektischen Szenenwechseln bei Stroboskop- oder Blaulicht ausgesetzt sind, werden sie durch die unablässige Informationsflut überanstrengt. In angemessenen Dosen können diese Aktivitäten natürlich Spaß machen und sie sollten auch genossen werden.

Wenn Sie feststellen, dass Sie oder Ihr Teenager nach einem Wochenende mit exzessivem Social-Media-Genuss, Videospielen oder TV-Konsum ängstlich oder reizbar wird, ist die Reizüberflutung vorprogrammiert. Überlastet man die Sinne, überfordert man auch den Geist. Sowohl der Körper als auch die Gefühlsebene reagieren darauf negativ. Zu den Anzeichen eines ruhelosen, überreizten Körpers gehören rasende Gedanken, Wut, Herzklopfen, Angstzustände, Albträume und Einschlafprobleme.

Möglicherweise arbeiten Sie auch in einer Umgebung mit vielen Sinneseindrücken. Sinnesreize können eine Kombination aus Geräuschen, Gerüchen, Farben, Licht oder anhaltender Bewegung sein. Wird Ihr Gehirn zu vielen Sinneseindrücken ausgesetzt, kann es diese Informationen nicht mehr effektiv verarbeiten. Ihre berufliche Tätigkeit kann Sie für verschiedene Arten der Reizüberflutung prädisponieren. So kann Ihr Gehör überreizt werden, wenn Sie in der Nähe einer lauten Geräuschquelle oder in einem Großraumbüro arbeiten, in dem mehrere Gespräche gleichzeitig geführt werden. Aber auch ständige Hintergrundgeräusche, extrem laute Musik, Kindergeschrei oder sehr laute Maschinen können unsere Sinne überlasten.

Ihr Sehvermögen kann durch helles Licht, die übermäßige Blaulichtexposition elektronischer Geräte, oder eine Arbeitsumgebung mit unübersichtlicher Umgebung und sehr wenig Weißraum überlastet werden. Ihr Geruchssinn ist gefährdet, wenn Sie häufig von Menschen umgeben sind, die übermäßig parfümiert sind oder auf Kosmetik mit intensiven Duftstoffen setzen. Negativ wirken sich darüber hinaus auch chemische Reinigungsmittel, Rauch, Lebensmittelaromen oder die Umweltverschmutzung aus. Ihre Geschmacksknospen können Anzeichen von Erschöpfung zeigen, wenn Sie sich nach Zucker, Salz, fettigen, scharfen und verarbeiteten Lebensmitteln sehnen. Ganz einfach, weil Sie den Geschmack von Obst, Gemüse und Vollwertkost nicht mehr wahrnehmen können. Ihr Tastsinn kann überreizt sein, wenn Ihre täglichen Aktivitäten es erfordern, dass Sie andere Menschen oft berühren oder von ihnen berührt werden. Dazu zählt auch, wenn Ihre Hände ständig mit dem Tippen auf einer Tastatur beschäftigt sind oder Sie den ganz normalen Haushaltstätigkeiten nachgehen. Unser Körper verdient eine Pause von dem Ansturm an Aktivitäten und Empfindungen, denen er täglich ausgesetzt ist.

Einordnen der aktuellen Situation

Ihre Kinder schienen mein kleines Untersuchungszimmer mit dem Indoor-Spielplatz ihrer Lieblings-Fast-Food-Kette zu verwechseln. Der Älteste war ein Energiebündel. Er kletterte auf meinen Stuhl und wirbelte im Kreis herum. Er drehte sich, ohne auf die beiden Erwachsenen im Raum zu achten. Das mittlere Kind war fasziniert von meinem Otoskop, das an der Wand hing. Es kletterte auf den nächstgelegenen Stuhl, um es sich zu schnappen. Gott sei Dank war es noch zu klein, um es zu erreichen. Wäre es zwei Jahre älter gewesen, dann hätte sich meine medizinische Ausrüstung wohl in ernsthafter Gefahr befunden. Die Jüngste lag auf ihrem Schoß. Sie bewegte ihre Tochter während der Untersuchung ein wenig, um Platz für mein Stethoskop zu schaffen. Trotz all der Lebensenergie, die von den drei kleinen Körpern um sie herum ausging, sah diese Mutter erschöpft aus.

„Ich brauche eine Pause“, vertraute sie mir an.

Ich fragte sie, wann sie das letzte Mal etwas unternommen hatte, was ihr Spaß machte, etwas nur für sich. Ihre Antwort öffnete mir die Augen. Sie erweiterte meine begrenzte Vorstellung davon, was andere Menschen unter einer Pause verstehen.

Sie entgegnete mir: „Wenn ich sage, dass ich eine Pause brauche, dann meine ich damit keinen Urlaub oder eine besondere Auszeit. Nein, ich versuche nicht, mich aus der Verantwortung zu stehlen oder mich vor meinen Verpflichtungen zu drücken. Ich genieße es, Hausfrau und Mutter zu sein. Ich liebe meine Kinder und mein Leben. Alles, was ich brauche, ist ein wenig mehr Zeit in meinem Tag, um das Gefühl zu haben, dass ich an erster Stelle komme. Die meiste Zeit des Tages verbringe ich damit, meine Liebe und Energie an andere zu verschenken. Ich muss lernen, ein wenig davon auf mich selbst zu verwenden. Ich brauche eine Pause, damit ich nicht zerbreche.“

Wir alle brauchen eine Pause, eine Zeit, in der wir das Leben in Form kleiner, greifbarer Dinge oder Momente neu erkunden und uns selbst neu entdecken können. Unabhängig von den Menschen, für die wir sorgen, den Rollen, die wir spielen, den Titeln, die wir tragen, und den Zielen, die wir bereits erreicht haben. Auch unsere Sinne brauchen eine Pause. Für die meisten von uns ist die einzige Zeit, in der wir die Fülle an Informationen, die unsere Sinne während des Tages erhalten, verarbeiten können, der Schlaf.

Das ist eine ineffektive Methode, um die Funktion unserer Sinne zu erhalten und zu optimieren. Wenn unsere Sinne ununterbrochen neue Informationen aufnehmen, wird das Nervensystem zu sehr belastet, um die Informationen angemessen zu verarbeiten.

Das Ergebnis ist eine wachsende Unzufriedenheit, ein Rückgang unserer Kreativität, geistige Unruhe und verminderte Leistungsfähigkeit.

Letztlich leidet auch die allgemeine Gesundheit unter der unzureichenden sensorischen Erholung.

Diese Anzeichen deuten darauf hin, dass Sie unter einem sensorischen Ruhedefizit leiden könnten:

- Sie reagieren empfindlich auf laute Geräusche.
- Sie sehen verschwommen und/oder haben einen Druck auf den Augen.
- Sie fühlen sich müde oder überanstrengt.
- Sie empfinden natürliche Lebensmittel als geschmacklos und sehnen sich nach prozessierter Nahrung.
- Sie mögen es nicht, von anderen umarmt oder berührt zu werden.
- Sie sind desensibilisiert gegenüber Aromen, die andere leicht zu riechen scheinen.
- Sie sind nicht in der Lage, regelmäßig sensorische Erlebnisse wie Konzerte oder ein Feuerwerk zu genießen.

Wissenschaft und Forschung

Studien zeigen, dass 58 Prozent der Erwachsenen ihre Augen durch übermäßige Computernutzung überanstrengen. Diese Zahl wird in Zukunft sehr wahrscheinlich steigen, da Schulen und Hochschulen vermehrt digitale Ressourcen nutzen. Das Computer-Sehsyndrom kann zu Kopfschmerzen, verschwommenem Sehen, trockenen Augen sowie Nacken- und Schulterschmerzen führen. Die American Optometric Association (AOA) empfiehlt, diese Nebenwirkungen durch die 20-20-20-Regel zu bekämpfen. Machen Sie alle 20 Minuten eine 20-

sekündige Pause und betrachten Sie etwas, was mindestens sechs Meter entfernt ist. Diese 20-Sekunden-Pausen zwingen Sie dazu, die Augenmuskeln zu trainieren, womit das Ermüden der Augen nachlässt.

Was Sie außerdem unternehmen können, um eine Überanstrengung der Augen zu vermeiden, ist die Helligkeit des Bildschirms zu verringern. Wissenschaftliche Untersuchungen haben gezeigt, dass sich die Konzentrationsfähigkeit um 50 % verbessert, wenn die Bildschirmhelligkeit verringert wird, auch Ermüdungserscheinungen werden dadurch reduziert.

Lärmbedingter Hörverlust ist ein weiteres häufiges Gesundheitsproblem am Arbeitsplatz. Die Centers for Disease Control geben an, dass über vier Millionen Arbeitnehmer jeden Tag an ihrer Arbeitsstelle mit schädlichem Lärm konfrontiert sind. Wenn es Ihnen schwerfällt, die Menschen in Ihrem unmittelbaren Arbeitsumfeld zu verstehen, oder wenn Sie schreien müssen, um verstanden zu werden, kann der Lärmpegel an Ihrem Arbeitsplatz in einem gefährlichen Bereich liegen. Dieses Risiko besteht unabhängig von der Art des Lärms oder der Lärmquelle. Es gibt schreiende Kleinkinder, die Ihr Trommelfell genauso belasten können wie das schrille Dröhnen lauter Maschinen. Sicherheitsmaßnahmen wie Gehörschutz und lärmreduzierende Maßnahmen können Sie vor künftigen Hörproblemen bewahren.

Treatment: Heutige Aufgabe

Trennen Sie sich von der Steckdose – Zu viele äußere Reize blockieren Ihre Lebensenergie und verlangsamen den Fluss der Ruhe in Ihrem Körper. Je mehr Sie sich vernetzen und mit dem Internet verbunden sind, desto unruhiger werden Sie sich fühlen. Versuchen Sie, jeden Tag eine Zeit festzulegen, in der Sie sich komplett von der Technik abkoppeln. Ja, null Elektronik – kein Fernsehen, kein Handy, kein Computer. Nur Sie selbst, abgeschnitten von der Welt und verbunden mit der Stille.

Die Welt bleibt nicht stehen, wenn Sie einen Facebook-Post verpassen oder ein paar SMS oder Tweets ignorieren. Die am meisten gestressten Menschen in meiner Praxis sind diejenigen, die am häufigsten auf die Technologie, mit der sie sich umgeben, reagieren. Sie müssen sich nicht zum Sklaven Ihrer elektronischen Geräte machen. Vermeiden Sie es, jedes Mal automatisch zu antworten, wenn Sie eine Benachrichtigung erhalten. Hören Sie auf, Ihren elektronischen Lehrmeistern zu gehorchen. Sie wurden geschaffen, um für Sie zu arbeiten, nicht um über Sie zu herrschen. Halten Sie an Ihrem Vorsatz fest, die zwanzigminütige oder einstündige Pause, die Sie sich vorgenommen haben, einzuhalten. Machen Sie diese Zeit zu etwas Heiligem und nutzen Sie diese für erholsame Aktivitäten wie Stretching, Meditation, vielleicht lesen Sie auch ein Buch oder machen einen Powernap.

Testen Sie Ihre sensorische Reaktion – Nicht alle Sinneseindrücke sind gleich. Es gibt Klänge, Gerüche oder Texturen, die bewirken, dass Sie sich entspannter und friedlicher fühlen. Testen Sie aus, wie unterschiedliche Arten von Sinneseindrücken auf Sie wirken. Wenn Sie den ganzen Tag keine Musik hören, empfinden Sie es vielleicht als erholsam, bei Musik zu entspannen. Im Gesundheitswesen verbringe ich einen großen Teil meines Tages damit, Gerüche zu kategorisieren, von Körperausscheidungen bis hin zu Antiseptika. Frische Luft ist nicht immer eine Option, aber aromatisierte Handcremes sorgen für Momente der Frische, bis ich wieder raus an die Luft komme.

Unser Tastsinn wird im Laufe des Tages oft überfordert. Ein einfacher Entspannungstipp sind bequeme Textilien. Viele Frauen, die nachts nicht schlafen können, gehen in unkomfortabler Kleidung ins Bett. Tragen Sie weiche, bequeme Stoffe, die sich zart oder seidig anfühlen und einen kühlenden oder wärmenden Effekt haben. Probieren Sie einfach eine Reihe sensorischer Reize aus und beobachten Sie, wie Sie sich dabei fühlen. Schmecken, sehen, fühlen, riechen und hören Sie – und bereichern Sie Ihr Leben, indem Sie die passenden Sinneseindrücke ergänzen oder reduzieren.

Identifizieren und fokussieren – Denken Sie an nur einen sensorischen Stressor, dem Sie im Laufe Ihres Tages häufig begegnen, wie beispielsweise die Musik an Ihrem Arbeitsplatz, das Blaulicht elektronischer Bildschirme oder das Parfüm Ihrer Arbeitskollegen. Konzentrieren Sie sich auf diesen speziellen sensorischen Stressfaktor und suchen Sie nach erholsamen Alternativen, um die Wirkung dieser speziellen ständigen Stimulation zu neutralisieren. Lindern Sie ständigen Lärm durch Zeiten der Stille. Beruhigen Sie Ihr Sehvermögen mit Zeiten der Dunkelheit. Befreien Sie Ihre Nasenwege mit Zeiten an der frischen Luft. Waschen Sie Ihre Hände mit reinem Wasser. Regenerieren Sie die Sensibilität Ihrer Sinne. Wenden Sie sich nach ein paar Wochen einem zweiten sensorischen Stressfaktor zu. Setzen Sie diesen Prozess so lange fort, bis Sie die Qualität der sensorischen Ruhe als wichtigen Bestandteil Ihres ausgeruhten Lebens begreifen.

10
Kreative Ruhe

In Schönheit und Licht eintauchen

Meine Freundin Eva und ich können auf einer Klippe stehen und auf einen Wasserfall blicken, der sich unter uns in eine blaue Oase ergießt, und völlig unterschiedliche Erfahrungen machen. Ich lehne mich über das Geländer und staune über die Kraft des Wassers und freue mich über den feinen Sprühnebel, den es auf meinem Gesicht hinterlässt. Eva hingegen wird zehn Meter entfernt sein, den Pinsel in der Hand, und alles festhalten. Derselbe Ort, der in meinem Geist eine friedliche Erinnerung hervorruft, erweckt in meiner Freundin Ihren Kunstsinn. Kunst ist für Eva keine Arbeit; es ist ihre Art, in Gott zu ruhen. Seine Schöpfung ist ihre Muse. Das Eintauchen in die Gelassenheit setzt ihre Kreativität frei.

Eva ist nicht die Einzige, die auf Schönheit anspricht. In den Jahren, in denen ich Patienten therapiere, habe ich einen Zusammenhang zwischen denjenigen festgestellt, die glücklich und produktiv sind und ein erfülltes Leben führen. All diese Menschen nehmen regelmäßig an dem teil, was ich kreative Ruhe nenne. Es ist die Ruhe, die man findet, wenn man in schöpferische Schönheit eintaucht. Ich bezeichne sie manchmal liebevoll als Beauty-Ruhe. Diese schöpferische Ruhe ist der Grund, warum viele Menschen in den Bergen, am Strand, beim Betrachten von Gemälden oder bei klassischer Musik von Frieden erfüllt werden.

Ob von der Natur oder vom Menschen geschaffen, Schönheit ist immer ein schöpferisches Werk. Unsere Seele sehnt sich nach magischem Zauber und nach Eindrücken, die ein Staunen hervorrufen. Wird uns das vorenthalten, reagieren wir mit Depression und Apathie. Die schöpferische Pause belebt unsere müden Herzen. Das Leben wird angenehmer, wenn uns Schönheit und Licht umgeben.

Am Anfang schuf Gott den Himmel und die Erde. Er rief das Licht ins Leben und vollzog die Trennung von der Finsternis. Er schied den Himmel von den Meeren. Er beleuchtete den Tag mit der Sonne und bestreute die Nacht mit Sternen. Dann schuf er das Meer und füllte es mit Lebewesen. Von der Ameise über den Löwen bis zum Menschen – formte er jedes einzelne Wesen.

Anschließend ruhte er von all seiner Arbeit. Er segnete den siebten Tag und machte ihn heilig. Gott betrachtete sein Werk, sah, dass es gut war, und tat etwas Unerwartetes: Er ruhte. Er führte nicht nur das Konzept der Ruhe ein, sondern gestaltete und praktizierte es absichtlich. Von Anbeginn der Zeit war er bestrebt, eine Grundlage für die heilige Ruhe zu schaffen. Er wusste, dass Ruhe wichtig war, also ruhte er sich von der Schöpfungsarbeit aus. Er nahm keinen Urlaub, sondern blieb Gott – aber in der Ruhe. Er fuhr fort, alles zu erhalten, was er geschaffen hatte, während er ruhte. Dann hielt er inne, um sich an der Schönheit und dem Licht zu erfreuen.

Mit der Schöpfungsgeschichte hält Gott uns ein Muster für die Rolle von Arbeit und Ruhe vor – er schafft ein göttliches Beispiel für die Vorteile der schöpferischen Ruhe und dafür, wie sie die Wertschätzung für das Gute hervorbringt. In einer Welt, in der so viel negative und destruktive Energie herrscht, kann es schwierig sein, das Positive zu sehen. Ich habe oft gut gelaunt den Fernseher oder meinen Laptop eingeschaltet und wurde dann augenblicklich von den Nachrichten über Proteste, Seuchen und Kriege erdrückt. Wie viel kann unser Geist ertragen? Wie lange können wir mit all dem Unheil, das diese Welt umgibt, jonglieren? Wir brauchen Zeiten der schöpferischen Ruhe, um uns an Gottes Werk zu erfreuen und es zu betrachten. Wir brauchen sein Beispiel, das uns zeigt, wie schöpferische Ruhe aussieht.

Gott ist nicht statisch, nicht gleichbleibend oder normal, und seine Ruhe ist es auch nicht. Die Ruhe Gottes lässt sich am besten verstehen, wenn wir noch einmal den Garten Eden besuchen.

In diesen ersten Momenten von Gott und Mensch können wir das Konzept der schöpferischen Ruhe besser verstehen. Die göttliche Ruhe macht Sie frei, das Leben aktiv zu genießen. Sie befriedigt Ihre Bedürfnisse, ohne Ihre Ressourcen zu schmälern. Sie schärft den Blick für die vorhandenen Möglichkeiten. Schöpferische Ruhe nutzt alles, was Gott um uns herum geschaffen hat, um etwas in uns zu schaffen. Was dabei entsteht, ist so einzigartig wie jeder von uns.

Unruhe trat in die menschliche Erfahrung ein, als wir den ersten Bissen vom Baum der Erkenntnis von Gut und Böse zu uns nahmen. Mit dieser ersten Kostprobe begann unser Kampf mit der Ruhe. Wir ringen gegen das Böse und die Leiden, die dieses Leben überschatten. Wir sind müde von dem Bösen, das wir sehen, und suchen nach dem Guten in der Welt.

Risiko-Diagnose

Ein Vorurteil bezüglich der kreativen Ruhe ist, dass sie nur für kreative Menschen gedacht ist oder zu einem kreativen Werk wie Kunst, Poesie oder Musik führen soll. Bei der schöpferischen Ruhe geht es nicht darum, kreative Fähigkeiten zu entwickeln; das ist keine Pause, das ist Arbeit. Es geht um das Gegenteil. Es geht darum, Freiräume in Ihrem Leben zu schaffen und Ihrer Kreativität Raum zu geben, sich zu entfalten.

Die kreative Ruhe ist unser fundamentales Bedürfnis, die Wunder dieser Welt zu erleben. Sie können dieses elementare Verlangen auf eine Weise befriedigen, die keinen Druck auf Ihre Kreativität ausübt. Ja, die Kreativität kann durchaus aus den ausgestreuten Samen erblühen, aber sie ist nicht das Ziel. Das Ziel ist Ruhe.

Wenn unser Arbeitsalltag von uns verlangt, über unseren Tellerrand hinauszuschauen, mangelt es uns oft an kreativer Ruhe. Autoren bekommen eine Schreibblockade. Musiker verlieren ihren Groove. Mütter büßen ihre Lebensfreude ein. Ehemänner vergessen, wie wichtig es ist, gut zu lieben. Berufe, die hohe Anforderungen an Ihre Kreativität stellen, erfordern längere schöpferische Pausen. Wir müssen uns regenerieren, um unsere kreativen Fähigkeiten wieder freisetzen zu können.

Ihre gewohnte Umgebung kann sich als ungünstig erweisen, wenn es darum geht, kreative Ruhe zu finden. Ich habe festgestellt, dass es mir am besten gelingt, kreative Ruhe zu erleben, wenn ich mich in der Nähe von großen oder kleinen Gewässern aufhalte. Ozeane, Seen, Teiche oder Aquarien wecken etwas in mir. Meine Freundin Donna ist ebenfalls begeistert vom Wasser. Es gibt ihr so viel Kraft, dass sie vor ein paar Jahren mit ihrer Familie in ihr Traumhaus am Meer zog.

Ein Traum, den ich nachvollziehen kann. Oft sehe ich mir unsere Videoaufnahmen an, die das Strandleben so schön einfangen. Ein paar Jahre nach ihrem Umzug fiel mir auf, dass Donna immer mehr über Reisen in verschiedene Teile der Welt sprach. Kein Ort, den sie benannte, befand sich am Meer. Nachdem ihr geliebter Strand zu ihrer gewohnten Umgebung geworden war, brauchte Donna einen neuen, kreativen Ruhepunkt. Auf einer Missionsreise nach Kolumbien fand sie ihre Muse in der kreativen Schönheit der Anden.

Wenn Sie in einem städtischen Gebiet leben, in dem es kaum Grünflächen gibt, dann sollten Sie nach örtlichen Parks und Spazierwegen Ausschau halten. Die Veränderung der Landschaft wird Ihren Geist und Ihre Seele in die Lage versetzen, sich neu auf den Input Ihrer Umgebung einzustellen. Das ist wie ein Reset – ein Neustart Ihres inneren Computers. Wir alle brauchen gelegentlich solch ein Reset. Wenn Sie in flachen Ebenen leben, kann ein gelegentlicher Ausflug in die Berge oder an den Strand genau das Richtige sein, um die schwindende Begeisterung für das Leben wieder aufzufrischen. Das Erstaunliche an kreativer Erholung ist, dass sie bleibende Eindrücke in uns hinterlassen kann. Erinnern Sie sich an das erste Mal, als Sie einen atemberaubenden Anblick wie die Alpen, die Rocky Mountains, die Niagarafälle oder die Nordlichter sahen? Diese Momente der schöpferischen Ruhe sind unvergesslich. Wir können sie nicht jeden Tag erleben, aber wir können die tägliche schöpferische Ruhe in kleinen Wundern suchen. Ich denke dabei an das Lachen eines Babys, die Farben eines Schmetterlings, das Erscheinen eines Regenbogens, den Duft einer Blume oder das Kribbeln im Bauch, wenn wir uns verlieben. Es sind diese kleinen Wunder der Schöpfung, welche die größte Kraft haben, Freude in unser Leben zu bringen.

Einordnen der aktuellen Situation

Ich habe auf dem Weg zu dem Leben, das ich zu führen beabsichtigte, viel Gutes mit Füßen getreten. Wie oft habe ich das Lächeln der Menschen, die ich liebe, ignoriert. Es ging mir nur um mich selbst und die Erfüllung meiner Ziele. Es war eine Zeit großer Produktivität, aber ich war dennoch unzufrieden. Ich sehnte mich nach einem anhaltenden Niveau der Zufriedenheit in meinem Leben. Natürlich gibt es in jedem Leben Höhen und Tiefen. Aber es ist möglich, im tiefsten Inneren zufrieden zu sein.

Das Leben selbst ist in das Konzept der schöpferischen Ruhe eingebettet. Wir sind nicht für die Ruhe geschaffen; die Ruhe wurde für uns erschaffen. Die Ruhe ist das Geschenk Gottes an sein Volk. Durch seine Gegenwart verbindet er uns mit seiner Ruhe. Sie ist teils

Einladung, teils Gebot. Wir sind eingeladen, ihn in der Schöpfung zu sehen und zu ihm zu kommen, um unsere Seele auszuruhen. Obwohl Ruhe in seiner Gegenwart ständig verfügbar ist, ertappe ich mich manchmal dabei, wie ich darum kämpfe, diesen Ruhezustand zu erreichen. Seien wir ehrlich: Mit der Ruhe verhält es sich ähnlich wie mit dem Sport. Wir alle wissen, dass sie gut für uns ist. Das Wissen allein reicht aber nicht aus. Dysfunktion ist oft der Hauptgrund, warum Menschen sich selbst mit angemessener Ruhe belohnen.

Ruhen Sie sich einen Moment lang aus und hören Sie auf die stille kleine Stimme der Wahrheit, die Sie anweist, dem Kreislauf der Geschäftigkeit zu entkommen. Ruhe ist möglich, sogar jetzt, inmitten der fälligen Termine, der Menschen, die um Ihre Aufmerksamkeit buhlen, der Rechnungen, die Sie hoffentlich diesen Monat bezahlen können, und der Ambitionen, die Sie zu erfüllen versuchen. Genießen Sie die Strahlen der aufgehenden Sonne oder die frische Luft des Sommerregens – möge Ihre Arbeit lange genug unterbrochen werden, um Sie an die Ruhe zu erinnern, die Ihnen ohne Weiteres zur Verfügung steht. Wir können uns vielleicht nicht alle eine 80 € teure Hot-Stone-Massage leisten, aber wir können alle eine kreative Pause einlegen. Sie steht Ihnen täglich zur Verfügung. Sie selbst sind das einzige Hindernis, das Sie überwinden müssen.

Diese Anzeichen können darauf hindeuten, dass Sie unter einem kreativen Ruhedefizit leiden könnten:

- Sie konzentrieren sich immer auf die Bedürfnisse anderer und sehen Ihre eigenen nicht als Priorität an.
- Sie reden sich die Selbstfürsorge aus, als hätten Sie es nicht verdient, dass man sich um Sie kümmert.
- Sie haben das Gefühl, dass Sie egoistisch sind, wenn Sie etwas für sich selbst tun wollen.

- Sie tun selbstzerstörerische Dinge oder treffen Entscheidungen, die Ihr Glück sabotieren.
- Sie haben selten das Gefühl, dass Ihre Arbeit von Wert ist oder andere Ihren Beitrag schätzen.
- Es fällt Ihnen schwer, Dinge in der Natur oder Lebensmittel in ihrem natürlichen Zustand zu genießen.

Wissenschaft und Forschung

Als ich vor Jahren damit begann, die medizinischen Ursachen der Müdigkeit zu hinterfragen, begann ich mich mit dem Vitaminmangel auseinanderzusetzen. Die meisten meiner Patienten wollten, dass ich ihnen eine Vitamin-B12-Spritze verabreichte, die eine sofortige Energiezufuhr verhieß. Ich gehöre nicht zu den Ärzten, die auf Nahrungsergänzungsprodukte setzen, deren Wirksamkeit nicht wissenschaftlich erwiesen ist. Ich begann, die Vitaminwerte meiner Patientinnen zu überprüfen, und stellte fest, dass der B12-Mangel unauffällig war. Jedoch entdeckte ich, dass eine große Anzahl von Frauen einen schweren Vitamin-D-Mangel hatte.

Eine verblüffende Situation, denn Vitamin D wird vom Körper selbst gebildet, wenn er der Sonne ausgesetzt ist. Die meisten dieser Frauen hatten einen blassen Teint. Allesamt hatten sie sich die Warnung der Ärzte, Medien und Beauty-Konzerne, die Sonne aufgrund des schnell voranschreitenden Alterungsprozesses und dem Hautkrebsrisiko zu meiden, sehr zu Herzen genommen. Wie so oft in der Medizin sind wir in ein ungesundes Extrem verfallen und müssen nun unsere Aussagen revidieren. Der Körper braucht Vitamin D. Es ist wichtig für die Knochen, die Haut und das geistige Wohlbefinden. Ein Vitamin-D-Mangel kann das Risiko für viele chronische Erkrankungen erhöhen, darunter Osteoporose, Herzerkrankungen, Depressionen oder auch die saisonale Grippe. Ich habe festgestellt, dass einige meiner Patienten, die stark an

Depressionen leiden, sehr stark von einer Therapie profitieren, die auf zeitlich limitierte Sonnenbäder setzt. Die meisten Mediziner empfehlen heute zehn bis fünfzehn Minuten ungeschützte Sonnenexposition, erst im Anschluss kommt das Sonnenschutzmittel zum Einsatz. Vorausgesetzt natürlich, dass keine Haut- oder Krebserkrankungen vorliegen.

Studien belegen, dass sich die Natur, insbesondere die See, sehr beruhigend auf unser Gehirn auswirkt. Untersuchungen zeigten, dass die Gehirnaktivität beim Betrachten von Meeresbildern deutlich geringer war als beim Betrachten von Grünflächen, was darauf hindeutet, dass Wasser Entspannung suggeriert und dem Kern des Menschen sehr vertraut ist. Die Forschungen auf diesem Gebiet sind bislang nicht abgeschlossen. Noch immer beschäftigt die Wissenschaftler die Frage, warum Wasser eine so große Anziehungskraft auf uns ausübt und wie sich ein Aufenthalt in seiner direkten Umgebung auf uns auswirkt.

Treatment: Heutige Aufgabe

> **Bauen Sie Auszeiten in Ihr Leben ein** – Werfen Sie einen Blick auf Ihren Kalender und planen Sie in den nächsten Wochen eine bestimmte Zeit für sich selbst ein. Das können dreißig Minuten, ein paar Stunden, ein Wochenende oder eine ganze Woche sein. Die Dauer hängt von Ihrer aktuellen Situation ab. Entscheiden Sie, wie Sie Ihre Zeit verbringen wollen. Planen Sie in groben Zügen, wie Ihre Tage aussehen werden. Wenn Sie keinen Plan für Ihre Auszeit haben, führt das oft zu Müßiggang und sinnlosen Ruhephasen. Vermeiden Sie das ziellose Nichtstun, unterbrechen Sie Aktivitäten, die Sie erschöpfen, und gehen Sie denen nach, die Sie verjüngen. Schließlich sollen diese Auszeiten eine erholsame Wirkung haben. Ziehen Sie Aktivitäten im Freien in Betracht,

für die Sie nur selten Zeit haben. Besuchen Sie Orte, die Sie gerne erkunden würden. Packen Sie Ihren Rucksack für alle Fälle. Ein paar Flaschen Wasser, Obst, Nüsse, ein Notizblock, die passende Kleidung und eine Kamera für unterwegs – mehr muss nicht rein. Lassen Sie in Ihrem Kalender Platz für die Wunder des Lebens und den Zauber der Natur. Wandern Sie zu einem versteckten Wasserfall. Setzen Sie sich auf die Stufen Ihres Bürogebäudes und beobachten Sie das Leben um sich herum. Sie sind der Richter und die Jury für Ihre Auszeit. Hören Sie auf, sich zu verurteilen, wenn Ihr kreatives Ruhebedürfnis nicht mit dem einer üblichen Auszeit übereinstimmt. Wenn Sie diese erholsamen Pausen in Ihr Leben einbauen, werden Sie lernen, auch inmitten großer Produktivität problemlos in die Phasen der Ruhe hinein- und herauszugleiten.

Üben Sie den Flow-Break-Rhythmus! – So wie die Sonne und der Mond einen natürlichen Rhythmus haben, haben auch unser Körper und unser Geist einen natürlichen Rhythmus für optimale Leistung. Bei den meisten Menschen verläuft dieser in neunzigminütigen bis zweistündigen Schritten. Üben Sie sich darin, Ihre täglichen Aktivitäten in diese Zeitabschnitte einzuteilen, gefolgt von einer zwanzigminütigen Ruhepause.

Trainieren Sie das Prinzip „Fließen – Pause – Wiederholung". Wenn Sie gewohnheitsmäßig an Ihr Telefon gebunden sind, lassen Sie es für sich arbeiten. Stellen Sie sich einen Wecker, der alle eineinhalb bis zwei Stunden klingelt. Wählen Sie ein neues Signal, das Sie bislang nicht benutzen und das angenehm klingt. Lassen Sie diesen Alarm zu Ihrer persönlichen Einladung zum

Ausruhen werden. Welche Tätigkeit müssen Sie heute noch erledigen? Machen Sie sich an die Arbeit, aber denken Sie daran, die nötigen Ruhepausen einzubauen. Auf die Plätze, fertig, los!

Arbeiten Sie mit Ihrer inneren Uhr – Der zirkadiane Rhythmus ist ein natürlicher Zyklus, der uns sagt, wann wir aufwachen und einschlafen sollen und wann wir die Aktivitäten, die auf unserer To-do-Liste stehen, am besten erledigen. Es ist die innere Uhr unseres Körpers, die uns einen gesunden Lebensrhythmus vorgibt. Sie wird beeinflusst von der Menge an Sonnenlicht, der wir ausgesetzt sind, von der Temperatur des Zimmers, in dem wir schlafen, und sogar von den Nahrungsmitteln, die wir zu uns nehmen. Wenn Ihr zirkadianer Rhythmus gestört ist, wirkt sich dies negativ auf Ihren Schlaf, Ihre Erholung und Ihre Leistungsfähigkeit aus.

Orientieren Sie Ihre Aktivitäten an Ihrer inneren Uhr. Studien zeigen, dass es am besten ist, Aktivitäten, die uns geistig stark fordern, noch vor der Mittagszeit durchzuführen, da dann die Konzentrationsfähigkeit am höchsten ist. Zwischen ein und vier Uhr nachmittags ist die Gefahr einer Ablenkung am größten. Nutzen Sie diese Zeitspanne für Aktivitäten, die Ihre Aufmerksamkeit weniger stark beanspruchen. Die Kreativität erreicht ihren Höhepunkt in den Abendstunden. Passen Sie Ihren Zeitplan einen Tag in dieser Woche so an, dass die Aktivitäten, die Sie unbedingt erledigen müssen, zu den Zeiten stattfinden, in denen Ihr Körper optimal reagiert. Arbeiten Sie mit Ihrer inneren Uhr und Sie werden feststellen, dass Sie mit weniger Aufwand eine höhere Produktivität erreichen.

11
Ruhe geben

Die Bibel liest sich für mich oft wie eine Sammlung von Geschichten, die weit entfernt von unserem realen Alltagsleben sind. Sie spricht nicht über meine persönlichen, gegenwärtigen Schwierigkeiten, über meinen Schmerz und meine Probleme. Stattdessen spricht sie zu einem Volk, das ich nicht kenne, und erzählt von einer Kultur, die nicht von dem Chaos, das mein Leben beeinflusst, betroffen ist.

Dann gibt es diese Tage, an denen das Herz Gottes durch die Seiten der Bibel zu mir spricht. In diesen Momenten wird sie ein Teil von mir. Mein Herz, meine Seele und mein Geist erkennen dann die Heiligkeit und die Wahrheit dieser Worte. Mein Verstand kämpft gegen die Wahrheit. Er wehrt sich dagegen, sie anzunehmen, weil er an dem festhalten will, was er leicht verstehen kann. Das Göttliche ist unerklärlich. Es legt mit unserer Seele Zeugnis ab, ohne dass wir es verstehen müssen. Jahrelang habe ich seine Annäherungen gemieden und mich entschuldigt, nicht das Leben zu leben, das ich mir wünschte. Meine Ausreden bedeuteten für mich Sicherheit. Jede Ausrede war ein Anker in einem Fluss der unerbittlichen Wahrheit. Ich brauchte eine Ausrede für mich, warum ich einen besseren Weg ablehnte. Es gibt keine Ausrede für die Ruhe. Es bedarf keiner weiteren Erklärung, warum wir sie suchen müssen. Wunderbar ist ein Leben, das in der Ruhe verankert ist.

Lassen Sie uns gegen die Ausreden angehen, die uns von der Entspannung abhalten. Ich hatte Männer und Frauen mit heftigem Herzklopfen am Stethoskop. Sie alle hatten die gleiche Erklärung: Ihr Leben war zu beschäftigt, um eine Pause zu machen. Wir sind der Fahrservice für unsere Kinder und unsere alten Eltern. Als Arbeitnehmer leben wir von

Gehaltsscheck zu Gehaltsscheck, ohne Spielraum für Urlaub oder Freizeit. Wir machen Überstunden, um uns diverse Wünsche zu erfüllen. Wir tauschen die Zeit mit der Familie gegen unsere Arbeitszeit ein, was zu schwereren Dysfunktionen führt. Mütter und Väter tauschen Gelegenheiten, ihren heranwachsenden Kindern zuzuhören, gegen Momente, in denen sie ihrer Frustration Ausdruck verleihen. Täglich verbringen wir unsere Zeit mit viel Herzschmerz, wenig Glück und noch weniger Gefühl. So ist das Leben? Nein, das ist kein Leben. Natürlich kann das Leben überwältigend sein, und es wird uns immer wieder herausfordern. Doch wir sind unseres eigenen Glückes Schmied. Wir können uns dazu entscheiden, unser Leben zu verlangsamen, und unsere Energie auf die Wiederherstellung der Ruhe in unserem Leben richten (und diesen Prozess am Laufen halten).

Worum geht es also bei diesen Ausreden wirklich? Ausreden sind erfundene Gründe, um unser Verhalten zu rechtfertigen. So rationalisieren wir unsere Versäumnisse und vermeiden es, die Verantwortung für unsere Entscheidungen zu übernehmen. Ausreden ermöglichen es uns, die Schuld auf Gott und alle anderen zu schieben, damit wir nicht für unsere Entscheidungen einstehen müssen. Die Ausreden sorgen dafür, dass wir in einem Kreislauf der Unproduktivität bleiben.

Die Gründe für diese Ausreden sind vielfältig, aber der häufigste Grund ist Angst. Wir haben Angst vor Veränderungen. Wir fürchten die Ungewissheit. Wir fürchten die Verantwortung, fürchten das Scheitern und sogar den Erfolg. Wenn Sie sich dazu entschließen, keine Ausreden mehr zuzulassen, dann müssen Sie zuerst Herzensarbeit leisten und die Überreste der Angst beseitigen. Die Angst möchte Sie aufhalten, sie will Sie von dem Ort der Ruhe fernhalten, den Sie sich wünschen, und in einem Zustand des Mangels halten. Eines Mangels an Verständnis und an Perspektive. Wir gehen zugrunde, wenn es uns an Wissen mangelt.

Das ausgebrannte Leben, das Sie führen, ist der beste Beweis dafür, dass Ihre Ausreden dauerhafte Folgen haben. Sie hindern Sie nicht nur daran, ein Leben zu führen, das Ihnen Spaß macht, sondern halten Sie auch davon ab, Ihr volles Potenzial auszuschöpfen und die zahlreichen Chancen zu erkennen, die vor Ihnen liegen. Es ist die Gelegenheit der Wahl. Wählen Sie gut – stellen Sie die Wahrheit über die Lüge, den Glauben über die Angst, den Frieden über den Konflikt, die Vergebung über die Bitterkeit und die Ruhe über den Kampf.

Ihre Ausreden können imaginäre mentale Mauern errichten – Blockaden, die schlechtes Urteilsvermögen und selbst begrenzende Überzeugungen verstärken. Diese lebensfeindlichen Folgen können niemals zu einem erfüllten Leben führen. Sie lähmen Sie und hindern Sie daran, voranzukommen. Wenn Sie sich aus der Anziehungskraft dieser Ausreden befreien wollen, müssen Sie zunächst ehrlich zu sich selbst sein und sich eingestehen, warum Sie sich diese Ausreden ausdenken und warum Sie an ihnen festhalten.

Wenn Sie bereit sind, mit den Ausreden aufzuhören, stellen Sie sich folgende Fragen. Welche Ausreden habe ich und warum mache ich sie? Wovon halten sie mich ab? Wie schränken sie meine Fähigkeit ein, das zu bekommen, was ich will? Warum gebe ich mich mit einem Leben voller Ausreden zufrieden?

Hier sind die fünf häufigsten Ausreden, die ich höre:

„Ich habe schon jetzt nicht genug Zeit, um all das zu tun, was ich möchte, wie soll ich da noch Zeit für Ruhe finden?“

„Ich weiß nicht, wie ich die beschriebenen Arten von Ruhe finden soll. Mir ist das alles zu kompliziert.“

„Ich kann mich nicht über Nacht ändern. Das wird nicht funktionieren.“

„Ich brauche Zeit, um zu planen, wie ich Ruhe und Entspannung in mein Leben einbauen kann.“

Mein Vorschlag: Nehmen Sie sich vor, Ihren Tagesablauf nicht komplett zu planen. Was würde passieren, wenn Sie einen Moment innehalten, Ihre Augen schließen, Ihre Nackenmuskeln anspannen und wieder loslassen? Wenn Sie dem Geräusch des Nichts lauschen und Ihren Geist zur Ruhe kommen lassen würden? Die Welt würde nicht untergehen, und natürlich käme auch nicht alles in Ihrem Leben wieder ins Lot. Doch Sie würden in diesem Moment einen Teil der Energie wiederherstellen, die aus Ihnen herausströmt, und Sie würden diesen Augenblick besser verlassen, als Sie ihn betreten haben.

Wenn diese Ruhepausen, von denen ich spreche, Teil Ihres täglichen Lebens wären, würden Sie mehr Zeit damit verbringen, die Momente dazwischen zu genießen. Dies ist der nächste Schritt: Es ist Ihre Chance, sich auf die Lösungen zu konzentrieren und nicht auf die Ausreden. Es ist eine Gelegenheit, Ihre Energie in eine Veränderung zu stecken, die Ihre Perspektive sofort ändert und Ihre Reserven wieder auffüllen kann.

Was sind Ihre Ausreden? Was werden Sie jetzt mit dieser Einladung tun? Werden Sie das Schwere in Ihrem Leben ablegen, Zeit für sich finden, sich erholen und Ihr Glück wiederbeleben?

Bitte entschuldigen Sie die Staubwolke – ich lebe eben schnell

Es ist kein Zufall, dass ich meinen jüngsten Sohn Jesaja genannt habe. Es war das Buch Jesaja, das mir das Thema Ruhe näherbrachte. Die Wahrheit dieser Schrift legte sich wie ein Kaschmirschal an einem kühlen Herbsttag auf meine Schultern. Seine Wärme war großzügig und wunderbar. Die Wahrheit, die das Buch Jesaja mir erschloss, kam zu einem Zeitpunkt, als ich keine Ausreden mehr hatte. Ich war an einem Tiefpunkt angelangt, erschöpft und ausgelaugt. In Jesaja 30,12-15 spricht Gott zu den Menschen über die vielen Versprechen, die er ihnen gegeben hat. Große Verheißungen, von denen sie noch nichts wissen. Der Fakt, dass sich diese Versprechungen nicht in der Zeit erfüllten, die sich die Menschen vorgestellt hatten, machte sie skeptisch gegenüber seiner Treue zu ihnen. Die harten Zeiten haben sie an seiner Liebe zweifeln lassen. Gott erklärte, dass jeder selbst die Wahl hätte, ob sich diese Versprechungen erfüllen, es liege am eigenen Antrieb eines jeden Menschen.

Seine Antwort habe ich so interpretiert: „Du verabscheust dieses Wort, von dem ich spreche. Du vertraust lieber auf ein System, das dich in den Ruin getrieben hat. Ja, du verlässt dich sogar mehr auf es als auf mich. Deshalb befindest du dich in dieser Situation, in der du gerade bist. Du misstraust der Wahrheit, und dieses Misstrauen ist wie eine hohe Mauer, vor der du Angst hast. Aber du musst sie überwinden, damit es nicht zum Zusammenbruch kommt. Du willst nicht das Gefäß sein, das unbarmherzig zu Boden geschmettert und in alle Fragmente zerbrochen wird. Denn alles, was bei diesem Akt der Zerstörung übrig bleiben wird, sind die Scherben des Versprechens.

Höre dir jetzt die Lösung für dein Problem an. In der Rückkehr zu dir selbst, in der Ruhe, wirst du gerettet. In der Ruhe und im Vertrauen liegt deine Stärke. Aber immer noch bist du nicht bereit, das Einfache zu tun. Du willst lieber das tun, was schwer ist, du willst lieber kämpfen, als zu ruhen, lieber unter dem Gefühl der Verpflichtung versinken, als zu lernen, wie man sich dem Frieden hingibt. Nein, du wartest auf den Segen, statt darauf zu vertrauen, dass du ihn bereits hast. Du willst lieber sehen, als zu glauben – du hast Angst vor der Ruhe."

Wenn Sie nach dieser Bibelstelle suchen, werden Sie feststellen, dass ich sie nicht Wort für Wort zitiert habe. Ein Zitat hätte nicht die Kraft gehabt, das Feuer in meinem schwelenden Leben zu entfachen. An diesem besonderen Tag wurden diese Worte lebendig, und als ich die einfache Schrift las, wurde sie zu einer Botschaft. Sie konfrontierte mich mit meinen Ausreden und rief mich aus meinem Versteck heraus. Sie forderte mich heraus, an Ort und Stelle zu bleiben, und warnte mich vor der Zerstörung, die kommen würde, wenn ich nicht reagierte. Es war ein Ruf aus dem innersten meines Herzens: „Kehre um und ruhe dich aus!"

Gott hatte recht: Ich hatte Angst vor der Ruhe. Ich hatte jedes Recht, Angst vor ihr zu haben. Ruhe ist ein beängstigendes Unterfangen, wenn man für alles, was man hat, gearbeitet hat. Privilegien waren nicht in meinem Geburtsrecht inkludiert. Das bessere Leben hatte einen hohen Preis, und der wertvollste davon war meine Seele. Ich empfand diesen Preis nicht mehr als akzeptabel. Er ist auch für Ihr Leben inakzeptabel.

Es ist an der Zeit, Ruhe zu geben, eine Pause einzulegen und mit den Ausreden aufzuhören, die wir haben, um den Status quo aufrechtzuerhalten. Verabschieden wir uns von der Vorstellung, dass endlose Arbeit der Zweck ist, der alle Mittel heiligt. Hören wir damit auf, jedes Versprechen mit unserem Blut, unserem Schweiß und unseren Tränen zu erfüllen. Kehren wir zurück zu den Anfängen, als Ruhe noch notwendig und uns heilig war. Als Ruhe nicht als Schwäche galt und Vertrauen nicht etwas war, was man fürchtete. Als man die Ruhe als das anerkannte, was sie wirklich ist: ein notwendiger Bestandteil eines lebenswerten Lebens. Es ist an der Zeit für ein Leben, das erfüllt von Ruhe, Stille und Vertrauen ist.

Kehren Sie zur Quelle Ihrer Kraft zurück und retten Sie sich selbst. Ruhe ist Erlösung. Sie holt Sie vom Abgrund zurück und füllt die Leere, die sich täglich in unsere Tage ergießt. Ruhe ist ein Vorgeschmack auf den Himmel. Sie ist genau das, was wir vermisst und wonach wir gesucht haben. In der eiligen Suche nach einem leichteren Leben sind wir in Richtung mehr Aktivität gerannt und haben uns allem anderen zugewandt, nur nicht der Ruhe. Wir rennen von der Ruhe, die wir so dringend brauchen, hin zu einem Leben, das verzweifelt nach Erlösung sucht. Jetzt frage ich: „Wovor rennen Sie davon und wohin wollen Sie?"

Ein paar Monate vor meinem vierzigsten Geburtstag beschloss ich, meinen ersten Halbmarathon zu laufen. Das wäre eine großartige Idee gewesen, aber ich war noch nie in meinem Leben gelaufen und war nicht in besonders guter Form. Das hielt mein ehrgeiziges Ich jedoch nicht davon ab, sich zu diesem Halbmarathon im Februar anzumelden. Ich würde fünf Monate Zeit haben, um meinen Körper in Form zu bringen. Jedes Ziel ist mein Freund. Gib mir ein klares Ziel und ich werde es erreichen. Gib mir etwas Abstraktes wie Ruhe und ich renne gegen den Wind. 21,9 Kilometer waren ein konkretes Ziel. Laufen, gehen, kriechen oder rollen, auf die eine oder andere Weise würde ich es schaffen, die Ziellinie zu überqueren.

An einem tristen Morgen machte ich mich auf den Weg zum Training – vor mir lag eine Strecke von 16 Kilometern. Es war kalt, ein peitschender Wind blies mir ins Gesicht. Es war so kalt, dass ich nach dem Lauf schweißgebadet zu meinem Auto zurückkehrte. Wussten Sie, dass Schweiß gefrieren kann? Ich hatte keine Ahnung. Das sind die Dinge, die man im Medizinstudium nicht lernt. Man erfährt auch nicht, dass sich die Beine beim Training für einen Halbmarathon am Ende des Laufs wie Gelee anfühlen.

Ich ließ mich in mein Auto fallen, und in der Sekunde, in der mein Körper den Sitz berührte, entstand eine Staubwolke. Ich sprang doppelt so schnell aus dem Auto, wie ich hineingestiegen war. Der Schreck kann einen Körper schnell bewegen. Ich untersuchte den Sitz und fand nichts. Inzwischen war mir mehr als nur kalt und ich dachte nur noch an eine heiße Dusche. Ich schleppte meinen schmerzenden Körper zurück ins Auto, und sobald ich mich auf dem Sitz niedergelassen hatte, stieg erneut eine kleine Staubwolke auf. Da wurde es mir klar. Ich zog meine Joggingjacke aus und entdeckte eine feine Schicht aus weißem Pulver auf meinen Armen. Das Salz meines Schweißes war getrocknet und hatte einen pudrigen Rückstand hinterlassen. Das Leben ist wie das Training für einen Marathon. Jeder ist für sein eigenes Rennen verantwortlich. Was man hineinsteckt, kommt auch wieder raus. Wenn man sein Tempo steigern will, muss man an den Grundlagen arbeiten. Laufen ist am effektivsten, wenn es mit angemessenen Ruhe- und Erholungsphasen kombiniert wird. Das wonach Sie suchen, wird sie erst einholen, wenn Sie langsamer werden. Und manchmal braucht man ein T-Shirt, auf dem steht: „Bitte entschuldigen Sie die Staubwolke, ich lebe eben schnell."

Die Ruhe offenbart Dinge über uns selbst, und dieser Prozess kann chaotisch sein. Vielleicht finden Sie etwas, was Sie nicht erwartet haben. Vielleicht stoßen Sie auf Ängste, von denen Sie nie wussten, dass Sie sie haben. Und was noch viel wichtiger ist: Vielleicht entdecken Sie auch, dass Sie die Energie haben, sich diesen Ängsten zu stellen. Ruhe macht Sie frei, sich für Ihr Leben zu öffnen.

Die Ruhe ist das Geheimnis eines gut gelebten Lebens: Im Ausruhen finden Sie die Freiheit, das Leben zu leben, das Sie sich wünschen. Die Ruhe gibt Ihnen die Kraft, alles zu tun, zu sein und zu überwinden, dem Sie derzeit machtlos gegenüberstehen. Indem Sie ruhen, öffnen Sie die Tür zu einer Macht, von der Sie nie zu träumen gewagt haben.

Darf ich ganz offen sein? Viele von uns flüchten vor der Ruhe, weil sie oft für uns impliziert, dass wir dann aufgeben würden. Ausruhen sieht aus wie Warten und fühlt sich nicht wie Fortschritt an. Das ist die Lüge, die das Leben uns glauben machen will. Lügen sind nichts anderes als verdrehte Wahrheiten, die auf eine Enthüllung warten. Ein ausgeruhtes Leben erfordert ein empfindliches Gleichgewicht zwischen Reduktion und Wachstum. Es muss etwas reduziert oder beschnitten werden, damit etwas Neues daraus wachsen kann. Ruhe ist nicht immer angenehm, aber sie steuert den Aktivitäten, den Beziehungen und den Situationen, die uns auslaugen, entgegen.

Die Reise ist nicht immer bequem. Sie fühlt sich nicht immer richtig an. Ich möchte nicht, dass Sie erwarten, dass sich jedes Mal, wenn Sie sich Zeit zum Ausruhen nehmen, der Himmel öffnet und die Engel singen. Ja, es wird einige wunderbare Momente geben, in denen sich alles zusammenfügt und Sie eine sofortige spürbare Veränderung spüren. Aber es wird auch Zeiten geben, in denen der Grad der Erschöpfung es erforderlich macht, dass Sie fleißig die Ruhe suchen, die Sie brauchen, bis endlich eine Veränderung eintritt.

12

Einen Platz im Leben finden, der uns gefällt

Manche Frauen laufen, sie aber schlenderte. Als sie den Raum betrat, verströmte sie eine Aura von Selbstvertrauen und Zuversicht. Viele schlossen sich meinem unverhohlenen Staunen über dieses unbekannte Wesen an, das wie eine Königin zum Treffen unserer Gebetsgruppe erschien. Stille ist ein gnädiger Raum, aber wenn die Stille ein Gespräch erfasst, dann ist da wenig Gnade. Wir, die Mamas mit den Stressfalten im Gesicht und den Extrapfunden, die wir auf den emotionalen Stress schoben, waren nicht in der Stimmung, Gnade walten zu lassen. Wir waren zu müde, um solch eine schwere Aufgabe zu bewältigen. Also taten wir so, als hätten wir sie nicht gesehen, als hätten wir nicht bemerkt, dass sie in unsere Komfortzone eindrang.

Zufriedenheit hat eine Qualität, die sich nicht ignorieren lässt. In der Gegenwart von jemandem, der in seinem eigenen Leben angekommen ist, spürt man eine enorme Bereitschaft, es ihm gleichzutun und sich auf Beziehungen einzulassen. Die Neugierde zwang mich dazu, mich in der Nähe dieser Frau aufzuhalten. Wenn du vor der Wahl stehst, jemanden zu beneiden oder ihm zu begegnen, dann wähle immer die Begegnung.

Wir fingen an zu beten, insbesondere für unsere Kinder, doch mein Herz war nicht in der Lage, Bitten an den Himmel zu richten. Zwar befand ich mich in einer Gebetshaltung, mit gesenktem Kopf und geschlossenen Augen, aber mein Geist hatte sich aus dem Austausch zurückgezogen. Ich war eifersüchtig und das, obwohl ich nichts über die Unbekannte wusste. Ich hatte keine Informationen über ihr Leben, ihren sozioökonomischen Status oder ihren beruflichen Werdegang. Verdammt, ich wusste nicht einmal, wer ihre Kinder waren. Ich war neidisch darauf, dass sie sich in ihrer eigenen Haut so wohlfühlte. An keinem anderen Punkt in meinem Leben war mir jemals so bewusst geworden, wie tief eine Sehnsucht sein kann, wenn man mit eigenen Augen sehen kann, was möglich ist. Als ich an diesem Tag diese mir unbekannte Frau und Mutter sah, die so viel Selbstbeherrschung und Glück ausstrahlte, stachelte mich das an, mehr zu wagen. Die Aura ihrer Zufriedenheit zeugte von der ungezügelten Kraft ihres Lebens.

Schreiben Sie es meiner neugierigen Natur zu, aber ein Teil von mir hinterfragt immer das Offensichtliche. Ich war nicht davon überzeugt, dass ihr Glück echt war. Das oberflächliche Spiegelbild eines Lebens ist nicht immer die wahre Reflexion des Herzens. Als Ärztin erlebe ich ständig, wie Menschen demaskiert werden. Ich sehe nicht die Fassade dessen, was sie zu sein hoffen, sondern die Realität. Ich sehe, wer sie sind. Ich sehe sie nackt. Ohne die Lügen und ohne die falschen Floskeln wie einem „Mir geht's gut". In meinem Job wird die Wahrheit zur eigenen Medizin. Nicht nur die Wahrheit darüber, wer man ist, sondern auch die über die eigene körperliche, emotionale und geistige Gesundheit. Die Wahrheit darüber, wo und wie man lebt.

Ich beschloss, mit der Frau, die ich da beneidete, Freundschaft zu schließen. Ihre Schwester im Geiste zu werden. Mein Neid forderte mich auf, tiefer in ihr Leben einzudringen, um zu sehen, ob ihre Wahrheit wirklich war. Ich wollte unbedingt erfahren, was unter der Oberfläche ihrer Entschlossenheit lag. Was war das Geheimnis solch eines Lebens voller Freude und Glück? Was mir offenbart wurde, war so viel tiefer als alles, was ich je erwartet hatte. Ich wollte eine schnelle Lösung für die lebenslangen Veränderungen, die ich brauchte. Diese unbekannte Frau zeigte mir einen entschleunigten Ansatz für ein beschleunigtes Leben.

Es ist schwer, mit jemandem befreundet zu sein, der nicht freundlich ist. Ich würde gerne sagen, dass ich vor guten Gefühlen gegenüber der Unbekannten nur so triefte. Aber das war nicht der Fall. Doch durch eine Fügung des Schicksals saß sie auf einmal neben mir. Unsere gefalteten Hände im Gebetskreis bildeten eine körperliche Verbindung, lange bevor unsere Herzen zueinander fanden. Ich war bereit, ihre Wahrheit zu leugnen. Ich war bereit, ihrem Glück zu begegnen, zu sehen, wie ihr wahres Leben aussah. In Ihren Augen fand ich keine Täuschung. Ich spürte, dass sie authentisch war. Sie war, wer sie war, ohne Entschuldigung. Und so verschmolzen unsere Leben von diesem Tag an. Ich trat in ihr Leben ein und sie in meines. Meine Familie aß mit ihrer zu Abend, unsere Kinder spielten zusammen. Ich hielt ihr Baby, und sie meines. Ich drang in die Oase ihres Lebens ein, wie eine Frau, die zu lange in der Wüste gefangen war.

An einem Wochenende beschlossen wir, einen Ausflug zu einem Frauentreffen zu planen. Nur wir beide, ohne Ehemänner und Kinder. Es sollte ein Moment sein, in dem wir aus unserem gewohnten Umfeld ausbrechen konnten, frei von der Verantwortung für die Familie. Die Babys blieben bei den Vätern, während wir uns Zeit für ein fröhliches Wochenende nahmen. Es sollte eine Gelegenheit sein, uns noch näherzukommen, indem wir den gemeinsamen Wünschen unserer Herzen, unseren Sehnsüchten und Leidenschaften folgten.

Wir trafen uns in getrennten Autos am Hotel, nur für den Fall, dass das Leben uns mit einem kranken Kind oder einem anderen häuslichen Notfall einen Strich durch die Rechnung machen würde. Die Eingangshalle unseres Hotels glich einem Lichtermeer – und wir waren bereit, das Wochenende zu feiern.

Zahlreiche Coaches sollten an diesem Wochenende zugegen sein, darunter einige Frauen, die dafür bekannt sind, sehr ehrlich und offen über ihr Leben zu sprechen. Das Event verlief genauso, wie wir es erwartet hatten. Es wurde viel gelacht und wir hatten eine großartige Zeit mit vielen gleichgesinnten Frauen. Am späten Abend saßen wir in unseren parallel gestellten Betten und plauderten über den Tag, bis das Unvermeidliche geschah. Die Stille. Sie legte sich wie ein ehrfürchtiges Schweigen über den Raum, doch dieses Mal folgte die Gnade. Nun war die unbekannte Mutter keine Fremde mehr. Ich sah sie nicht mehr mit den Augen der Rivalität, sondern mit denen der Kameradschaft. Jetzt war sie jemand, dessen öffentliches Leben sich als Spiegelbild ihres vorher geheimen erwiesen hatte.

Versteckt im Verborgenen

„Bist du glücklich?“, fragte sie mich.

Glücklich. Dieses Wort bedarf der Klärung. Glück, oder besser gesagt, das Streben danach, ist mein lebenslanges Ziel. Es ist mein wichtigstes Ziel, das ich täglich anstrebe, aber oft verfehle. Dieser Glückszustand ist knapp außerhalb meiner Reichweite geblieben, dennoch scheint er greifbar genug, um mich an die Möglichkeit, ihn doch irgendwann einmal zu erreichen, zu erinnern.

„Klar, ich bin so glücklich wie alle anderen Frauen“, antwortete ich. „Was ist, wenn alle anderen Frauen nicht glücklich sind?“, entgegnete sie. Diese Worte meiner Freundin gruben sich tief in mein innerstes Wesen. Sie bohrten einen Zugang in meine Seele – Hoffnung strömte hinein und der Zweifel sickerte heraus. Ich musste aufhören so zu denken, als gäbe es eine allgemeingültige Definition von Glück und ein Zeitlimit, es zu erreichen.

Manchmal geht das Licht ganz plötzlich an. Dann gibt es Zeiten, da muss man im Dunkeln herumtasten, um den Schalter zu finden. Manchmal kommt das Glück auch schrittweise und dann auf einmal ganz plötzlich.

„Wir verdienen es, glücklich zu sein, aber wir müssen auch bereit sein, das Glück für uns zu entdecken. Wir müssen tief in die Dunkelheit gehen, über unsere Ängste und Unsicherheiten hinweg, bevor wir einen Blick darauf erhaschen können. Ich bin am glücklichsten, wenn ich in der Welt bin, aber nicht von dieser Welt. Wenn ich mich nicht an materiellen Dingen orientiere, sondern an denen, die einen ewig währenden Wert haben. Ich bin am glücklichsten, wenn mein Leben Raum hat, sich auszudehnen, und ich die Freiheit habe, mich mit ihm zu entfalten. Das Leben, das Sie suchen, steht Ihnen bereits zur Verfügung; Sie haben sich nur bis jetzt nicht die Freiheit genommen, es zu erforschen. Ihre Entscheidungen schaffen entweder Raum oder sie nehmen ihn. Finden Sie den Ort, an dem sich Ihre Seele ausruhen möchte, und verweilen Sie dort. Dort werden Sie das Geheimnis eines erfüllten Lebens finden."

Es ist unnötig zu sagen, dass ich in dieser Nacht nicht viel geschlafen habe. Ich fühlte mich wie ein Kanarienvogel, der aus seinem Käfig befreit wurde und zurückblickte, um ein Lied der Ermutigung für diejenigen zu singen, die noch gefangen waren. Ich war durch familiären Druck, Arbeitsstress und tägliche Müdigkeit gefangen, aber diese Gefangenschaft verlor ihre Macht, mich zu kontrollieren. Unser Mädchenwochenende endete am nächsten Abend, aber die Lebenslektionen gingen weiter.

Biene sein oder nicht sein?

Ich liebe Biologie, und zum Glück sind meine beiden Söhne genauso fasziniert von der Schöpfung. Als einer meiner Jungs neugierig vorschlug, das Innenleben der Honigbienen zu erforschen, war ich mehr als glücklich, seine Studienkollegin zu sein. Es ist erstaunlich, wie etwas so Kleines und unbedeutend Wirkendes, so viel Süße und lebenswichtige Nahrung liefern kann. Wir gaben das Wort „Bienen" in die Google-Suche ein und durchstöberten einige Seiten voller interessanter

Fakten. Unsere Beharrlichkeit führte uns zu einem interessanten Video über den Lebenszyklus der Bienen und den Aufbau des Bienenstocks. Wir lernten, dass die Arbeitsbienen allesamt weiblich sind, die Drohnen männlich und die Königin nicht mehr Macht hat als alle anderen Bienen. Wir hörten, dass sie arbeiteten und arbeiteten und arbeiteten und arbeiteten, bis sie schließlich starben. Ihr Lebenszyklus endete inmitten endloser Arbeit.

Ist es möglich, etwas so Süßes und Schönes zu produzieren und trotzdem nie die Befriedigung zu erlangen, das, was man geschaffen hat, auch genießen zu können? Kann man sich die Gelegenheit entgehen lassen, das Gute, das vor einem liegt, zu kosten und zu erleben, weil man zu sehr darauf fixiert ist, noch mehr Gutes zu schaffen, das man vielleicht nie erleben wird? Ich wusste sofort, dass dies sehr wohl der Fall sein konnte.

Alles, was mein Leben ausmachte, zeugte von meiner Fähigkeit, Gutes hervorzubringen, während ich mich weiterhin dafür entschied, das Bittere in meinem Leben hinunterzuwürgen. Meine abenteuerlustigen Jungs tobten im Garten herum und entdeckten Heuschrecken, während ich lieber in meinem Gartenstuhl saß und E-Mails checkte. Wenn ich in den Armen meines Mannes lag, fragte ich mich, ob er die zusätzlichen Pfunde bemerkte. Ich schob das Gute, das mir begegnete, beiseite und hoffte, dass ich mich morgen daran erinnern würde, und verbrachte die meiste Zeit damit, das Bittere dem Süßen vorzuziehen. Das war ein echtes Problem, und die einzige brauchbare Lösung bestand darin, all das nachzuholen, was ich bisher verpasst hatte.

Das Geheimnis liegt im Mut, die Dinge auszuprobieren. Wenn Sie erst einmal auf den Geschmack eines ausgeruhten Lebens gekommen sind, wird Sie nichts anderes mehr zufriedenstellen. Der Zweck der Ruhe ist nicht nur, dass Sie erholsam schlafen und erfrischt aufwachen. Der Zweck der Ruhe ist, Ihnen die Möglichkeit zu geben, das Leben zu genießen, das Sie sich geschaffen haben. Wenn das Leben ein

Geschenk ist, ist die Ruhe die Einladung zu einem Fest. Die Ruhe lädt jeden ausgebrannten, erschöpften, müden Menschen dazu ein, die Schönheit seines Lebens zu entdecken.

Freudlose Arbeit tötet den Geist. Es ist ein Geschenk Gottes, wenn man Freude an der Arbeit findet. Wenn Sie ein Projekt abschließen oder eine Aufgabe erfüllen, sollten Sie niemals vergessen, sich an dem Endergebnis zu erfreuen. Akzeptieren Sie Freude als Teil einer guten Arbeit. Wenn Sie das Gute nicht sehen, führt das zu einem endlosen Kreislauf der Unzufriedenheit. Sie werden nie glücklich sein, wenn Sie sich hauptsächlich mit der Produktion von guten Dingen beschäftigen, aber weniger damit, das Gute auch zu erleben. Es gibt Bereiche in Ihrem Leben, die glänzen wie Honig. Können Sie sie wahrnehmen? Oder sind Sie zu sehr damit beschäftigt, sich auf die Arbeit zu konzentrieren, die noch zu erledigen ist? Versuchen Sie, diese Süße zu schmecken, und Sie werden Ihr Leben intensiver leben.

Das Geheimnis gut ausgeruhter Menschen

Ein entspanntes Leben ist ein Geheimnis, das im Verborgenen liegt. Es ist ein Leben im Einklang mit Gott, sich selbst und den anderen Menschen. Es ist ein Leben, das dadurch gestärkt wird, dass man die Erwartungen an andere zurückschraubt und die Erwartungen an sich selbst hochschraubt. Sie werden mit dem in Einklang gebracht, was Sie brauchen, um Ihr Bestes zu geben. Sie werden mit Ihren Stärken und Ihren Schwächen vertraut. Nutzen Sie diese Informationen, um sich auf die Bereiche zu konzentrieren, die gestärkt werden müssen, und lassen Sie diese Kraft auch in die fließen, die bereits stark sind. Sie finden Ihren Honigtopf, indem Sie leben, lieben, arbeiten, ruhen und einfach im Hier und Jetzt sind.

Sobald Sie Ihren Honigtopf gefunden haben, sollten Sie einige persönliche Grundregeln aufstellen, die Ihnen helfen, für sich selbst zu sorgen, damit Sie Ihr Bestes für andere geben können. Lernen Sie selbstbewusst Nein zu sagen, wenn Sie sich intuitiv danach fühlen. Erst wenn sich Ihr Körper, Ihr Geist und Ihre Seele erholen, werden Sie beginnen, das geheime Leben eines ausgeruhten Menschen zu erfahren.

Ich habe die sieben Geheimnisse gut erholter Menschen herausgefunden. Alle sind aus der Kraft der Ruhe geboren und setzen ein neues, unglaubliches Potenzial in Ihnen frei:

1. Verbiegen Sie Ihr Leben nicht, damit es in einen Raum passt, der für Ihre persönlichen Bedürfnisse zu klein ist. Sie könnten dabei zerbrechen.

2. Mehr ist nur dann besser, wenn Sie bereits ein System haben, um den Überfluss loszulassen. Andernfalls wird die Fülle Ihre Bewegungsfreiheit einschränken.

3. Ihre einzigen Grenzen sind die mentalen Fesseln, die Sie sich anlegen lassen. Anders denken geht vor anders handeln.

4. Die Wahrheit ist das ultimative Heilelixier. Verbringen Sie Zeit damit, sie zu suchen, um den Schaden lähmender Lügen zu beseitigen.

5. Wenn Sie sich aus dem Vertrauten in etwas Neues begeben, müssen Sie damit rechnen, dass Sie stolpern werden. Unbekanntes Terrain mag sich instabil anfühlen, aber es wird Sie zu Fortschritten führen.

6. Der Kampf gegen die Müdigkeit in Geist, Körper und Seele wird durch Unterordnung gewonnen. Was Sie heute absichtlich niederlegen, gewinnt in Zukunft an potenzieller Kraft.

7. Die Kraft zur Überwindung ständiger Aktivität liegt in den Tiefen der Hingabe verborgen. Es geht nicht darum, die Freiheit aufzugeben oder auf etwas Wertvolles zu verzichten, sondern

darum, die Bürde der Überforderung loszulassen, um ein entspanntes Leben genießen zu können.

Im nächsten Abschnitt werden wir die zwölf Gaben eines entspannten und erholten Lebens besprechen. Mein Tipp: Nutzen Sie die kleinen Übungen in diesem Buch als schnelles Treatment und gönnen Sie sich täglich eine Ruhephase.

All denen, die nie zur Ruhe gekommen sind, wünsche ich, dass Sie diese Ruhe finden. Denen, die einmal entspannt waren, aber diesen Zustand nicht mehr erreichen können, wünsche ich, dass die Ruhe zu ihrem täglichen Begleiter wird. Denjenigen, die sich derzeit der Ruhe erfreuen, wünsche ich, dass Sie sich bemühen, diesen Zustand aufrechtzuerhalten.

Teil II
DIE GABEN DER RUHE

„Jede gute und vollkommene Gabe kommt von oben.“

James 1,17 NIV

13

Die Gabe, Grenzen zu setzen

Der Plan steht schon seit Wochen fest. Heute ist der Tag, an dem Sie Ihre Seele umhegen und pflegen. Nicht nur Ihr Körper und Ihr Geist verlangen danach, auch ihr inneres Selbst. Sie reihen sich in die Autoschlange ein, um die Kinder zur Schule zu bringen. Sie winken, als sich ein Freund Ihrem Auto nähert. Jemand hat seine Mithilfe bei der heutigen Buchmesse abgesagt. Er ist auf der Suche nach Freiwilligen. Es ist ja nur eine Stunde, denken Sie sich, also sagen Sie zu. Aus einer Stunde werden zwei, und ehe Sie sich's versehen, haben Sie den halben Tag mit dem Sortieren von Kinderbüchern verbracht, aber Sie haben ja noch Zeit. Sie müssen nur noch ein paar Dinge für das Abendessen auf dem Markt besorgen, bevor Sie sich ausruhen. Der Supermarkt liegt direkt neben der Reinigung, also können Sie auch dort vorbeischauen und Ihre Sachen holen.

Im Supermarkt entdecken Sie ein Buch auf dem Ständer. Ihnen fällt ein, dass morgen der Buchclub auf dem Terminplan steht und Sie das letzte Buch bis jetzt nicht ausgelesen haben. Oh, und fast hätten Sie es vergessen – Sie müssen noch das Geburtstagsgeschenk für Ihre Mutter einpacken, bevor Sie sie morgen zum Mittagessen ausführen. Heute Abend wird es wohl spät werden, bis sie alles erledigt haben. Sie schauen auf die Uhr und sehen, dass noch eine Stunde Zeit ist, bevor Sie die Kinder von der Schule abholen müssen.

Eine Stunde Zeit für die Seele ist doch besser als nichts, oder? Sie nehmen sie sich. Aber gerade als Sie sich in einen bequemen Stuhl setzen, um zu entspannen, klingelt Ihr Handy. Ihre Schwester muss Ihnen unbedingt von dem Vorfall mit einer Arbeitskollegin erzählen, der sich heute ereignet hatte. Sie muss reden, also hören Sie zu. 45 Minuten später eilen Sie zur Schule. Auf dem Weg dorthin schnappen Sie sich einen Schokoriegel. Ein bisschen Schokolade für die Seele ist alles, wofür Zeit bleibt, bis Sie Ihre Kinder zum Fußballtraining und zum Klavierunterricht bringen. Nachdem Sie alle abgeholt haben, machen Sie sich auf den Weg nach Hause, um das Abendessen vorzubereiten. Die Nudelsoße köchelt leise vor sich hin, während Sie auf der einen Seite des Küchentischs Algebra und auf der anderen Biologie mit Ihren Kindern lernen. Zwei Stunden später ist das Essen fertig, der Tisch abgeräumt, und die Kinder gehen ins Bett. Die einzige Seelenpflege, die für den heutigen Tag übrigbleibt, ist der Schlaf. Ein weiterer gut gemeinter Tag ist vergangen, der von all den Gelegenheiten, in denen sie Ja gesagt haben, verschlungen wurde.

Ruhe ist kein Luxus, sie ist eine Notwendigkeit. Man braucht sie, um sich in das Leben derer einbringen zu können, für die man sorgt. Warum fällt es uns so schwer, Nein zu sagen, wenn wir gebeten werden, einem Freund zu helfen, oder etwas zu tun, worauf wir im Moment keine Lust haben? Muss die Arbeit getan werden? Auf jeden Fall. Arbeit wird immer nötig sein. Es wird immer Aktivitäten und Dinge geben, die Ihre Aufmerksamkeit erfordern. Doch all diese Dinge können nicht Vorrang vor dem haben, was Sie brauchen, um sich gut ausgeruht zu fühlen. Was raubt Ihnen die Ruhe? Die Beantwortung dieser Frage hilft Ihnen, zu verstehen, warum wir Grenzen brauchen. Erst wenn wir in unserem Leben Grenzen setzen, können die Gaben der Ruhe unser Leben positiv beeinflussen.

Persönliche Grenzen helfen, die eigene Identität zu definieren. Grenzen schaffen Raum zwischen Ihnen und anderen. Sie ermöglichen es Ihnen, Ihren eigenen Platz in jeder Beziehung zu erkennen. Es sind die Linien, die klar um Ihren Körper, Ihre Gefühle, Ihren Verstand und Ihren Geist gezogen sind. Sie zeigen, wo Ihr persönlicher Raum beginnt und endet – und wo er sich mit dem anderer überschneidet. Grenzen helfen uns zu erkennen, was uns wichtig ist. Sie verlangen von uns, dass wir unsere Wünsche und Bedürfnisse genau beleuchten. Sie helfen uns herauszukristallisieren, was wir brauchen. Sie zeigen uns, was wir benötigen, um uns sicher, geliebt und respektiert zu fühlen. Ohne diese Grenzen neigen wir dazu, die Kontrolle über unseren Tag und unsere Aktivitäten zu verlieren. Wir werden zu Ja-Sagern.

Grenzen helfen Ihnen, stärkere Beziehungen aufzubauen. Sie schützen Sie, damit sie nicht von den Plänen anderer abgelenkt oder manipuliert werden. Sie sorgen dafür, dass Sie sich nicht von Ihren Unsicherheiten leiten lassen. Grenzen stabilisieren Sie und bilden die Grundlage dafür, dass Sie anderen Menschen helfen können, Ihre persönlichen Grundbedürfnisse zu erfüllen. Bei persönlichen Grenzen geht es nicht darum, egoistisch zu sein. Es geht um Selbstfürsorge und darum, die eigenen Grenzen und Möglichkeiten zu verstehen. Undefinierte Grenzen sind der Grund dafür, dass viele gestresst und emotional erschöpft sind. Wenn wir anderen gegenüber keine Grenzen setzen, öffnen wir verletzten Gefühlen und unnötigem Beziehungsstress Tür und Tor und belasten unsere körperlichen, emotionalen, sozialen, geistigen und spirituellen Ressourcen. Diese sind jedes Mal erschöpft, wenn wir zähneknirschend Ja sagen, obwohl wir eigentlich Nein meinen.

Jedes Mal, wenn wir es vermeiden, authentisch zu sein, indem wir anderen nicht die Wahrheit sagen, gehen wir an unsere letzten Ressourcen. Anstatt eines ehrlichen Neins geben wir höflich die Zustimmung, unsere Ressourcen anzuzapfen. Also, was ist schädlicher: ein nachtragendes Ja oder ein aufrichtiges Nein? Was verursacht mehr Schmerz: die Wahrheit zu sagen oder eine Lüge auszusprechen, die letztendlich keinem hilft? Sind es die Gefühle des anderen, die wir schonen wollen, oder ist es unser Wunsch, eine Beziehung nicht durch die Wahrheit zu gefährden?

Gesunde Grenzen haben ein gesundes Verhältnis zur persönlichen Wahrheit. Wenn Sie zulassen, dass Familie und Freunde Ihre Grenzen nicht akzeptieren, ermöglichen Sie es anderen, Sie zu verletzen oder sich Ihnen gegenüber noch egoistischer zu verhalten. Ihre Grenzen werden nicht jedem gefallen. Grenzen sind per definitionem konfrontativ. Sie sind Abgrenzungen in unserem Leben, die anderen zeigen, wie weit sie gehen können. Sie zeigen, was wir tolerieren und was nicht, und sie sind Leitlinien, die uns helfen zu erkennen, wann wir unsere eigenen Grenzen nicht mehr einhalten.

In der Vergangenheit habe ich es vor allem deshalb vermieden, Nein zu sagen, weil ich niemanden enttäuschen oder verärgern wollte. Was ich nicht geahnt habe, ist, dass es genauso schädlich ist, sich selbst zu verärgern und zu enttäuschen, indem man Entscheidungen trifft, die nicht dem eigenen Herzen entsprechen. Lernen Sie Nein zu sagen. Haben Sie Mitgefühl mit Ihrer Seele und seien Sie gnädig mit sich selbst, indem Sie Ihre Grenzen durchsetzen. Setzen Sie Prioritäten für die Menschen und Dinge, die für Sie an erster Stelle stehen sollen, und halten Sie an Ihrer Überzeugung fest.

Meist sind es die gutmütigen Menschen, die wir ganz besonders schätzen, die keine klaren Grenzen ziehen. Dazu gehört die Freundin, die man in letzter Minute um Hilfe bittet, weil man weiß, dass sie alles stehen und liegen lassen wird, um einem spontan zu helfen. Das ist die Person, von der Sie wissen, dass sie Ihnen ein Ja geben wird, auch wenn es nur widerwillig ist. Auch Sie selbst könnten diese Person sein. Vielleicht sind Sie diejenige, auf die sich jeder verlässt und die immer genau dann einspringt, wenn andere ausfallen. Vielleicht ist es genau Ihre Telefonnummer, die auf der Kurzwahltaste steht, wenn es darum geht, in letzter Minute Brownies für den morgigen Kuchenverkauf zu backen. Eventuell sind Sie es, die frühmorgens per SMS darum gebeten wird, irgendwo zu helfen. Es ist nichts falsch daran, hilfreich zu sein, wenn es zu den eigenen Werten und Prioritäten passt. Aber es ist nicht richtig, Ja zu sagen, wenn dies nicht dem eigenen Herzenswunsch entspricht, sondern nur aus der Angst heraus passiert, jemand anderen enttäuschen zu müssen.

Ich kann mich mit diesen menschenfreundlichen Eigenschaften identifizieren. Auch ich habe oft Ja gesagt, obwohl ich es eigentlich nicht wollte. Ich erinnere mich an einen Abend, an dem ich den Tränen nahe in der Küche stand und versuchte, ein Projekt für die Klasse meines Sohnes fertigzustellen. Die Lehrerin fragte mich, ob ich ihr dabei helfen würde. Natürlich habe ich Ja gesagt. Ich bin nicht sehr talentiert, was die Kunst oder das Handwerk betrifft, und damit die letzte Person, die für dieses Projekt zuständig sein sollte. Ich fand mich dabei wieder, einen klebrigen Glibber zu mischen, um einen Vulkan für den Naturwissenschaftsunterricht zu bauen. Als die rote Farbe neun meiner zehn Finger eingefärbt hatte, war ich weit davon entfernt, hilfsbereit zu sein oder ein Lächeln aufzusetzen, als ich das Ding endlich in den Klassenraum tragen konnte. Der Vulkan und ich waren heiß und feurig genug und bereit zum Ausbruch.

Ein Leben, das durch persönliche Grenzen gesichert wird, ist selbstbewusst und steht im Einklang mit den eigenen Werten. Es basiert auf unseren Entscheidungen und Prioritäten. Diese Grenzen, die wir uns setzen, um Ruhe zu finden, basieren darauf, dass wir die Gründe, die sich hinter jedem einzelnen Ja verbergen, analysieren. Das heißt, dass wir begreifen, was ein Ja innerhalb unserer Grenzen von dem außerhalb unserer Grenzen unterscheidet. Jedes Ja, das aus Angst, Schuld, Scham oder Unsicherheit gegeben wird, sollte ein Nein sein. Sorgen Sie dafür, dass Ihr Ja echt ist, das Gleiche gilt für Ihr Nein.

Ihre Grenzen werden stärker, wenn Sie diese definieren und die Wahrheit darüber akzeptieren, was notwendig ist, um Ihr Leben wiederherzustellen und zu verbessern. Es ist gesund, den eigenen Bedürfnissen Vorrang zu geben, manchmal sogar vor denen, für die man sorgt. Erwarten Sie nicht, dass andere Ihnen die Erlaubnis geben, sich um sich selbst zu kümmern. Erkennen Sie, was Sie brauchen, um Ihr Bestes geben zu können und die Dinge zu tun, für die Sie bestimmt sind. Finden Sie den Mut, Ihr Leben vor Übergriffen zu schützen.

Warten Sie nicht länger, beginnen Sie jetzt damit, Ihre persönlichen Grenzen zu analysieren, damit Sie wissen, wie gut Ihre Blockaden funktionieren, wenn Sie etwas nicht in Ihr Leben lassen wollen. Welche Eigenschaften, Beziehungen und Erfahrungen haben für Sie hohe Priorität? Was wollen Sie schützen? Stress oder Glück? Wut oder Freude? Anspannung oder Frieden? Mit den Grenzen, die Sie setzen, schützen Sie die fruchtbaren Bereiche Ihres Lebens davor, ausgebrannt, ausgelaugt und erschöpft zu werden. Jedes Ja, das aus Pflichtgefühl herausgegeben wird, ist wie ein Dieb, der sich auf Ihr Feld schleicht und die Früchte Ihres Lebens stiehlt. Diese Zugeständnisse, die Sie eigentlich nicht machen möchten, schwächen Sie und verhindern, dass Sie Ihr wahres Potenzial entfalten können.

Ihr Leben war nie dazu bestimmt, in ständiger Erschöpfung gelebt zu werden. Sie sind nicht dafür geschaffen, pausenlos zu geben, ohne einen Plan, wie Sie Ihre Reserven wieder auffüllen können. Wie reagieren Sie auf Unterbrechungen der täglichen Ruhe? Was antworten Sie, wenn andere an Ihre persönlichen Grenzen stoßen? Oft neige ich in solchen Situationen dazu, in die Defensive zu gehen. Ich verteidige mein Recht auf Entspannung. Ich kämpfe gegen die Versuchung, die mich wieder in die Arbeit hineinziehen will.

Ein defensives Leben führt zu unnötigem Energieaufwand. Diejenigen, die am erfolgreichsten darin sind, gut ausgeruht zu leben, sind diejenigen, die proaktiv einen Lebensstil der Ruhe anstreben. Sie grenzen die Momente, die uns Kraft, Energie, Gnade, Intimität und Konzentration geben, nicht aus. Sie schätzen alles, was für ihre Ruhe wichtig ist. In der Quintessenz bedeutet das, dass Sie eventuell auch einen Menschen enttäuschen müssen. Es bedeutet, wahrhaftig zu sein, auch wenn es sich vielleicht nicht angenehm anfühlt. Es bedeutet, für die Ruhe einzutreten, die Ihre Seele braucht. Grenzen der Ruhe sind gesund, sie müssen Ihnen heilig sein.

Als Arztin fühle ich mich oft zum Lukas-Evangelium hingezogen, da dieser ebenfalls in der Medizin tätig war. Damals war die Medizin noch darauf ausgerichtet, Menschen zu heilen – und zwar in allen Bereichen ihres Lebens. Es ging nicht darum, Pillen zu verschreiben; es ging darum, Lebenskraft zu verordnen. Lukas seziert das Leben Jesu als eine Suche nach der Quelle allen Glücks, aller Freude und allen Friedens. Er offenbart das Innenleben eines gut ausgeruhten Lebens, indem er persönliche Grenzen aufzeigt, die Jesus in seinem eigenen Leben gesetzt hat. Diese Grenzen stimmen mit den sieben Arten der Ruhe überein, die wir im ersten Teil dieses Buches besprochen haben.

Wir haben oft das Gefühl, dass es viel zu viel zu tun gibt, aber einige der Dinge, die auf unserer To-do-Liste stehen, sind nicht Teil von Gottes Plan für unser Leben. Unsere Absichten mögen rein sein, aber er wird nicht erfreut darüber sein, wenn wir uns zu Tode arbeiten.

Ein Großteil des Drucks, den wir verspüren, wenn wir mehr tun und mehr sein wollen, kommt nicht von Gott, sondern von unseren eigenen Ambitionen, von Arbeitgebern, der Familie oder von Freunden. Betrachten Sie die Beispiele Jesu für die heiligen Grenzen der Ruhe, wenn Sie beginnen, die Grenzen zu überprüfen, die Sie sich setzen. Beurteilen Sie kritisch, wie Sie Ihre persönlichen Bedürfnisse einschätzen, und stellen Sie fest, ob es Grenzen gibt, die Sie festigen müssen. Mit jeder Grenze, die Sie ziehen, gewinnen Sie ein besseres Verständnis für Ihre Identität und Ihr Selbstwertgefühl.

Grenzen und Gott

Emotionale Grenzen schützen Sie vor dem Missbrauch durch andere. Jesus wehrte sich beispielsweise gegen eine

Menschenmenge, die ihn von einer Klippe stürzen wollte, weil er behauptete, der Messias zu sein (siehe Lukas 4,28-30).

Sinnesgrenzen schützen Sie vor Müdigkeit und Überreizung. Jesus zog sich oft von den Menschenmengen an einsame Orte zurück, um zu beten (siehe Lukas 5,15-16).

Physische Grenzen schützen Ihre Gesundheit. Lassen Sie mich dazu folgendes Beispiel aufführen: Eines Tages sagte Jesus zu seinen Jüngern: „Lasst uns auf die andere Seite des Sees fahren." Also stiegen sie in ein Boot und fuhren los. Während sie fuhren, schlief er ein (Lukas 8,22-23).

Soziale Grenzen schützen vor der Perfektionismus-Falle. Als Jesus mit Hunderten von hungrigen Menschen konfrontiert wurde, erweiterte er die Gnade Gottes. Er entschuldigte sich nicht für die magere Mahlzeit, die er seinen Gästen anbot. Nein, er nahm fünf Brote und zwei Fische, blickte zum Himmel auf, segnete sie, brach sie in Stücke und reichte sie seinen Jüngern, damit diese sie der Menge servierten. Alle aßen und wurden satt (siehe Lukas 9,10-17).

Soziale Grenzen sind auch für Ihren inneren Kreis von Bedeutung. Jesus nahm Petrus, Johannes und Jakobus, seine drei engsten Freunde, mit auf einen Berg, um zu beten, und dort offenbarte er ihnen die Wahrheit (siehe Lukas 9,28).

Spirituelle Grenzen schaffen Raum für ungestörte Intimität. Auf die Frage nach dem wichtigsten Gebot antwortete Jesus: „Du sollst den Herrn, deinen Gott, lieben von ganzem Herzen, von ganzer Seele, von ganzer Kraft und mit deinem ganzen Gemüt; und du sollst deinen Nächsten lieben wie dich selbst" (Lukas 10,27 NIV).

Mentale Grenzen schützen Ihre Prioritäten. Jesus sagte: „Keiner kann zwei Herren dienen. Er wird den einen hassen und den anderen lieben, oder er wird dem einen ergeben sein und den anderen verachten“ (Lukas 16,13 ESV).

Wer schöpferische Grenzen setzt, der übergibt sein Leben der Souveränität Gottes. Jesus war versucht, von der Angst vor dem Kreuz überwältigt zu werden. Er hat sie überwunden, indem er losgelassen hat. Er beschloss, die Dinge nicht zu erzwingen, sondern auf Gottes Willen zu vertrauen. Er sagte: „Vater, wenn du willst, nimm diesen Kelch von mir; doch nicht mein, sondern dein Wille geschehe“ (Lukas 22,42 NIV).

14
Die Gabe der Reflexion

Vor meinem Haus befindet sich ein Teich. Manchmal, wenn ich aus meinem Küchenfenster schaue, sehe ich die Tiere der Umgebung, wenn sie zum Trinken kommen. Einmal wanderte eine kleine Herde von Rehen in den Garten. Ich beobachtete erstaunt, wie sieben Rehe auf der üppig grünen Wiese rund um das Wasser grasten und abwechselnd nach möglichen Feinden Ausschau hielten. Das kleinste Tier hielt sich zurück und blieb dicht bei seiner Mutter. Schließlich näherte es sich dem Wasser und ging in den Teich. Die Aufregung über das Erlebnis schien es zu übermannen. Es plätscherte und tanzte am Rand des Teiches herum und spritzte das Wasser in alle Richtungen. Das ging viele Minuten lang so weiter.

Noch lange, nachdem der Rest der Herde in die umliegenden Wälder zurückgekehrt war, ließ sich das kleine Reh nicht beirren. Es stand wie hypnotisiert am Wasser, während seine Mutter ihm zusah. Ich weiß nicht, was es so fasziniert hatte, aber wenn ich an dieser Stelle stehe, bin auch ich überwältigt von dem, was ich in den Tiefen des Teiches sehe. Ich kann es mir nur so erklären: So wie die Oberfläche des Teiches die Schönheit des Himmels widerspiegelt, so spiegelt die Seele das Bild Gottes wider, wenn sie in die heilige Ruhe eintritt. Über das Leben nachzudenken ist ein Geschenk, das über das Potenzial verfügt, uns zu verändern und zu erbauen.

Reflexion kann ein spiegelähnliches Bild sein, das von einer Oberfläche zurückgeworfen wird, oder es kann das Zurückblicken auf eine Situation oder Erfahrung sein. Beide Definitionen beziehen sich auf das

Zurückgehen, die eine auf eine frühere Zeit und die andere auf ein ursprüngliches Bild. Wir haben immer das Bedürfnis, uns zu besinnen. Manchmal müssen wir eine Lektion aus der Vergangenheit lernen. Ein anderes Mal entsteht das Bedürfnis nach Reflexion, weil wir uns daran erinnern müssen, wer wir sind. Wenn ich am Ufer des Wassers stehe, sehe ich ein Spiegelbild von Gott. Nicht, weil ich perfekt oder etwa heilig bin. Dieses Bild kommt nicht daher, dass ich die Heilige Schrift kenne. Das Abbild Gottes, das ich sehe, entsteht aus dem inneren Wunsch zu lieben. Von allen Eigenschaften Gottes, in allen Geschichten von der Genesis bis zur Offenbarung, ist das wichtigste Thema der Bibel die Liebe. Die Gabe der Reflexion ermöglicht es uns zu sehen, wie gut wir Liebe geben und empfangen können.

Das Bild Gottes spiegelt sich nicht in unseren hektischen Zeitplänen wider. Es zeigt sich nicht in unserer Gleichgültigkeit gegenüber den Armen, den Verletzten oder anderen Menschen. Ist unsere Seele abgestumpft, können wir Gottes Spiegelbild in unserem Leben nicht mehr sehen. Wir haben das Gefühl, dass Gott uns in unserer Schwäche und Zerbrechlichkeit verlassen oder im Stich gelassen hat. Aber er verlässt uns nie. Jede Distanz oder Trennung, die wir empfinden, ist von uns selbst gewählt.

Sobald wir die Ruhe ausgrenzen, entfernen wir uns von Gott. Ein Leben, das Gottes Liebe widerspiegelt, ist ein Leben, das von Ruhe erfüllt ist. Es ist ein Leben, das auf seine Liebe vertraut und in gesegneter Gewissheit ruht. Es strahlt von Gott auf andere aus und trägt die Kraft seiner Gegenwart in sich. Sie haben dieselbe Kraft in sich, denn Sie sind ein Abbild Gottes und seiner Liebe. Durch sie kann Gott mehr bewirken, als Sie sich erbitten oder erdenken können. Schauen Sie also ins Wasser. Betrachten Sie das Spiegelbild der Bäume, der Wolken und Vögel am Himmel und denken Sie über das Spiegelbild Gottes in Ihrem Leben nach. Welcher Aspekt seines Charakters ist in Ihrer DNA verankert? Welchen Teil von „Dein Reich komme“ können Sie selbst dazu beitragen, damit sein Wille auf Erden wie im Himmel geschieht?

Als Gott die Schöpfung des Himmels und der Erde beendet hatte, schaute er auf sein Werk und erklärte, es sei gut (siehe Gen 1,31). Vielbeschäftigung bietet keine Zeit zum Nachdenken. Reflexion ist eine Gabe, die es Ihnen ermöglicht, auf das Erreichte zurückzublicken. Sie ermöglicht es Ihnen, zu unterscheiden, was funktioniert hat und was nicht, und diese Informationen zu nutzen, um besser voranzukommen. Sie ist für das persönliche Wachstum von grundlegender Bedeutung und kann nur in Momenten der kontemplativen Ruhe erfolgen.

Die kontemplative Ruhe bietet uns die Möglichkeit zu sehen, wie gut unser Leben Gottes Güte widerspiegelt. Es gibt Zeiten der Selbstbeobachtung, in denen wir beurteilen können, wie gut wir die Güte, die Gott für uns selbst, unsere Familien, Nachbarn oder Freunde hat, widerspiegeln können. Wenn wir in den Spiegel schauen, können wir sehen, ob unser Leben ein Spiegelbild oder eine Brechung ist. Die Brechung ist das Gegenteil von Reflexion. Anstatt ein Spiegelbild zurückzusenden, verzerrt die Brechung das Bild. Sie ahmt das Original nach, gibt es aber nicht genau wieder.

Die Brechung täuscht, die Reflexion enthüllt. Bei der Reflexion durchdringt das Licht das Wasser, trifft auf die Oberfläche und wirft dann ein Bild zurück, das identisch ist mit demjenigen, aus dem das Licht zuerst kam. Bei der Brechung trifft das Licht erneut auf die Oberfläche, aber bei der Rückkehr ändert es die Richtung und nimmt einen anderen Weg. Hüten Sie sich vor jedem Weg, der Sie vom Licht Gottes wegführt.

Eine himmlische Perspektive

Vor kurzem erhielt mein Sohn von seinem Großvater ein Teleskop als Weihnachtsgeschenk. Wir waren begeistert, insbesondere weil im kommenden Monat gleich viermal eine Mondfinsternis stattfinden sollte. Die Mondfinsternis ist ein erstaunliches Beispiel für die Reflexion. Bei Vollmond erhellt das Licht den Nachthimmel. Der Mond reflektiert das Licht der Sonne so stark, dass er Schatten erzeugt. Wenn jedoch eine Mondfinsternis stattfindet, schiebt sich die Erde zwischen die Sonne und den Mond und sorgt dafür, dass das Licht der Sonne diesen nicht direkt trifft. Der Mond ist immer noch voll, aber er strahlt nicht mehr hell, sondern wirkt jetzt dunkel, oft mit tief blutroten Untertönen. Wenn man auf die Sonne blickt, reflektiert der Mond ihr Licht und ihren Glanz. Schaut man auf die Erde, spiegelt der Mond ihre Dunkelheit und ihren inneren Aufruhr wider.

In ähnlicher Weise werden wir, wenn wir auf die Werke Gottes schauen, seinen Geist und seine heilige Perspektive widerspiegeln. Wenn sich unsere Aufmerksamkeit auf die weltlichen Dinge richtet, wird unser Leben Dunkelheit und Depression widerspiegeln. Wir müssen Zeiten der heiligen Ruhe in unsere geschäftigen Tage einplanen, damit wir uns Gott zuwenden können. Wir brauchen sein Geschenk der Besinnung, damit wir in sein Ebenbild verwandelt werden und seine Herrlichkeit widerspiegeln.

Wie sehen Sie sich selbst? Wenn Sie auf Ihre Entscheidungen in der Vergangenheit zurückblicken, kann das dazu führen, dass Sie sich auf eine Weise definieren, die einen Weg der Brechung beschreitet. Das Licht Gottes dringt durch die verdrehte Oberfläche Ihrer Erinnerungen, und das, was Sie sehen, steht dann im Gegensatz zu dem, was er sagt. Sie sehen schuldig, er vergeben. Sie sehen einen Außenseiter, er einen geliebten Menschen. Sie sehen Ihre Fehler, er Ihre Erlösung. Wie können wir diese Brechungen in unserer geistlichen Sicht korrigieren?

Gott sieht Sie aus der Perspektive all dessen, wozu er Sie geschaffen hat. Seine Sicht auf Sie umfasst das gesamte Potenzial, das in Ihnen steckt. Es ist das perfekte Spiegelbild von Ihnen. Zu oft sehen wir nur das Negative in uns. Wir werden von den Schwächen und

Unvollkommenheiten angezogen. Gott konzentriert sich nicht auf diese Dinge. Seine Sicht wird nie verzerrt. In Ihren Schwächen sieht er Sie gestärkt, wenn Sie sich geistig, körperlich und emotional erholen. In Ihren Unsicherheiten sieht er, wie sich Ihre Beziehungen durch die Zeiten der sozialen Ruhe vertiefen. In Ihren Fehlern und Misserfolgen der Vergangenheit sieht er, wie Sie in Zeiten der kreativen Ruhe lernen und wachsen. Er weiß, dass Sie in Zeiten der sensorischen Ruhe wieder klar sehen werden, auch wenn Sie gerade blind sind.

John Dewey kam in seinen Untersuchungen zu dem Schluss: „Wir lernen nicht von Erfahrung. Wir lernen, indem wir über Erfahrungen nachdenken." Erfahrungen dienen nicht dazu, einen Zustand der Selbstzufriedenheit oder Enttäuschung auszulösen, sie sind der Samen für unser Wachstum. Alle Samen keimen am besten in einem gut gewässerten Boden. Jede Gelegenheit, in der wir uns in Ruhe Zeit für Selbstreflexion nehmen, ist ein Moment, aus dem wir schöpfen können.

Wenn wir etwas aus unseren Erfahrungen lernen möchten, dann müssen wir also über sie meditieren. Die Reflexion führt uns von einer Erfahrung zur nächsten und hilft uns, die Beziehungen zwischen den einzelnen Erfahrungen, die wir gemacht haben, zu verstehen. Die Reflexion ermöglicht es uns, mit anderen zu interagieren, indem wir unsere Erfahrungen miteinander verbinden. Wenn wir auf unser Leben zurückblicken, können wir die gelernten Lektionen begreifen, die erhörten Gebete bezeugen und die Träume sehen, die Wirklichkeit geworden sind. Dann können wir feststellen, was ein Spiegelbild und was eine Brechung ist. Wir sehen Gottes Spiegelbild in unserem Leben und können das Gute, das wir erlebt haben, zurückgeben.

Sie fragen sich vielleicht, wie man sich das vorstellen soll, wenn wir dieses Licht Gottes reflektieren. Es sieht aus wie kühne Liebe. Es kann das Mitleid mit denjenigen sein, die misshandelt werden, aber auch die Sorge um die Armen und Ausgegrenzten. Manchmal ist es einfach nur ein Esstisch ohne Handys oder eine Zeit der Einsamkeit, in der wir auf die Stimme Gottes hören. Vielleicht fühlt es sich auch wie Händchenhalten an oder wie die Liebe einer Mutter, die ihr fiebriges Kind in den Schlaf schaukelt. Wenn wir Gottes Licht reflektieren, dann führen wir ein ausgeruhtes und heiles Leben.

In Exodus 34,29-35 lesen wir, dass Mose, nachdem er einige Zeit in der Gegenwart Gottes verbracht hatte, ein strahlendes Gesicht hatte, in dem sich das Licht Gottes spiegelte. Es war so hell, dass das Volk Angst vor ihm hatte. Gottes Gegenwart hat diese Kraft. So wie Mose strahlte und die Herrlichkeit Gottes widerspiegelte, können wir Gott auch in unserem täglichen Leben widerspiegeln. Nicht alle Menschen werden die Veränderungen, die mit einem Leben voller Ruhe und Entspannung einhergehen, verstehen. Die Dunkelheit ist immer vom Licht eingeschüchtert.

Die Herrlichkeit sehen

„Wir alle aber, die wir mit unverhülltem Angesicht die Herrlichkeit des Herrn wie in einem Spiegel betrachten, werden verwandelt in dasselbe Bild von Herrlichkeit zu Herrlichkeit, gleichwie von dem Herrn, dem Geist.“

2. Korinther 3,18 NASB

Herrlichkeit kann nur erlebt werden, sie kann nicht hergestellt werden. Wir verfügen nicht über die Fähigkeit zur Herrlichkeit, wir reflektieren auch kein Licht aus uns selbst heraus. Ein Spiegel kann in einem dunklen Raum kein Licht reflektieren, solange man ihn nicht auf eine Lichtquelle richtet. Wir sind nicht in der Lage, etwas zu reflektieren, auf das wir nicht schauen. Was so viel heißt wie: Wir können niemals die Herrlichkeit Gottes reflektieren, wenn wir nicht in seine Richtung blicken. Wir müssen diese gewaltige Magie Gottes selbst erfahren. Die Ruhe ist wie eine Verabredung mit dem Göttlichen. Sie ist Ihre Gelegenheit, der Heiligkeit des Lebens ins Auge zu sehen. Die einzige Möglichkeit,

Gottes Herrlichkeit widerzuspiegeln, besteht darin, in seiner Gegenwart geerdet zu bleiben – indem wir ihn in den großen und kleinen Dingen des Lebens sehen. Jeder Tag hat Höhen und Tiefen. Eine Freundin ruft an, um ihre Schwangerschaft zu verkünden, während eine andere um eine leere Wiege weint. Sie sehen zu, wie Ihr Kollege das Podium betritt, während in Ihrem Herzen die Angst vor einem leeren Zuhause wütet. Das Leben ist immer im Wandel. Wir erleben Erfolge und Verluste. Und wir brauchen dringend Ruhe. Wir brauchen Zeit, um unseren Blick von der Dunkelheit weg hin zum Positiven zu lenken.

Ruhe bringt uns von einer Ebene des Verständnisses zur nächsten. Sie formt uns um. Ruhe bedeutet, dass wir nicht wieder in unsere alten Gewohnheiten zurückfallen müssen. Die Gabe des Reflektierens kann unter anderem darin bestehen, das Alte ohne Verachtung für die Arbeit zu betrachten, die für den notwendigen Übergang und Wandel erforderlich ist.

Ich bin überzeugt, dass Paulus deshalb sagen konnte: „Es war gut, dass ich geplagt wurde" (Psalm 119,71 niv). Er feierte nicht den Schmerz, sondern sah die Veränderung, die dieser in ihm bewirkt hatte.

Was sehen Sie, wenn Sie heute auf Ihr Leben schauen? Analysieren Sie alles: Ihre Familie, Ihre Freunde, Ihr Zuhause, Ihren Wohnort, Ihren Job, die Lebensmittel, die Sie essen, die Orte, die Sie lieben, die Musik, die Sie hören, die Bücher, die Sie lesen, den Sport, den Sie treiben, die Menschen, denen Sie begegnen, und den Unterschied, den Sie im Leben anderer machen.

Wenn einer dieser Bereiche das Leben nicht in der ganzen Fülle widerspiegelt, die Ihnen zur Verfügung steht, dann herzlichen Glückwunsch! Sie befinden sich am perfekten Ort, um Ihr Leben zu erneuern. Das ist die Kraft der Ruhe. Sie wird Ihrem Verstand, Ihrem Herzen und Ihrem Geist Leben einhauchen. Beginnen Sie damit, zu sehen, was Gott in Ihnen sieht, achten Sie auf die Bereiche, die Sie mit Ihrer Spiritualität erhellen können. Erkennen Sie die Brechung als Lüge und lenken Sie Ihren Blick zurück auf das Licht Gottes. Seien Sie ein Geschenk, das seine Liebe widerspiegelt.

15
Die Gabe der Freiheit

Jedes Jahr im Januar suche ich mir mein persönliches „Wort des Jahres“ aus. Ein einziges Wort, das mir als Leitmotiv für all das dient, was ich in den kommenden zwölf Monaten lernen möchte. Unter anderem habe ich schon Begriffe wie Liebe, Glaube, Freude oder Frieden zum „Wort des Jahres“ erkoren. Ich liebe es, wenn mein Wort mit einem Versprechen verbunden ist. In einem bestimmten Jahr tauchte ein Wort vor meinem Geiste auf, zu dem ich mich förmlich gezwungen fühlte, dabei war es eines, mit dem ich mich eigentlich nicht beschäftigen wollte. Es war eines dieser Worte, die einen innehalten und überlegen lassen, ob man bereit ist, sich darauf einzulassen. Das Wort lautete „Hingabe“.

Dazu möchte ich etwas weiter ausholen. Welche Frau freut sich nicht über eine Reisebegleitung? Insbesondere, wenn die Reise, auf die man sich macht, darauf schließen lässt, dass man eine Schulter zum Anlehnen, ja vielleicht sogar zum Ausweinen brauchen wird. Ich lud nicht eine, sondern ein paar hundert Frauen ein, mich auf meiner Reise zu begleiten. Ich wollte herausfinden, was passieren würde, wenn wir all die Dinge, die uns lieb und teuer sind, aufgeben würden.

Die Reise dauerte drei Wochen und sie hatte zum Ziel, herauszufinden, was wir vor Gott zurückhalten und wie wir diese Dinge im Gebet in seine Obhut übergeben können. Ich hatte erwartet, dass es schwierig werden würde, aber womit ich nicht gerechnet hatte, war, dass diese Reise zu einem einundzwanzig Tage langen Kampf ausarten würde. Probleme und ungünstige Umstände wurden förmlich zu unserem täglichen Brot. Jedes Gebet wurde scheinbar von unsichtbaren Feinden abgeschossen. Jedes Opfer wurde verschlungen, bevor die Saat aufgehen konnte.

Aufgeben klingt nach einem so einfachen Prozess. Wir alle kennen Filme, in denen sich Menschen ergeben. Kriminelle legen ihre Waffen vor der Polizei nieder, Kriegsgefangene resignieren vor dem Feind. Das universelle Zeichen der Kapitulation ist dasselbe Zeichen, das wir alle während des Gottesdienstes praktizieren, indem wir die Hände öffnen oder in die Luft strecken. Anders als vermeintliche Verbrecher plädieren wir nicht auf schuldig. Wir vertrauen darauf, dass Jesus am Kreuz für unsere Sünden bezahlt hat und wir nun in den Augen Gottes erlöst sind. Und anders als der Kriegsgefangene ergeben wir uns nicht, um unsere Ideologien aufzugeben, sondern vielmehr, um besser zu verstehen, wer wir sind. Wir ergeben uns nicht, um einen Teil unseres Lebens aufzugeben, sondern um uns zu öffnen und zu empfangen. Wir geben uns der Liebe Gottes hin, der Macht dieser Liebe und ihrer Fähigkeit, uns und unsere Sicht der Dinge zu verändern. Hingabe ist ein Prozess, durch den wir nur gewinnen können.

Der Job wird für viele von uns zu einer Last. Karrieren, für die wir hart gearbeitet haben, werden zu einer lebenslangen Fessel. Dabei waren wir nie dazu bestimmt, uns in irgendeine Art von Knechtschaft zu begeben, auch nicht in die unserer überfrachteten Zeitpläne und unseres ausgelasteten Lebens. Sklaven sind an ihre Arbeit gebunden. Jeder, der nicht ruhen kann, ist im Grunde ein Sklave. Jesus kam, um die Gefangenen zu befreien, damit sie ein Leben in Fülle haben. Beim Thema Ruhe geht es genau um diese Freiheit.

Da nur Gott wirklich in der Lage ist, uns so zu lieben, wie wir es uns wünschen, sind wir ständig auf der Suche nach der Ganzheit, dem Frieden, der Freude und dem Glück, das wir nur in der Hingabe an ihn finden können. Ruhe bedeutet zu wissen, dass wir genug sind, auch wenn wir unser Ziel in diesem Moment nicht erreichen. Es ist das Wissen, dass wir wertvoll sind, so wie wir sind, also, ohne dass wir etwas hinzufügen müssen. Ruhe bedeutet zu wissen, dass wir den Segen des Göttlichen haben. Es ist das Wissen, dass wir nicht in Konkurrenz zu anderen stehen. Ruhe ist die Sicherheit, dass auch unser schlimmster Tag in Gottes Händen liegt. Ruhe ist das Vertrauen in die Unbegrenztheit des Allmächtigen. So sieht ein ausgeruhtes Leben aus. Es ist ein spirituelles Leben, das mit offenen Händen gelebt wird, ohne sich an die Schmerzen von gestern, die Segnungen von heute oder die Versprechungen von morgen zu klammern. Es ist ein Leben im Vertrauen auf die Liebe Gottes zu uns. Ein entspanntes Leben ist ein Leben, das sich dem Geschenk der Freiheit hingibt. Jeder, der auf Gottes Wege vertraut und in seine Ruhe eintaucht, kann in Freiheit leben.

Wenn Gott sich Ihnen offenbaren soll, dann ist Ihre Zustimmung erforderlich, und Sie müssen sich von Ihrem Ego lösen. Von Ihren Wünschen, Ihrem Willen und Ihren Plänen. Für die meisten von uns ist das ausgeruhte Leben ein neuer Platz in Gott. Es ist ein Ort, nach dem wir uns sehnen, den wir aber bisher nicht betreten konnten. Wir sind wie die Israeliten beim Exodus. Wir stehen in der Wüste, irgendwo zwischen dem geschäftigen Menschen, der wir früher waren, und dem in sich ruhenden Wesen, das wir sein wollen. Die Angst, ausgeruht zu leben, hält uns in unserer vermeintlichen Komfortzone gefangen. Aber so bequem sind Sie dann doch nicht, oder?

Ich erinnere mich, dass ich in jüngster Vergangenheit in einem örtlichen Zoogeschäft einen wunderschönen Vogelkäfig gesehen habe, in dem ein winziges Vögelchen fröhlich hinter seinen Gitterstäben sang. Matthäus 10,31 lehrt uns, dass Gott den Sperling liebt und er keinen einzigen dieser kleinen Vögel vergessen hat. Wir sind wie diese Vögel. Gott sieht uns in all unseren goldenen Käfigen, in denen wir gefangen sind, und auch wenn wir uns dort manchmal zufrieden fühlen mögen, weiß ein Teil von uns, dass er geschaffen wurde, um zu fliegen. Er will die Tür nicht nur so lange öffnen, bis wir in Ruhe ein- und ausfliegen können, er möchte, dass jeder Teil von uns befreit wird, um in ihm zu ruhen. Er möchte in jeden verborgenen Teil von uns eindringen, in jeden Schatz, den wir gefunden haben, und in jeden Schmerz, den wir lieber vergessen würden.

Seien wir ehrlich zueinander. Ich bin sicher, dass einige von Ihnen trotz aller Bemühungen nicht in der Lage waren, die Ruhe zu genießen. Woher ich das weiß? Weil ich es selbst erlebt habe. Es ist schwer, glücklich sein zu wollen, aber zu spüren, wie sich Stress und Angst gegen den Frieden stemmen. Ich weiß, wie es ist, das Gefühl zu haben, dass Gott sich unseren Bitten gegenüber taub stellt und das Leben freudlos erscheint. Man ertappt sich dabei, wie man mit geballter Faust auf Gottes Brust schlägt und sich so fest an seine Versprechungen klammert, dass man seine Umarmung nicht mehr spüren kann. Die Lektion, die ich hieraus gelernt habe, war, dass es nicht darum geht, mehr zu tun, sondern darum, auf Gott zu vertrauen. Während ich Gott auf die Brust schlug, wollte er mich einfach nur lieben.

Die fünf Schritte zur Gabe der Freiheit

1. Erkennen Sie die Souveränität Gottes an

Souveränität bedeutet, dass Gott als Herrscher des Universums das Recht hat, zu tun, was er will. Er braucht weder unsere Zustimmung noch unseren Auftrag, um das zu sein, was er ist. Dies anzuerkennen bedeutet, dass wir alle seine Eigenschaften anerkennen müssen. Es bedeutet, ihn als den allmächtigen Gott zu sehen, als den Gott, der über allen Dingen steht und keine Grenzen kennt. Er ist der Schöpfer des Himmels und der Erde und aller Dinge. Er hat die Macht, Wunder zu tun und uns Zeichen zu geben – als Gott, für den nichts unmöglich ist.

Wenn man ein besseres Verständnis davon bekommt, wer Gott ist, erkennt man schnell, dass der Akt der Hingabe nur eine Änderung der Einstellung ist. Wir haben in Wahrheit keinen Besitzanspruch auf die Dinge, die wir für uns beanspruchen. Das, was wir vermeintlich aufgeben, sind nur die ängstlichen Gedanken und Gefühle, mit denen diese Dinge verbunden sind. Wir geben unsere Ängste, Zweifel und unseren Unglauben im Austausch für die Freiheit, in seiner Souveränität zu ruhen.

2. Kämpfen Sie nicht dafür, Ihren Willen durchzusetzen

Im Bibeltext Römer 9,20 heißt es: „Wer bist du aber, Mensch, dass du Gott widersprichst?“ Soll das, was geformt ist, zu dem, der es geformt hat, sagen: „Warum hast du mich so gemacht?“ Autsch! Ich liebe und hasse diesen Abschnitt der Bibel gleichzeitig. Ich habe dieses Gespräch mit Gott öfter geführt, als ich zählen kann. „Gott, warum hast du mich so gemacht?“ Geht es auch anderen Menschen so, dass sie mit Gott hadern, weil sie so sind, wie sie sind? Wenn ich diese Reaktion über die eigene Persönlichkeit einmal genau betrachte, dann bete ich im Prinzip zu Gott, damit er etwas ändert, mit dem er vollkommen zufrieden zu sein scheint. Ich spreche hier natürlich nicht von psychisch kranken Menschen oder Kriminellen, sondern von Facetten unserer Persönlichkeit, die wir selbst zu kritisch beleuchten.

Wenn wir nicht verstehen, was Gott tut, begeben wir uns auf eine Ebene unseres Verstandes, auf der wir Krieg führen. Einen Krieg gegen unsere Umstände, in der Hoffnung, dass wir, wenn wir uns nur genug anstrengen und lange genug kämpfen, diese Schwierigkeiten überwinden können. Aber das ist nicht das Geschenk der Freiheit. Freiheit bedeutet nicht mehr Anstrengung, sondern mehr Vertrauen. Hören Sie auf zu kämpfen und beugen Sie sich mit erhobenen Händen seinem Willen. Nehmen Sie eine Position des Friedens ein, selbst inmitten ungünstiger Umstände oder noch unbekannter Endergebnisse. Wie aber können Sie feststellen, dass Sie erfolgreich sind – und aufgehört haben zu kämpfen? Sie spüren es, sobald Sie an einem Punkt angelangt sind, an dem Sie nicht mehr mit Angst und Sorge auf Widrigkeiten oder schwierige Umstände reagieren. Dann haben Sie sich dem Bedürfnis, zu kämpfen, widerstanden und erlauben Gott, Ihre Kämpfe für Sie zu führen. Wichtig dabei ist, dass Sie sich auch von dem Zwang befreien, das Ergebnis zu kontrollieren, doch darauf gehe ich im nachfolgenden Punkt ein.

3. Befreien Sie sich von Ihrem Kontrollzwang

Lange Zeit mochte ich den Spruch „Lasse einfach los und übergib es Gott“ nicht. Ich wollte nicht loslassen. Ich wollte die Kontrolle über mein Leben, wenn Gott ein angemessenes Ergebnis für mich erzielen wollte, dann konnte er das gerne tun, während ich weiter die Kontrolle behielt. Ich hatte Angst, dass mir seine Entscheidungen nicht gefallen würden, wenn ich tatsächlich loslassen würde. Doch manchmal verschwimmen die Grenzen und dann wird es schwierig zu entscheiden, was wir wirklich loslassen müssen und was wir festhalten sollten. Negative Dinge, die wir loslassen müssen, wie beispielsweise mangelnde Vergebung oder falsche Scham erkennen wir schnell.

Was aber, wenn wir etwas loslassen müssen, was eigentlich etwas Gutes ist? Der Zustand innerer Ruhe erfordert den Mut, loszulassen, um frei zu leben. Man kann sich nicht einfach auf den Geschenken des Lebens ausruhen. Es gibt Zeiten, in denen wir das, was wir für gut halten, loslassen müssen, weil Gott etwas Besseres für uns in petto hält. Dann gibt es auch Zeiten, in denen wir unsere vorgefassten Meinungen darüber, wie das Leben sein sollte, aufgeben müssen, um zu lernen, dass Gott uns gelegentlich auffordert, schwierige Wege zu gehen, damit wir wachsen und reifen können, und unseren Glauben stärken.

4. Ruhen Sie in der Erkenntnis von Gottes Güte

Die Frage, die sich jeder Gläubige stellt, lautet: „Kann ich Gott wirklich vertrauen?“ Die meiste Zeit meines Erwachsenenlebens lautete die

Antwort darauf nein. Ich habe Gott nicht vertraut. Wie könnte ein guter Gott zulassen, dass meine Mutter bei meiner Geburt stirbt? Ich konnte nicht in dem Wissen seiner Güte ruhen, weil ich nicht glaubte, dass er gut zu mir war, eher erschien er mir als unfair. Jedes Mal, wenn ich darüber nachdachte, was ich vermisste, was wir als Familie vermissten, kam mir Gott nicht in den Sinn. Nein, wenn ich an ihn dachte, dann empfand ich keinesfalls, dass er gut zu mir war. Erschwerend kam hinzu, dass ich sehr religiös erzogen worden bin. Die Menschen in meiner Umgebung sagten Dinge wie: „Gott brauchte deine Mutter mehr. Er brauchte einen Engel im Himmel. Er hat deine Mutter besonders geliebt." Für mich war Gott also nicht gut, sondern egoistisch.

Wenn man diese Art von Gefühlen gegenüber Gott hegt, ist es unmöglich, sich dem Geschenk der Freiheit hinzugeben. Man kann sich nicht jemandem hingeben, dem man nicht vertraut. Ja, Sie können Gott lieben, aber ihm trotzdem nicht vertrauen. Wie kommen Sie also an den Punkt, an dem Sie Gott vertrauen? Es fängt damit an, dass man zuerst das Offensichtliche anerkennt: Das Leben ist nicht immer gut. Es passieren auch schlimme Dinge. Da wir bereits festgestellt haben, dass wir einem souveränen Gott dienen, weiß er natürlich von diesen Ereignissen, bevor sie Ihr Leben berühren. Wie können Sie ihm also vertrauen, wenn er zulässt, dass ungünstige Umstände in Ihr Leben treten? Schließlich vertrauen Sie darauf, dass er der ist, der er zu sein vorgibt.

Als Mose auf dem Weg nach Ägypten war, um den Pharao zu konfrontieren, fragte er Gott: „Was soll ich ihm erzählen, wenn er mich fragt, wer mich geschickt hat?", und Gott antwortete einfach: „Ich bin der, der ich bin." Dieses ICH BIN umfasst auch alles, was in Ihrem Leben fehlt oder zerbrochen ist. „Ich bin dein Tröster", flüstert Gott uns in Momenten der Trauer zu, wenn wir genau zuhören. Ich persönlich habe gelernt ihm zu vertrauen, weil ich festgestellt habe, dass dieses ICH BIN Heilung für uns bedeutet, wenn meine Familie von Schmerz und Krankheit betroffen ist. Einige werden auf dieser Seite des Himmels geheilt, andere auf der anderen, wie meine Mutter, aber wo auch immer was passiert, Gottes Güte ändert sich damit nicht.

Mitten in jeder Situation, ob gut oder schlecht, sagt er einfach: „ICH BIN DER, DER ICH BIN.“ Es passieren also immer noch schlimme Dinge, und der Ausgang von Situationen gefällt mir nicht immer, aber seine Güte bleibt bestehen, weil meine Umstände nichts daran ändern, wer er ist. Ich kann ihm vertrauen und in seiner Güte ruhen, auch wenn ich diese im Moment vielleicht auch nicht zu erleben scheine. Es kommt darauf an, sich seiner Liebe zu überlassen, daran zu glauben, dass alle Dinge zum Guten zusammenwirken. Nicht nur die guten Dinge, sondern alle Dinge.

5. Verkleinern Sie Ihr Ego, damit Gott in Ihnen wachsen kann

In Matthäus 10,39 heißt es: „Wenn ihr an eurem Leben festhaltet, werdet ihr es verlieren; wenn ihr aber euer Leben für mich aufgebt, werdet ihr es finden.“ Echte Hingabe bedeutet also, dass wir etwas sagen wie: „Vater, wenn ich dieses Problem, diesen Schmerz, diese Krankheit oder diesen Umstand brauche, um deinen Zweck in meinem Leben zu erfüllen, dann werde ich in diese Situation vertrauen. Ich werde mich auf deine Stärke verlassen, wenn ich mich schwach fühle. Ich gebe zu, dies ist einfach gesagt, aber nicht immer einfach umzusetzen. Selbst Jesus hatte damit zu kämpfen, doch er zeigte Gottvertrauen: Ich erinnere an die uns allen bekannten Worte: „Vater, bei dir ist alles möglich. Bitte nimm diesen Kelch des Leidens von mir weg. Doch ich will, dass dein Wille geschieht und nicht meiner.“

Das Ego zu verkleinern ist Teil der Hingabe. Gott wird dadurch wieder in die richtige Position gerückt. Diese Handlung setzt ihn zurück auf den Thron und vertreibt alle, die versucht haben, seinen Platz zu beanspruchen. Es gibt viele, die um diesen Platz in unserem Herzen kämpfen, und manchmal merken wir gar nicht, dass wir diesen falsch besetzen. Wenn Sie sich dessen bewusstwerden, können Sie das Geschenk der Freiheit empfangen.

Das ist der Weg zum freien Leben. Auch wenn Sie alles versucht haben und es sich so anfühlt, als könnten Sie nie in diesem göttlichen Bewusstsein und der damit verbundenen Freiheit ruhen – geben Sie nicht auf.

16
Die Gabe der Akzeptanz

Mein Leben in den Dreißigern sah aus wie die verbrannten Brownies, die ich gerade aus dem Ofen geholt hatte: trocken und hart – ein Produkt, das zu lange der Hitze ausgesetzt war. Ich verheizte mich selbst. Das Feuer und der Drang zum Erfolg, die in einer Phase meines Lebens von Vorteil waren, verursachten im nächsten Stadium ein Chaos. Arbeit wurde zu einem Instrument, mit dem ich meinen Wert beweisen konnte. Sie wurde mein bevorzugter emotionaler Fixpunkt, und sie unterstützte mein Bedürfnis, zu gefallen. Sie ermöglichte mir tägliche Gütesiegel in Form von erledigten Aufgaben, erreichten Zielen und bestätigenden Worten. Als ich auf das Blech mit den verbrannten Brownies starrte, begann ich mein Leben und mich mit anderen Augen zu sehen.

Ich neige dazu, Dinge zu übertreiben. Ich plane jeden Familienausflug akribisch und überdünge die Blumen in meinem Garten. Beim Minigolf schwinge ich den Schläger zu stark, und wenn ich mit meinen Jungs Basketball spiele, schieße ich zu weit über den Korb hinaus. Alles, was ich tue, mache ich bis zum Äußersten. Ich bin ein chronischer Überkompensator und treibe Situationen gern auf die Spitze. Klein erscheint mir zu schwach, um einen wesentlichen Wert zu haben. Klein schüchtert mich ein. Es steht im Gegensatz zu dem, was ich für Erfolg halte, aber gerade die Kleinigkeiten tragen zu einem ausgeglichenen Leben bei.

In unserem Leben geht es um Balance, wenn wir nicht im Gleichgewicht schwingen, sind wir ruhelos. Meine Waage kippte zugunsten eines überladenen Terminkalenders und eines zu wenig gelebten Lebens aus dem Lot. Ich wollte viel leisten, damit ich dafür angesehen wurde, obwohl ich eigentlich nur von vielen geliebt werden wollte. Wenn wir zu viel arbeiten, ist das oft nichts anderes als der Versuch, uns zu rechtfertigen. Für viele gibt es eine Verbindung zwischen unserem Streben nach Erfüllung und unserem Wunsch, unseren Selbstwert zu beweisen. Unser Drang zur Überkompensation wird zu einer Strategie, mit der wir unsere Existenz aufwerten. Wir stürzen uns in unsere Aufgaben. Wir tragen zur Produktivität, Kreativität und zur Menschlichkeit in unserer Welt bei, und wir tun dies mit einem verborgenen Motiv auf der Seelenebene. Wenn wir genug erledigen können, sind wir auch befriedigt. Oh, wie sehr liebt es die Seele, mit dem Geist zu kämpfen, denn der rationale Geist ist Beweis genug für unseren Wert.

Wir selbst, die wir nach dem Ebenbild Gottes geschaffen wurden, sind Bestätigung genug. Im Kern übertreffen wir alles, was unser Verstand und unser Herz jemals begreifen können. Das ist das Geschenk der Annahme. Es ist die Freiheit, unabhängig von der Bestätigung durch andere zu leben, weil man bereits von Gott anerkannt wurde. Anstatt uns für ein unbekanntes Lebensziel zu verausgaben, beschäftigen wir uns damit, die Gnade Gottes in unser Leben zu bringen.

An einem schönen Septemberabend saß ich mit meiner Freundin Paisley in einem Feinkostladen in Philadelphia. Paisley und ich waren während der Highschool beste Freundinnen. Im Laufe der Jahre trennten sich unsere Wege aufgrund der räumlichen Entfernung, aber auch wegen unserer Familien und der eigenen hektischen Karrierepläne. Über die sozialen Medien fanden wir wieder zueinander. Als ich wegen einer Konferenz in der Stadt war, setzte ich mich mit ihr in Verbindung. Bei Käsesteaks mit Gemüse sprachen wir über die Suche nach dem Sinn des Lebens.

Ich fragte sie: „Wenn jeder von uns eine Bestimmung und eine Aufgabe hat, die es zu erfüllen gilt, warum macht Gott es uns dann so schwer, diese zu finden? Die Bestimmung ist zu einer Reise mit tausend Unbekannten geworden. Wenn ich wüsste, was Gott von mir will, könnte ich es tun, und danach hätte ich dann Zeit, mit meinem Leben weiterzumachen.“

Nein, ich glaube nicht, dass ein zielgerichtetes Leben wie Monopoly spielen ist. Wir würfeln nicht und landen dann hoffentlich auf der Schlossallee. Dennoch hatte ich mein Leben bislang so gelebt. Der Sinn war eine Grauzone in den unbestimmten Bereichen meines schwarz-weißen Lebens. Sinn war ein weiteres Ziel, das es zu erreichen galt. Die Zielstrebige in mir wollte es erreichen und weitergehen, aber die Bestimmung erlaubt es einem nicht, einfach weiterzugehen. Man kann sich nicht von dem entfernen, was man ist.

Die Bestimmung ist die DNA Ihrer Seele, die Ihnen vom Moment der Empfängnis an in die Wiege gelegt wurde. Es ist das Muster, aus dem alles entsteht. Sie finden Ihre Bestimmung nicht einfach so. Sie leben und lassen zu, dass Ihre Bestimmung sich Ihnen offenbart. So wie jeder berühmte Künstler, Musiker oder Schriftsteller mit einem ersten Pinselstrich, einer ersten Note oder einem ersten Wort beginnt, muss jedes zielgerichtete Leben mit einer ersten Begegnung – mit dem Warum beginnen.

Ich setzte ein zielgerichtetes Leben mit einer Sache gleich, die ich aus einem bestimmten Grund tue. Es gibt viele wunderbare lebenspendende und weltverändernde Aktivitäten, die wir unternehmen können, aber nur wenige werden mit unserer eigentlichen Intention übereinstimmen. Für mich war es an der Zeit, die Spreu vom Weizen zu trennen. Ich musste herausfinden, welche Dinge ich tat, weil ich es selbst wollte, und welche ich machte, um anderen eine Freude zu bereiten.

Ich bin der festen Überzeugung, dass harte Arbeit wichtig für unser Leben und unsere Existenz ist. Erfolgreiche Menschen sind oft das Ergebnis ihres Ehrgeizes. Aber auch wenn man durch Leistung Karriere machen kann, bin ich nicht davon überzeugt, dass man dadurch ein inneres Bewusstsein für seinen Selbstwert entwickeln oder ein klares

Verständnis für seine Bestimmung erlangen kann. Gehen Sie davon aus, dass Sie für etwas Größeres geschaffen sind als nur dafür, Ihren Zeitplan zu erfüllen oder irgendwelche Dinge zu erledigen. Sie sind dazu prädestiniert, in dem weiten Raum von Gottes Bestätigung und Bejahung zu leben und in der Gabe der Annahme und dem daraus resultierenden friedvollen Gefühl zu verweilen.

Wenn es nichts mehr zu beweisen und keine Auszeichnungen mehr zu verdienen gibt, was motiviert Sie dann, härter und länger zu arbeiten und zu kämpfen? Ich habe mehr Zeit damit verbracht, diese Schlacht zu kämpfen als nötig.

Ich schlug mit der Faust in die Luft, um meine Bestimmung zu finden und die Dinge zu erreichen, für die Gott mich auf diese Erde geschickt hatte, während er permanent darauf wartete, dass ich meine Arme ausstreckte, um die Umarmung zu empfangen, die ich mir eigentlich wünschte. Dieses Geschenk der Annahme ist nicht die Belohnung für ein zielorientiertes Leben; es ist der Ruheort, aus dem das Vertrauen in ein zielgerichtetes Leben erwächst.

Bei jeder Geburt kommen wir aus dem Fruchtwasser in eine neue Identität – neu für uns, aber nicht für Gott. Wir tappen im Dunklen, während er alles im hellen Licht sieht. Selbst Jesus musste das Wasser der Identität durchbrechen, einmal durch den Schoß Marias und ein weiteres Mal durch das Taufwasser des Jordan. Bevor er die Blinden und die Lahmen heilte, wurde er von den Wassern durchtränkt und damit angenommen. Als die Wassertropfen ihn berührten, verkündete Gott: „Dies ist mein geliebter Sohn, an dem ich Wohlgefallen gefunden habe.“ Durch die Akzeptanz Gottes wurde seine Identität gesichert, genau wie Ihre.

Die größte Herausforderung bei der Annahme dieses Geschenks besteht darin, dem Gegenangriff auf Ihre Identität standzuhalten. Seien Sie versichert, dass es einen geben wird, und zwar in Form eines Wenn-Dann-Satzes.

Wenn ja, warum tust du es dann nicht (siehe Matthäus 4,1-7).

Es ist eine Aufforderung, die an den Streber in Ihnen appelliert. „Komm schon, zeig, was du kannst“, provoziert sie. Tappen Sie nicht in die Falle der Anerkennung. Widerstehen Sie ihr. Es ist ein Trick, um Sie dazu zu bringen, sich erneut etwas beweisen zu müssen. Sie müssen sich nicht bestätigen, weder in puncto Ihrer Bestimmung noch Ihrer Identität. Bekämpfen Sie die Versuchung, indem Sie sich weigern, das Geschenk loszulassen. Lassen Sie jede lebenspendende Bestätigung wie Mut, Kraft und Hoffnung zu. Finden Sie Sicherheit in dem Wissen, dass Sie perfekt sind, auch wenn Sie ängstlich sind. Entfesseln Sie Ihre Leidenschaft in dem Wissen, dass Sie unersetzlich sind, ein von Gott geliebter Schatz.

Es ist diese Akzeptanz, aus der die tiefe Ruhe eines zielgerichteten Lebens entsteht. Sie ist der Grundstein, damit wir etwas erreichen, erfolgreich sind und größere Taten vollbringen können, wie auch immer sie sich manifestieren mögen. Jetzt geht es in Ihrem Leben nicht mehr nur um das Ausmaß Ihrer geleisteten Arbeit, sondern darum, welche Bedeutung diese hat.

Man kann in Bedeutungslosigkeit ruhen, aber auch in Großartigkeit. Alles hat seine Zeit und auch seine Jahreszeit, um zu gedeihen. Wichtig ist, dass man den Dingen die nötige Zeit gibt, denn sonst wird die Ruhe zur Unruhe. In der Zurückgezogenheit eines Kinderzimmers wird ein Baby in den Schlaf gewiegt. Die körperliche Wärme und das liebende Herz einer Mutter lassen eine Bindung entstehen. Auf einer Konferenz erzählt eine Rednerin offen von ihren eigenen Fehlern. Im Auditorium werden verletzte Gefühle durch diese ermutigenden Worte geheilt. Die verletzten Menschen lassen die Worte in ihr Herz und es entsteht eine Verbindung.

Dieses Gefühl der Zufriedenheit können wir immer und an jedem Ort finden, im Verborgenen oder auf einem Podium. Keiner ist größer als der andere. Das Ausmaß an Arbeit überschattet nicht mehr die

Bedeutung. Beides ist von Wert. Beides ist ein Teil unserer Bestimmung und Identität.

Wir haben die Freiheit, mit Gott zu wirken. Das heißt, wir können frei sein in allem, was wir tun, und uns für ein Leben entscheiden, das nicht auf Überforderung und überdimensionierten Ansprüchen an uns selbst basiert. Wir können uns ausruhen. Wir können unsere Zeit mit der Familie frei gestalten. Nicht alles muss geplant sein, wir können unser Leben frei und spontan gestalten. Wir müssen nur eines tun: den Boden dort düngen, wo wir uns eine reiche Ernte wünschen.

Wir müssen uns nicht immer weiter pushen und immer wieder über die eigenen Grenzen gehen, stattdessen müssen wir eine Balance zwischen Vertrauen und Handeln schaffen. Das funktioniert ganz einfach, indem wir bei uns selbst ankommen, uns selbst die nötige Anerkennung geben und dem Göttlichen in uns das Steuer übergeben. Das ist Arbeit unter Gnade. Arbeit, die aus der Ruhe heraus geboren wird, in der man vertraut und angenommen ist (siehe Ps 139,1-6).

17
Die Gabe des Austauschs

Kürzlich vertraute mir eine Freundin in einem Skype-Gespräch an: „Mein Leben passt nicht mehr.“ Ihre Aussage blieb mehrere Minuten lang unangetastet im Raum. Es bedurfte keiner weiteren Erklärung. Ich war dabei gewesen, als ihr Mann sie verließ. Ich hatte beobachtet, wie ihre vertraute Umgebung zu einer fernen Erinnerung wurde und sie die Scherben ihrer zerbrochenen Träume aufsammeln musste. Manche Ereignisse im Leben verbrennen alles, was sich ihnen in den Weg stellt. Sie lassen uns emotional und geistig heimatlos zurück und wir suchen verzweifelt in unseren mentalen Rucksäcken nach einem Heilmittel, das hilft. Sie hatte in ihren Rucksack gegriffen und war mit leeren Händen herausgekommen.

Doch diese Leere kann auch ein guter Anfang sein. Wenn wir am Ende unserer Fähigkeiten angelangt sind, finden wir Gott, der geduldig wartet. Wir schütten ihm unser Herz aus. Wir erzählen von unserer Müdigkeit und Frustration, von den Enttäuschungen, unbeantworteten Gebeten, Herzschmerzen, Verletzungen und all dem Kummer. Er nimmt uns diese Last ab und schenkt uns heilenden Frieden und Kraft. Wenn Sie das Prinzip der Ruhe als eine Lebensweise annehmen, werden Sie feststellen, dass alles leichter wird. Sie werden leichter lachen, tiefer lieben und erfüllter leben. Ruhe wird Ihren Geist auf eine neue Ebene des Glücks heben. Das ist die Art von Entspannung, die Jesus gibt – die tiefste, wahrhaftigste Art von Ruhe, die uns die Welt nicht geben und auch nicht nehmen kann. Göttliche Ruhe ist kostbar, wir können sie tief in unser Herz schließen, wo sie sich dann entfaltet.

Diese Form der Ruhe ist ein göttlicher Tausch. Sie können Ihr gestresstes, müdes Selbst mitbringen und die Schwere der Woche gegen das eintauschen, was Ihnen fehlt. Übergeben Sie Gott Ihre Müdigkeit und er beruhigt Ihren Körper und schenkt Ihnen erholsamen Schlaf. Legen Sie Ihre Ängste und Befürchtungen ab, und er füllt Ihr Herz mit Frieden. Sie geben Gott Ihre Zweifel, und er schenkt Ihnen Zuversicht und Glauben. Es findet ein Handel zwischen Seele und Geist statt. Die Seele ist unersättlich, bis sie Ruhe findet. Nur dann kann sie sich auf das Heilige stützen und einen Frieden finden, der alles Verständnis übersteigt.

Jesus ruft uns in Matthäus 11,28-29 (NIV) zu: „Kommt her zu mir, alle, die ihr müde und beladen seid, und ich werde euch Ruhe verschaffen. Nehmt mein Joch auf euch und lernt von mir; denn ich bin sanftmütig und von Herzen demütig; so werdet ihr Ruhe finden für eure Seelen." Dieser Vers wurde für Menschen wie Sie und mich geschrieben, für die Müden und Beladenen. Diejenigen, die damit beschäftigt sind, aktiv zu sein, und das Gefühl haben, keine Zeit für Ruhe zu haben.

Es ist eine Einladung zum Austausch. Jesus lädt uns alle ein, ohne Ausnahme: jung oder alt, reich oder arm, Arbeiter oder Angestellte, Heilige oder Sünder, und auch alle Müden, Erschöpften und Belasteten sind willkommen. Seine Einladung ist ein Geschenk an uns. Aber um dieses zu erhalten, müssen wir auf Jesus hören. Er bietet uns diese Ruhe an, aber das impliziert nicht, dass wir nicht mehr arbeiten müssten. Seine Ruhe ist erfüllt von Frieden und sie gibt uns das Gefühl, auf unsere eigene Art perfekt zu sein.

Ich habe einmal eine Geschichte gehört, die mir geholfen hat, die Symbolik in diesem Abschnitt zu verstehen. Jesus wuchs im Haushalt von Josef, einem Zimmermann, auf. In dieser Geschichte wird gesagt, dass Jesus begabt und geschickt im Zimmerhandwerk war. Die Zimmerleute stellten auch die Gespanne her, die auf dem Rücken der Tiere befestigt wurden, damit diese diverse Lasten ziehen konnten. Es heißt,

Jesus habe einige der besten dieser Gespanne selbst hergestellt. Seine Gespanne waren glatt und reizten die Haut der Tiere nicht. Sie waren maßgeschnitten auf die Rücken der Tiere und ermöglichten es ihnen, ihre jeweilige Arbeit perfekt zu verrichten.

Wenn wir mit Vertrauen auf Gott in die Ruhe eintreten, können wir unser schweres Joch dem Herrn der Ruhe übergeben und Regeneration und Frieden empfangen. Diese Form der Ruhe bringt uns der Stille näher und dem Wissen, dass Gott in uns und um uns ist und durch uns wirkt. Wir werden in die Lage versetzt, die Arbeit zu tun, für die wir geschaffen wurden, statt die Arbeit zu tun, die andere uns aufbürden wollen.

Der göttliche Austausch, den Jesus anbietet, kennt keine Grenzen. Er sagt nicht: „Ich werde Ruhe in deinen Verstand, deinen Körper, deine Gefühle oder Beziehungen bringen." Er übergibt Ihnen dieses Geschenk so verpackt, dass Sie es selbst erforschen können. Diese Ruhe gilt für jeden Bereich Ihres Lebens und zu jeder Zeit.

Versuchen Sie, wenigstens für ein paar Minuten, Ihre Müdigkeit, Ihre Sorgen, Zweifel und Ängste vor ihm auszubreiten. Er steht jetzt in diesem Moment vor Ihnen und bittet Sie, zu ihm zu kommen, ihm zu vertrauen. Was hat Sie erschöpft? Legen Sie es zu seinen Füßen nieder. Warum sollten Sie tragen, was er für Sie tragen wird? Übergeben Sie es heute an ihn und empfangen Sie Ruhe. In Ihrem tiefsten Inneren, in Ihrer Seele.

Was müssen Sie austauschen, um tiefer in den Zustand der Ruhe zu gelangen?

Die Formen des göttlichen Austauschs

Körperlicher Austausch – Sind Sie müde von Ihrer Arbeit oder fühlen Sie sich ständig unter Druck gesetzt? Es gibt nicht nur eine aktive und eine passive Seite der Ruhe, sondern auch eine aktive und eine passive Seite des Drucks. Tauschen Sie die Zeiten körperlicher Anstrengung gegen die der Stille ein. Tauchen Sie in ein warmes Bad ein. Lassen Sie sich massieren oder legen Sie sich einfach für ein paar Minuten hin. Entspannen Sie Ihren Körper und genießen Sie es, die Hände freizuhaben, um den Segen der Ruhe in Ihrem Leben ergreifen zu können (siehe Prediger 4,6).

Mentaler Austausch – Täglich tritt Ihr Geist einen Kampf an. Er kämpft um Frieden und um Ruhe. Auch Sie müssen für diesen Austausch kämpfen. Prägen Sie sich ermutigende Bibelstellen ein oder ersetzen Sie negative Gedanken durch positive Affirmationen. Kämpfen Sie darum, in diese Ruhe der Seele einzutreten. Die Waffen, mit denen Sie kämpfen müssen, sind nicht von dieser Welt. Sie verfügen über eine innere göttliche Kraft, mit der Sie die geistigen Festungen zerstören können, die Sie von der Ruhe abhalten möchten (siehe 2. Korinther 10,4).

Emotionaler Austausch – Wenn Sie Angst vor etwas haben, ist das eine Einladung zum Austausch. Bringen Sie jeden quälenden Gedanken und jede Angst im Gebet zu Gott. Erwarten Sie in Dankbarkeit den Frieden und die Hilfe Gottes (siehe Phil 4,6-7).

Geistiger Austausch – Jesus unterwirft sich von ganzem Herzen dem Willen seines Vaters und lädt uns ein, dasselbe zu tun (siehe Matt 11,25-30). Diejenigen, die des Lebens müde sind oder von starren Religionen niedergedrückt werden, können zu ihm kommen, um Ruhe zu finden. Er legt uns das sanfte, befreiende Joch unserer Bestimmung auf. Aber er lässt uns nicht allein. Er teilt diese

Last mit uns und lenkt damit unser Leben zurück in den Willen Gottes.

Austausch auf Sinnesebene – unsere Hoffnung wird erneuert, wenn wir aus Gottes Perspektive heraus sehen und hören können. Erfüllen Sie Ihr Leben mit Glauben und Gebeten. Bitten Sie Gott um einen anderen Blickwinkel, damit Sie sich selbst und Ihre Situation so sehen können, wie er es tut. Lassen Sie in Ihrem Tag Raum für therapeutische Stille. Bitten Sie Gott, Ihre Ohren zu öffnen (siehe 1. Könige 19,12).

Sozialer Austausch – Schließen Sie sich mit Freunden zusammen, die über Qualitäten verfügen, die Sie bewundern oder sich wünschen. So wie das Eisen sich selbst schärft, so schärfen gute Freunde den Verstand (siehe Sprüche 27,17).

Kreativer Austausch – Wenn wir Gott nicht in unserer Umgebung finden können, dann sollten wir ihn in seinen Schöpfungen suchen. Wandern Sie zu einem versteckten Wasserfall und hören Sie die Melodie seines Liedes in der Natur. Staunen Sie über den Farbreichtum der Erde und atmen Sie die duftenden Wunder eines Gartens ein. Beginnen Sie damit, Ihren Glauben wiederherzustellen, und zwar in einer Form, die gegenwärtig und nachvollziehbar ist. Je mehr Sie suchen, desto mehr werden Sie finden (siehe Matthäus 6,33).

Mein Freund, ich bete, dass du nicht zu beschäftigt bist, um die folgende Einladung anzunehmen: „Komme zu mir und du wirst eine Qualität von Frieden und Zufriedenheit finden, wie nirgendwo sonst. Ich bin für dich gekommen. Komme du auch zu mir."

18
Die Gabe der Erlaubnis

Sonntagnachmittage sind wie geschaffen dazu, sie mit Familie und Freunden zu verbringen. Nichts begeistert meine Familie so sehr wie die Aussicht, den Rucksack zu packen, die Wanderschuhe zu schnüren und sich auf einen unbekannten Pfad zu begeben. Ich habe zwar eine Abneigung gegen Gräser (Heuschnupfen), liebe aber das Abenteuer und die Herausforderung, neue Wege zu beschreiten. An einem Sonntag hatte das Thermometer gerade die fünfunddreißig-Grad-Marke erreicht. Wir leben in Alabama und das heißt, die Luftfeuchtigkeit ist ein wichtiger Faktor, wenn es um die Temperatur geht. 35 Grad – das war viel zu heiß, um draußen zu wandern.

Leider stimmte meine Familie nicht mit mir überein. Alle hatten bereits gepackt und waren bereit, einen neu eröffneten Naturpark in unmittelbarer Nähe unseres Hauses zu erkunden. Meine Familie hatte sich einen Wanderweg, der am See entlangführte, ausgesucht. Wochen zuvor hatten wir am Eröffnungs-Event des Parks teilgenommen. Er war den amerikanischen Ureinwohnern, der Creek Nation, gewidmet. Sowohl der Bau des Parks als auch der des Sportkomplexes hatten sich lange verzögert, weil die Ältesten der Creek Nation vorab ihre Zustimmung geben mussten. Es ging darum, die Grabstätten nicht zu stören und respektvoll mit den Menschen, die sich rund um das Gebiet angesiedelt hatten, umzugehen. Nach Jahren der Kartierung des Gebiets blickten wir nun auf kilometerlange Wanderwege. Jetzt waren wir begierig darauf, neue Sonntagserinnerungen zu machen.

Nicht nur wir, sondern sogar unser Hund. Rosie ist kein Hund, den man auf lange Spaziergänge mitnimmt. Sie ist ein weißer Havaneser mit einer Prinzessinnen-Attitüde. Sie tänzelt mehr, als dass sie läuft, und wir wollten diesen Weg bei extrem heißem Wetter beschreiten. In Gedanken packte ich bereits meinen Rucksack um, damit eine auf halber Strecke erschöpfte Rosie darin Platz finden konnte. Wie befürchtet saß sie bereits im Auto, als wir einsteigen wollten.

Ich hoffe, Hunde sind auf den Wegen erlaubt, schoss es mir noch durch den Kopf. Kurz darauf waren wir schon an unserem Ziel angekommen und in den Startlöchern. All die Bedenken bezüglich Rosie verflüchtigten sich, als ich unzählige Familien mit ihren Hunden auf den Wanderwegen sah. Eine tapfere Seele ging mit sechs Hunden zusammen spazieren.

Der Park war ein herrliches Vorbild für die Völkerverständigung und er präsentierte das indianische Erbe vorbildlich. Überall fanden sich wertvolle Informationen über die Creeks und die Nutzung des Landes im Laufe der Jahre. Für meine Jungs, die gerade in der vierten Klassenstufe waren, wurde die Geschichte Alabamas lebendig. Wir kletterten noch auf einen Aussichtspunkt und schickten uns dann an, den Rückweg anzutreten.

Gerade als wir den Park verlassen wollten, fiel uns ein großes Schild auf, das uns zuvor entgangen war, da wir den Park am Hintereingang betreten hatten. Auf dem Schild waren über zwanzig Verbote aufgelistet. Weder E-Bikes noch Elektroroller waren erlaubt. Man durfte keinen Müll auf dem Weg zurücklassen und ziemlich genau in der Mitte des Schildes stand: Hunde sind nicht erlaubt. Ich starrte in Richtung Rosie, die gerade mit einem kleinen Mädchen spielte. Wir hatten gegen Regel Nr. 8 verstoßen. Und wir waren nicht allein – über 50 Prozent der Besucher des Parks verstießen an diesem Tag gegen die eine oder andere Regel.

Es ist nicht das erste Mal, dass ich mich nicht an Regeln halte. Jetzt denken Sie vielleicht, dass ich ein notorischer Nonkonformist bin, jemand, der die Dinge gerne auf seine Weise macht, komme, was wolle.

Ganz im Gegenteil, ich wiege mich gerne in Sicherheit, deshalb hole ich mir, wann immer möglich, vorweg eine Erlaubnis ein. Ich frage mich natürlich auch, warum es manche Regeln gibt. Ich bin nicht immer mit dem einverstanden, was ich herausfinde, aber ich lerne und wachse an vielen interessanten Perspektiven. Eine Regel, die ich jahrelang übersehen habe, war so tief in einer Tasche mit einem „Du sollst nicht"-Verbotsschild versteckt, dass ich nicht einmal wusste, dass sie da war.

Lassen Sie mich vorausgehend dazu erzählen: Ich bin mit der Kirche aufgewachsen. Als kleines Kind saß ich in der Sonntagsschule und lernte über Gott. Er klang nicht wie jemand, mit dem man viel Zeit verbringen möchte. Diese frühen Lektionen beschrieben ihn wie einen Polizisten. Er war der Vollstrecker der Gesetze. Er war derjenige, von dem man sich fernhalten wollte, es sei denn, man befand sich in einer beängstigenden Situation und brauchte seine Hilfe. Sein polizeiliches Handbuch waren die Zehn Gebote, und solange man diese Regeln befolgte, blieb man dem Gefängnis fern.

Dieses kindliche Verständnis der Zehn Gebote hat mir gute Dienste geleistet. Du sollst nicht stehlen. Schach. Du sollst nicht töten. Abgehakt. Du sollst deinen Ehepartner nicht betrügen. Richtig. Alles Dinge, die man nicht tun sollte, oder? Es würde uns schwerfallen, den Wahrheitsgehalt von auch nur einem, der in den Zehn Geboten genannten Punkte zu bezweifeln. Dennoch haben wir beim Thema Ruhe Zweifel – und das immer wieder, und zwar genau dann, wenn wir uns sagen, dass wir keine Zeit für Ruhe haben. Wir stellen uns vor das himmlische Gericht und erklären, dass wir am besten wissen, was wir brauchen, damit Geist, Körper und Seele gesund bleiben. Und während diese Worte über unsere Lippen kommen, verhöhnen unsere müden Seelen unsere arrogante Erklärung.

In Exodus 20,8 wird uns befohlen, des Sabbats zu gedenken und ihn zu heiligen. Dieses Gebot, eine bestimmte Zeit der Ruhe einzuhalten, wurde von all den anderen „Du sollst nicht“-Geboten überschattet. Das einzige Gebot, das uns auffordert, uns an die Ruhe zu erinnern, haben wir vergessen. Die unendliche Liste der Dinge, die wir täglich erledigen müssen, steht vor uns wie ein Offizier, der uns drillt und Befehle bellt. Inmitten des Lärms klingt Ruhe wie ein weiterer Punkt auf einer überwältigend langen Liste, die es abzuhaken gilt. Gott hat die Ruhe nicht einfach nur vorgeschlagen, er hat sie befohlen. Alle liebenden Eltern wissen, was das Beste für ihre Kinder ist, und werden sie zu einer vernünftigen Zeit ins Bett schicken. Genauso schaut Gott auf uns. Er flüstert in unsere Herzen: „Ruht euch aus.“

Unser Leben im einundzwanzigsten Jahrhundert trieft vor Erschöpfung. Wir leben heute zwar länger als unsere Vorfahren, aber wir verbringen weniger Zeit mit dem Leben und mehr Zeit mit dem Kampf gegen den Tod. Unsere Vorfahren starben schnell, weil ihr Körper sich abnutzte; wir sterben langsam, weil unser Geist sich abnutzt. Wir sind damit beschäftigt, zu tun, zu sein und zu werden, ohne Rücksicht auf die Menschen um uns herum und die Momente, die wir verpassen. Nicht nur Arbeit hat einen Wert, sondern auch Ruhe; beide sind entscheidend für ein gutes Leben.

Das Gefühl, der Ruhe unwürdig zu sein

Wahre Ruhe basiert auf dem Gefühl, dass wir es uns erlauben können, uns auszuruhen. Diese innere Erlaubnis beseitigt die Schuldgefühle, die oft mit Erholungsphasen verbunden sind. Ruhe ist keine Faulheit. Ruhe ist eine Gnade, die wir uns selbst gewähren. Es ist das Ja eines erschöpften Körpers, der sich einem heiligen Gebot hingibt. Es ist ein Akt des Gehorsams. Doch man stolpert nicht einfach in diesen Gehorsam hinein. Wir müssen uns bewusst darum bemühen, absichtlich zu ruhen. Und diejenigen, die sich darauf verlassen, dass wir alles für sie tun, werden nicht glücklich über unsere neu entdeckte Liebe zu diesem Gebot sein.

„Schatz, kannst du auf die Kinder aufpassen, damit ich zum Zumba-Kurs gehen kann?“ – „Kann ich mir zu Weihnachten freinehmen, Chef?“ Wie oft bitten wir andere um Erlaubnis, damit wir etwas in unserem Leben für uns selbst tun können? Unsere Entscheidungen und Handlungen werden von den Menschen, mit denen wir zusammenleben, beeinflusst und vorgeschrieben. Eine Auszeit ist wunderbar, aber wie Sie bereits gelernt haben, ist Ruhe so viel mehr als nur Freizeit. Sie benötigen niemanden, der Ihnen hilft, sich für fünf Minuten vom Computer abzuwenden, die Augen zu schließen, verspannte Muskeln zu lockern, den Kopf freizubekommen und Stille in sich zu spüren. Es ist kein großer Aufwand, wenn Sie abends für fünf Minuten aus dem Haus gehen, um die Abendkühle zu spüren, die Sterne zu betrachten und für das Gute zu danken, dass Sie heute erlebt haben.

Wenn Sie als alleinerziehender Elternteil ein kleines Kind betreuen, packen Sie Ihren kleinen Sternengucker ein und genießen Sie gemeinsam einen Moment der kreativen Erholung. Das Einzige, was Sie von der Erholung abhält, sind Sie selbst. Gestehen Sie sich Ihren Anteil an Ihrem aktuellen Erholungsdefizit ein und nehmen Sie das Geschenk der Erlaubnis an.

Es wird Menschen in Ihrem Umfeld geben, die versuchen werden, ihre eigene Erschöpfung bei Ihnen abzuladen oder Ihnen Schuldgefühle zu machen. Diese Menschen wissen vielleicht nicht einmal, dass sie nicht unbeteiligt an Ihrem Erschöpfungszustand sind. Ich befragte eine repräsentative Anzahl an Männern und Frauen dazu, warum sie sich nicht ausgeruht fühlten. Ich erhielt zahllose Antworten. Diese eine fasst die wichtigsten Ergebnisse zusammen:

Niemand, den ich kenne, ruht sich aus. Keine meiner Freundinnen hat Zeit für sich selbst. Keiner unserer Ehemänner hat Zeit, sich zu entspannen. Meine Kinder rennen von der Schule zu anderen Aktivitäten, nur um dann nach Hause zu kommen und stundenlang Hausaufgaben zu machen, bevor sie ins Bett fallen. Wenn ich anfangen würde, mich auszuruhen, würde ich zur faulsten Person in unserer Straße erklärt.

Ruhe ruiniert unseren Ruf, übermenschlich zu sein. Ruhe zeugt von unserer Menschlichkeit und unserem Bedürfnis nach täglicher Stärkung – unserem Bedürfnis nach dem täglichen Brot. Das Brechen dieses Brotes ist eine schwierige Aufgabe für diejenigen, die durch jahrelanges Fasten von der Ruhe unterernährt sind. Wir können die dichte Materie nur Bissen für Bissen verdauen. Wenn Sie versuchen, mit einer rasenden Gesellschaft mitzuhalten, die sich nur von Brotsamen ernährt, werden Sie nicht nur körperlich erschöpft sein. Sie werden geistig zerstreut, emotional zerrüttet und spirituell abgestumpft sein.

Die Erlaubnis zur heiligen Ruhe wurde bereits erteilt. Die Frage ist nur: Werden Sie daran denken, sich diese Ruhe selbst zu verordnen, wenn der Zeitpunkt gekommen ist?

19
Die Gabe des Innehaltens

Starke Schneefälle und Eisglätte haben die Straßen in meiner Gegend in spiegelglatte und hochgefährliche Fahrbahnen verwandelt. Salz und Sand sorgen dafür, dass die Straßen passierbar sind und wir vielbeschäftigte Menschen weiterarbeiten und produktiv sein können.

Wer hat schon Zeit für eine kleine Auszeit im Schnee, außer vielleicht die Kinder, nicht wahr? Ich habe beobachtet, dass die Menschen im Süden ihre Arzttermine nicht wahrnehmen, wenn Schnee liegt. Wenn der Meteorologe auch nur den leisesten Verdacht auf Schnee andeutet, gehen die Südstaatler in den Winterschlafmodus.

Zum Glück hatte sich der spontane Wintereinbruch innerhalb einer Woche in Frühlingswetter verwandelt. Wir verbrachten den Sonntag damit, heiße Schokolade zu trinken. Eine Woche später spielten die Kinder wieder in Shorts und T-Shirts Basketball. Nur an meinem Auto hafteten noch die Spuren des Winters, also machte ich mich auf zur Waschanlage, um Salz und Sand abwaschen zu lassen. Dort angekommen erinnerte mich ein Mitarbeiter daran, den Leerlauf einzuschalten.

Ich brauche diese Erinnerung auch in meinem täglichen Leben.

Das ist das Geschenk des Innehaltens. Es ist die Fähigkeit, aufzuhören, nicht weil man erschöpft ist und es muss, sondern weil man es will. Sie bestimmen bewusst, was Sie tun. Man kann die Hände vom Steuer nehmen. Wir alle benötigen neutrale Momente in unserem schnelllebigen Leben. Zeiten, in denen wir uns von Aktivitäten zurückziehen und uns auf das Sein konzentrieren können. Zeiten des Innehaltens, damit wir unser Bedürfnis nach Entspannung stillen können. Die meisten von uns haben das Gefühl, ständig etwas erledigen zu müssen, und viele von uns denken, dass wir auch dann etwas tun sollten, wenn wir gar nichts zu tun haben. Innehalten bedeutet nicht, mit jeglicher Aktivität aufzuhören. Vorausgesetzt, man ist nicht tot, tut man immer etwas. Wenn Sie die Gabe des Innehaltens für sich in Anspruch nehmen, dann haben Sie beschlossen, Ihre Existenz nicht durch sinnlose Aktivitäten zu rechtfertigen, und können sich der Ruhe öffnen. Was müssen Sie aufhören zu tun, um Raum für bewusste Ruhe zu schaffen?

Jetzt werden Sie vielleicht denken: An den Wochenenden ruhe ich mich aus. Aber tun Sie das wirklich? Wenn Sie Ihre Wochenenden mit Besorgungen, Wäsche, Gartenarbeit und geplanten Aktivitäten füllen, ist das keine Erholung. Ruhe sollte Sie zum Besseren verändern. Sie können Ruhe an den Früchten erkennen, die sie hervorbringt.

Es muss eine ungeplante und unstrukturierte Zeit in Ihrem Leben geben, in der Sie all das machen können, worauf Sie Lust haben. Während dieser Zeit sollten Sie eine Pause von Ihren üblichen Aktivitäten einlegen. Diese Auszeit im Alltag ist wichtig, um Wachstum, Heilung und Erholung zu ermöglichen. In der Praxis ist es ähnlich wie bei den Israeliten, die ihre Felder alle sieben Jahre ruhen ließen. In dieser Zeit sollte der Boden ruhen, um eine Überbewirtschaftung des Landes und die Erschöpfung seiner natürlichen Ressourcen zu verhindern. Ein wichtiger Punkt ist, dass die Felder auch während der Ruhezeit bewirtschaftet wurden.

Die Gabe der Ruhe erfordert nicht, dass man in ein Kloster eintritt, sich in die Stille zurückzieht oder stundenlang auf einen Grashalm starrt. Sie erfordert nur, dass Sie sich öffnen, um zu empfangen. Das Geschenk des Innehaltens stoppt die Blutung in Ihrem Leben. Es schließt das Leck, aus dem Ihre Energie entrinnt. Innehalten ist die Wiederherstellung Ihres Selbst. Jeder von uns benötigt jede Woche eine Auszeit, damit sich der fruchtbare Boden unseres Herzens und unseres Geistes regenerieren kann. Welche natürlichen Ressourcen in Ihrem Inneren werden durch den Mangel an Ruhe erschöpft?

Was wäre, wenn der Schlüssel zu den von Ihnen gewünschten Ergebnissen nicht darin liegt, noch produktiver zu werden, sondern darin, einfach nichts zu tun? Manchmal ist der größte Kraftakt, den Sie vollbringen können, einfach absichtlich keine Kraft auf irgendetwas mehr zu verschwenden. Wenn ich absichtlich sage, dann meine ich damit, dass Sie dies ganz bewusst mit einem bestimmten Ziel vor Augen tun. Sie denken jetzt vielleicht, wenn ich nichts tun soll, was genau gibt es dann da groß zu überlegen? Beginnen wir damit, das Nichtstun neu zu definieren. Nichts zu tun ist nicht dasselbe wie keine Aktivität. Erinnern Sie sich: Wie oft hat Sie schon jemand angerufen und gefragt, was Sie gerade tun, und Sie haben geantwortet: „Ach, nichts."

Die meisten von uns tun permanent zufällig nichts. Unser Nichts läuft darauf hinaus, dass wir Zeit mit Aktivitäten verbringen, deren Ergebnis schwer zu definieren ist. Wenn Sie sich einen Film oder eine Serie ansehen, wissen Sie bislang nicht, inwieweit sie das berühren oder Ihr Denken beeinflussen wird. Wir nennen es Nichtstun, wenn wir fernsehen, aber es ist nicht so einfach. Alles, was sich auf unsere Stimmung, unsere Gefühle, unsere Energie und unsere Kraft auswirkt, hat einen tiefgreifenden Einfluss darauf, wer wir werden und welches Leben wir genießen.

Könnte es sein, dass das Versäumnis, strikte Ruhezeiten in unser Leben zu integrieren, zu einer Kultur geführt hat, die ihr Potenzial nicht voll ausschöpfen kann, weil wir eine unserer größten Ressourcen vernachlässigt haben? Wir haben vergessen, welche Kraft im absichtlichen Nichtstun liegt. Wir haben die Gaben der heiligen Ruhe vernachlässigt. Das hebräische Wort, das diese Praxis der heiligen Stille am verständlichsten beschreibt, ist Schabbat. Es bedeutet Ruhe oder Unterbrechung der üblichen Tätigkeit. Es ist eine Zeit, die absichtlich dafür reserviert ist, um über Gott und das Leben nachzudenken. Besonders anstrengende, erschöpfende Aktivitäten werden vermieden und durch solche ersetzt, die den Geist, den Körper und den Verstand erneuern. Es ist eine Zeit, in der man sich auf das Spirituelle besinnt, geliebte Menschen wertschätzt und sich an der Schönheit des Lebens erfreut. Es geht darum, absichtlich nichts zu tun und sich zu entscheiden, still zu sein, obwohl es viel zu tun gibt. Das Nichtstun zu lernen, ist notwendig, um in einem überwältigend ereignisvollen Leben zu gedeihen.

Hat Ihre Erholung einen Zweck? Ruhen Sie sich aus, um sich zu erneuern? Brauchen Sie Ruhe, um Ihren kreativen Fluss freizusetzen? Dient Ihre Ruhezeit dem Zweck, Sie auch geistig neu zu erwecken? Haben Ihre Erholungsphasen Sie den Menschen nähergebracht, die Sie lieben?

Die bewusste Erholung macht uns zu einem besseren Menschen, den man gerne um sich hat. Sie sollten sich innerlich gestärkt fühlen und bereit sein, das Leben um Sie herum zu genießen. Zielgerichtetes Ausruhen hinterlässt ein Gefühl von Freude, Frieden, Freundlichkeit, aber auch Liebe und Sanftmut. Es erschließt die Offenbarungen des Himmels und setzt unsere Kreativität frei. Es ist das Geheimnis hinter dem Wunderbaren, der Wind, der einen vermeintlich unmöglichen Flug antreibt und möglich macht.

Viele Religionen sehen Ruhe als lebenswichtig an und zelebrieren Sabbattage, an denen es nur um das eigene Wohlergehen geht, dabei ist es egal, ob es sich um einen Freitag, Samstag oder Sonntag handelt. Heute sind unsere Wochenenden oft genauso ausgefüllt und stressig wie jeder andere Tag in der Woche. Es ist an der Zeit, den Sonntag zurückzubringen. Es ist an der Zeit, Ihr Bedürfnis nach Ruhe zu stillen. Legen Sie eine Zeit fest, in der Sie von der Arbeit befreit sind und sich dem Vergnügen und der Heilung widmen können.

Ich fordere Sie auf, einen Tag in der Woche zum heiligen Ruhetag zu erklären. Machen Sie das Haus nicht sauber. Mähen Sie nicht den Rasen. Verbringen Sie keine Stunden auf dem Baseballplatz. Holen Sie keine Büroarbeit nach. Machen Sie keine Wäsche. Fesseln Sie sich nicht an einen Fernseher oder Computer. Genießen Sie die Freuden der Zweisamkeit. Essen Sie eine gute Mahlzeit. Schlafen Sie mit Ihrem Ehepartner. Spielen Sie im Garten. Schlürfen Sie heißen Tee. Machen Sie einen Spa-Tag. Atmen Sie frische Luft ein. Lieben Sie sich selbst.

Vieles, was wir tun, ist auf die Zukunft ausgerichtet. Wir tun es, um unsere Karrieren voranzutreiben und unsere Bankkonten zu füllen. Wir tun es, damit wir unsere Ziele und Pläne erreichen können. All unser Tun reißt uns aus der Gegenwart. Wenn wir für die Zukunft leben, anstatt im gegenwärtigen Moment, wird es schwierig, das Leben zu genießen. Die Gabe des Innehaltens bringt Sie zurück in die Gegenwart.

In Epheser 5,14-16 heißt es: „Wacht auf, ihr Entschlafenen, steht auf von den Toten, und Christus wird euch das Licht geben. Seht also zu, dass ihr umsichtig wandelt, nicht wie die Toren, sondern wie die Weisen, indem ihr die Zeit ergreift, denn die Tage sind böse." Ein Leben, das auf die Zukunft ausgerichtet ist, ist wie ein Schlaf oder ein Tod in der Gegenwart. In den Zeiten der Ruhe werden Ihnen die Augen geöffnet. Sie werden in der Lage sein, das Licht und die Liebe um sich herum zu sehen. Ihre Zeiten endloser Aktivität werden durch bewusste Ruhe abgelöst.

Wenn Sie zu dem erwachen, was wichtig ist, werden Sie die Menschen in Ihrem Leben mit mehr Wertschätzung betrachten. Das Erwachen für die Gegenwart wird durch jede Erfahrung, jede Berührung, jedes Gefühl, jedes Gespräch verstärkt. Wenn Sie aufhören, etwas zu tun, werden Sie zu einem Beobachter des Lebens und können alles, was es zu bieten hat, wertschätzen. Die Gabe des Innehaltens lehrt Sie, die einfachen Dinge zu schätzen: die Süße eines Lächelns, den Glanz eines Glühwürmchens in der Sommernacht, die sanfte Berührung einer kühlen Brise oder den Duft von warmen Zimtschnecken im Ofen. Sie macht Sie dankbar, am Leben zu sein – im Hier und Jetzt.

Wenn Nichtstun die Antwort ist

Erwarten Sie nicht, dass sich das Nichtstun anfangs leicht anfühlen wird. Dem Bedürfnis nach Hektik zu widerstehen, erfordert Willenskraft. Oft investieren wir viel Energie in Aktivitäten, die nicht die gewünschten Früchte tragen. Schauen Sie sich eine Situation in Ihrem Leben an, in der Sie alles tun, was möglich ist, aber dennoch nicht die gewünschten Ergebnisse erzielen. Vielleicht ist es an der Zeit, dass Sie aufhören, gegen verschlossene Türen zu rennen. Nehmen Sie sich stattdessen einen Moment Zeit, gehen Sie einfach weg und tun Sie nichts. Lassen Sie das Problem, die Schwierigkeit oder das Anliegen unangetastet, während Sie sich neu orientieren. Mit dem richtigen Abstand bekommen Sie eine neue Perspektive, wenn Sie dieses Problem erneut angehen.

Ich weiß, das ist leichter gesagt als getan. Diese Vorgehensweise erfordert fast schon eine Mentalität, die Berge versetzt. Man kann Gebete sprechen und auf dem Wasser wandeln, um festzustellen, dass das Beste, was man manchmal tun kann, darin besteht, nichts zu tun. Im Folgenden finden Sie einige Fälle, in denen es sinnvoll sein kann, nichts zu tun, während Sie auf eine Antwort warten, die in der Gabe des Innehaltens gefunden werden kann.

Tun Sie nichts, wenn Sie ausgebrannt sind. In Jesaja 40,31 heißt es: „Die aber auf den Herrn harren, werden neue Kraft schöpfen; sie werden auffahren mit Flügeln wie Adler, sie werden laufen und nicht matt werden.“ Wenn Sie sich in mehr als drei meiner hier aufgeführten sieben Ruhephasen wiederfinden und erschöpft sind, leiden Sie unter einem Burn-out. Die Ermüdung von Geist, Körper oder Seele wirkt sich auf jeden anderen Bereich Ihres Lebens aus. Der wichtigste nächste Schritt ist: Versuchen Sie nicht, sich selbst zu regenerieren, indem Sie Ihrem ohnehin schon vollen Terminkalender noch mehr Aktivitäten hinzufügen. Als nächsten Schritt empfehle ich Ihnen, sich auszuruhen, und zwar ausgiebig. Verlangsamen Sie das Tempo Ihres Lebens, bis Sie die Energie haben, weiterzumachen. Durch das Warten und Innehalten werden Sie neue Kraft schöpfen.

Tun Sie nichts, wenn Sie verärgert sind. Emotionen können Sie in die Irre führen. Wut verzerrt Ihre Wahrnehmung und führt zu einer unangemessenen Reaktion auf eine Situation. Wenn Sie abwarten, bis sich die Wut gelegt hat, werden Sie die Geschehnisse klarer sehen. „Seid schnell im Hören, bedacht im Reden und langsam im Zorn; denn der Zorn des Menschen bringt nicht die Gerechtigkeit Gottes hervor“ (Jakobus 1,19-20). Zorn kann nur noch mehr Schaden und Schmerz verursachen. Seien Sie bereit, innezuhalten, bis sich Ihre Wut gelegt hat. Wenn Sie dann antworten, werden Ihre Worte die Kraft haben, zu heilen und zu reparieren.

Tun Sie nichts, wenn Ihre Kreativität nachlässt. Ideen und innovative Gedanken gedeihen in einem zufriedenen Geist und in einem ruhigen Gemüt. Wie oft nimmt man zum Beispiel an einem Brainstorming teil und hat dann nicht eine einzige Idee, aber dann im Nachhinein wird unser Geist förmlich von kreativen Gedanken überflutet. Das Nichtstun entbindet uns von der Pflicht, schöpferisch zu sein, und ermöglicht es der Kreativität, auf natürliche Weise zu entstehen. „Am Anfang schwebte der Geist Gottes über den Wassern. Alles ist durch ihn gemacht, und ohne ihn ist nichts, was gemacht ist“ (Johannes 1,3). Gottes Geist ist allgegenwärtig und lauscht auf das, was Sie erschaffen wollen.

Tun Sie nichts, wenn Sie Angst haben. Angst kann dazu führen, dass Sie etwas akzeptieren, was nicht existiert. Sie kann Sie auf einen falschen Weg leiten und schlechte Entscheidungen herbeiführen. Wenn Sie Angst haben, ziehen Sie sich am besten für eine Zeit zurück. Konzentrieren Sie sich auf all das, von dem Sie wissen, dass es wahr ist, und nicht auf das, was Sie denken oder sich vorstellen. Halten Sie einen Moment lang inne und analysieren Sie die Realität der Gegenwart. Hören Sie auf die stille kleine Stimme, die Ihnen zuflüstert: „Denn ich bin der Herr, dein Gott, der deine rechte Hand ergreift und zu dir spricht: Fürchte dich nicht, ich möchte dir helfen“ (Jes. 41,13 NIV).

Tun Sie nichts, wenn Sie besorgt sind. Besorgnis verändert uns von innen heraus. Unser Herzschlag erhöht sich, unsere Atmung wird schneller, unser gesamter Körper spannt sich als Reaktion auf die drohende Gefahr an. Die Gefahr, die mit höchster Wahrscheinlichkeit die meisten unserer Ängste auslöst, geht von den Altlasten unseres hektischen Lebens aus. Wenn wir in Zeiten lähmender Angst einfach nichts tun, kann Frieden einkehren. Welle für Welle wird ein Teil des angestauten Unrats beiseite geschwemmt. Es ist die Gelegenheit, seine Sorgen abzulegen und seine Gedanken auf Gottes Liebe zu richten (siehe 1. Petr 5,7). Warum sollten Sie sich weiter erschöpfen, indem Sie vor den Gefahren davonlaufen, wenn Sie diese mit Ruhe und liebevoller Fürsorge bannen können?

20
Die Gabe der Kunst

Wo sind Sie gerade, wenn Sie diese Worte lesen? Vielleicht lehnen Sie sich zu Hause auf der Couch zurück, sitzen am Schreibtisch im Büro oder liegen in Ihrem Bett. Was ist um Sie herum? Wer ist bei Ihnen? Gibt es etwas Schönes zu sehen? Einige von Ihnen werden vielleicht antworten: „Nein, an meinem Büro ist nichts wirklich schön“ oder „Ja, ich bin von Schönheit umgeben“. Andere entgegnen vielleicht mit dem Klischee „Schönheit liegt im Auge des Betrachters“.

Da ich nicht in Ihr Leben hineinschauen kann, erzähle ich Ihnen etwas über meines. Wir fangen damit an, wo ich bin und was ich in meinem Zimmer sehe. Ich sitze an meinem Schreibtisch. Zwei Laptops und ein zusätzlicher Monitor nehmen die begrenzte Fläche ein. Zudem finden sich hier eine braune Bibel, ein rosa Tagebuch und ein Notizblock. Zu meiner Linken stehen eine Stehlampe und ein Regal, in dem sich Bilder und andere Erinnerungen an Worte finden, die mein Leben prägen. Worte wie Glaube, Familie, Liebe, Hoffnung und Freunde. Es ist still, bis auf das leise Rauschen des Verkehrs, der von der nahe gelegenen Straße kommt. Darf ich die Schönheit, die ich sehe, mit Ihnen teilen? Ich sehe die Schönheit in den Gegensätzen. Meine Hoffnungen, die ich in meinem rosafarbenen Tagebuch niederschreibe, stehen im Gegensatz zu der Formalität meiner braunen Bibel. Ich sehe Schönheit in den Worten, die mich umgeben. Jedes enthält ein Versprechen, was mir zusteht, wenn meine Arbeit heute beendet ist.

Ich sehe die Schönheit in der Melodie eines Liedes, das von Herzen kommt. Aber genug von mir; sehen wir uns die Schönheit an, die Sie sehen.

Wir alle genießen die Schönheit. Denken wir nur daran, wie wir auf die Natur reagieren. Haben Sie jemals jemanden sagen hören: „Das war ein hässlicher Sonnenuntergang“? Wahrscheinlich nicht, aber ich wette, Sie haben die folgenden Worte schon oft gehört: Ich liebe die Schönheit von Gottes Schöpfung. Schauen Sie sich doch einmal um. Schönheit kann man überall finden. Gottes künstlerische Seite zeigt sich in den schneebedeckten Gipfeln der majestätischen Berge, in den Wasserfällen, in der Farbenpracht der blühenden Blumen und in der Weite des Himmels. Alles verkündet die Herrlichkeit Gottes und zeigt sein Werk (siehe Ps 19,1). Er schafft nicht nur Schönheit aus dem Nichts, sondern hat auch die Materialien entworfen, aus denen alles besteht (siehe Offb 4,11). Er setzt Farben, Formen und Texturen meisterhaft ein, um das Leben zu offenbaren. Wie die Besucher einer heiligen Kunstausstellung müssen wir den Künstler für die Schönheit seines Werkes preisen.

Gott liebt es nicht nur, Schönheit zu erschaffen, sondern sie auch zu teilen. Er teilte die Schönheit mit Adam, indem er ihn in den Schöpfungsprozess einbezog und ihm erlaubte, jedem Lebewesen einen Namen zu geben. Adam durfte das Material, das ihm zur Verfügung stand – Worte und Vokabeln – zum Schaffen verwenden. Gott hat bei diesem Vorschlag nicht gezögert. Er sagte nicht: „Es ist in Ordnung, Adam, wenn du eine Schreibblockade hast.“ Oder: „Du bist vielleicht nicht talentiert genug für diese Aufgabe, aber versuch es trotzdem, Adam.“ Nein, er war von Adams kreativen Fähigkeiten überzeugt. Er wusste, dass Kunst nicht aus irgendeiner unbekannten Quelle oder zufälliger Inspiration kommt. Sie kommt von innen – aus der Tiefe dringt die Schönheit an die Oberfläche. Aus den Tiefen unserer Seele setzen wir die Gabe unserer Kunst frei. Das Alte Testament ist voll von Beispielen für Gottes Liebe zur Schönheit.

In Exodus 25 gab er den Auftrag, zahlreiche Kunstwerke anzufertigen, darunter Wandteppiche, Metallgefäße, Kleidung, Möbel und

Architektur. Einfach alles – auch Musik und Tanz entspringen seiner Schöpfung. Erinnern Sie sich an König David, den Mann, der so heftig tanzte, dass er seine Hose verlor? Er wurde ein Mann nach dem Herzen Gottes genannt. Das Alte Testament beschränkt sich nicht nur auf die materiellen und musikalischen Kunstwerke, es enthält auch viele poetische Beispiele, darunter Psalmen, Sprüche, Predigten und das Hohelied Salomos. Die gesamte Heilige Schrift ist von Gott inspiriert (siehe 2 Tim 3,16).

Die Kunst war es auch, mit der Gott die Israeliten in der Wüste heilte. In dieser Zeit starben viele an giftigen Schlangenbissen. Gott ließ das Volk ein Bild einer Schlange auf einem Stab anfertigen und wies Mose an, es hochzuhalten. Als die Menschen das Bild sahen, wurden sie geheilt. „Und wie Mose die Schlange in der Wüste hochhielt, so muss auch der Sohn des Menschen hochgehalten werden: Damit jeder, der an ihn glaubt, nicht verloren gehe, sondern ewiges Leben habe“ (Johannes 3,14-15 KJV). Noch heute ist das Symbol für den Arztberuf eine Schlange, die sich um einen Stab windet. Kunst hat die Fähigkeit zu heilen, wenn sie auf Gott als Heiler anspielt.

Auch das Neue Testament enthält Beispiele für Gottes Wertschätzung von Kunst und Schönheit. Jesus wurde oft für seine Fähigkeit als geschickter Geschichtenerzähler gelobt. Seine Lehren sind voll von Gleichnissen und fiktiven Geschichten, die dazu dienen, neue Einsichten in alte Probleme zu bringen. Er nutzte die Macht der Worte, um geistliche Wahrheiten lebendig werden zu lassen. Im Übrigen gilt die Bibel als einer der größten Einflüsse auf die Kunst in der Geschichte. Von den bunt bemalten Glasfenstern bis hin zu Michelangelos David sehen wir, wie die Gabe der Kunst zum Ausdruck kommt.

Vielleicht denken Sie jetzt: Aber, ich selbst bin kein Künstler, Musiker, Schriftsteller oder Dichter. Ich mache keine Kunst. Dann lassen Sie mich etwas vorschlagen. Sie müssen keine Kunst machen: Sie sind Kunst. Machen Sie diesen Paradigmenwechsel mit mir. Was genau ist

Kunst? Kunst ist der Ausdruck von menschlichem schöpferischem Können, in der Regel in einer visuellen Form, die vordergründig wegen ihrer Schönheit oder emotionalen Kraft geschätzt wird. Kunst ist die zur Schau gestellte Menschlichkeit. Die Gabe der Kunst ermöglicht es uns, unseren Anteil am großen Ganzen zu vermitteln, indem wir die Materialien nutzen, die uns das Leben gegeben hat. Unsere Erfahrungen werden zur Farbe, mit der wir unsere Gaben schmücken, und unsere Beziehungen werden zu den Texturen, aus denen unsere Geschichten gewoben sind.

Manche Menschen arbeiten mit Ton. Sie wissen, wie es ist, wenn man ganz unten ist, und formen aus dem Schlamm, der auf sie geschleudert wurde, etwas Neues, das voller Wahrheit und Ehrlichkeit ist. Ihre Kunst hat die Kraft, anderen zur Seite zu stehen und sie wissen zu lassen, dass sie nicht allein sind.

Andere arbeiten mit Pastellfarben. Man spürt, dass sie die Sonnenseiten des Lebens genießen durften. Sie sind wie Cheerleader, die andere ermutigen und aufmuntern.

Dann gibt es diejenigen, die mit Ölfarben malen. Sie haben schwierige Situationen in ihrem Leben überstanden und sind auf die andere Seite geschlüpft. Sie benutzen diese Schwierigkeiten als Kulisse und malen ein Bild der Hoffnung für die Zukunft.

Beachten Sie, dass jede Art von Kunst, die ich erwähnt habe, bei demjenigen, der sie betrachtet, eine positive Reaktion hervorruft. Kunst erschafft Schönheit, die gewürdigt wird. Sie löst keine Angst oder Zweifel aus.

Die Gabe der Kunst siebt das Schöne aus dem Hässlichen heraus. Schönheit zeigt den Sinn des Schmerzes auf. Sie findet Glauben, wo Sorgen sind. Kunst ist mehr als nur Können und Talent. Der wahre Künstler macht die Wahrheit sichtbar und bedient sich dazu der eigenen Erfahrungen. Er zeigt das Paradoxon einer verborgenen Schönheit auf, die entsteht, wenn man von allen Seiten bedrängt wird.

Es ist der Druck, der uns lehrt, das Leben zu schätzen. In diesem Prozess lernen wir den Wert der Dankbarkeit in guten Zeiten und der Barmherzigkeit in schlechten Zeiten. Zwischen dem Druck und dem Ausdruck vergeht Zeit. Im Prozess des Wartens kommt die Kunst zum Vorschein.

„Kunst ist eine Co-Produktion zwischen Gott und dem Künstler, und je weniger der Künstler tut, desto besser."

André Gide

Kunst und Kreativität entwickeln sich in der Zeit kreativer Ruhe. Suchen Sie nach Schönheit und verbringen Sie Zeit in der Gegenwart. Analysieren Sie sie nicht, sondern genießen Sie einfach. Wenn Sie erfrischt und energetisiert sind, gehen Sie vom Erleben der Kunst zum Schaffensprozess über. Ihr künstlerischer Ausdruck kann viele Formen annehmen, einschließlich Malen, Zeichnen, Basteln, Bildhauerei, Kochen, Backen, Fotografieren, Schreiben, Sprechen oder der Schauspielerei. Diese Aktivitäten sind keine Ruhepausen, aber sie entstehen aus einem Ort der Ruhe heraus.

Sie sind das Geschenk der Kunst, das aus der Ruhe geboren wird. Wenn Ihre Seele Raum hat, sich auszudehnen und zu wachsen, kann die daraus resultierende Kreativität überraschend sein und Sie dazu bringen, Gott auf eine Weise auszudrücken, die für Ihren Lebensweg einzigartig ist. Diese Welt benötigt das Geschenk Ihrer Kunst, denn sie steckt voller Wahrheit und Schönheit.

21
Die Gabe der Kommunikation

Das abgenutzte Lehrbuch für Naturwissenschaften roch nach Erdnussbutter und Gelee. Die Hälfte der Seiten war mit einem schmierigen Brei verklebt, von dem ich nur hoffen konnte, dass es sich um Marmelade handelte. Mein Sohn und ich nahmen unsere Lernpositionen ein, um Kapitel 6 für seine bevorstehende Prüfung zu lernen. In der vierten Klasse sind die Naturwissenschaften voll von Entdeckungen. Vom kleinsten Käfer über jedes Element bis hin zu chemischen Prozessen und wissenschaftlichen Theorien. Der Test in dieser Woche befasste sich damit, wie verschiedene Arten von Lebewesen kommunizieren.

Das Lehrbuch enthielt einen Weblink mit dem Titel *World's Weirdest: Honey Bee Dance Moves*. Ich kenne kein Kind, das sich ein Video über die seltsamsten Dinge der Welt entgehen lassen würde, also mussten wir es uns natürlich ansehen. Das Video zeigte, wie Honigbienen durch Tanzen miteinander kommunizieren. Durch ihren Tanz übermitteln sie Informationen, die ihnen helfen, Nahrung zu finden und zu überleben. Das Buch beschrieb Studien, die belegten, dass die Tanzfähigkeit der Bienen bei Ermüdung abnahm. Eine einzelne übermüdete Biene kann im Bienenstock Chaos anrichten und schließlich zum Tod aller Bienenvölker führen.

Der Mangel an Ruhe wirkt sich also auf jeden Aspekt der Natur aus, vom Großen bis zum Kleinen. Das macht deutlich, wie wichtig die Kommunikation in der Familie und am Arbeitsplatz ist. Wenn unser

Leben kontinuierlich großem Stress ausgesetzt ist, sind wir nicht mehr in der Lage, alle Informationen, die auf uns hereinprasseln, zu verarbeiten. Als Reaktion schalten viele Menschen dann einfach ab. Sie weigern sich zu sprechen und haben weder die Energie noch die Aufmerksamkeitsspanne, um ein weiteres Wort aufzunehmen. In dem Maße, wie unsere Kommunikationsfähigkeit nachlässt, nimmt auch unsere Fähigkeit, Beziehungen zu pflegen, ab und die Stabilität der Familie ist in Gefahr.

Unser Mangel an innerer Ruhe wirkt sich nicht nur auf die Kommunikation mit den Menschen in unserem Leben aus, sondern auch auf die Kommunikation mit Gott. Seine Stimme wird zu einer fernen Erinnerung an die Momente, in denen wir noch Zeit zum Zuhören hatten. Die Gabe der Kommunikation sorgt dafür, dass wir auf den eigenen Körper hören, damit wir ein besserer Zuhörer werden.

Zuhören ist eine der wichtigsten Fähigkeiten, die wir haben. Wie gut wir zuhören, hat einen großen Einfluss auf die Qualität unserer Beziehungen, unsere berufliche Effizienz und unsere persönliche Zufriedenheit. Wir verwechseln oft Zuhören mit Hören. Das Gehör ist einer unserer fünf Sinne. Wir können Dinge hören, ohne es überhaupt zu versuchen. Es ist ein körperlicher Vorgang, der automatisch abläuft, ohne dass wir mitarbeiten müssen. Zuhören erfordert mehr von uns. Es erfordert Fokussierung, Konzentration und den Wunsch, zu empfangen, was uns mitgeteilt wird. Zuhören bedeutet, nicht nur auf die gesprochenen Worte zu achten, sondern auch auf die Tonlage, den Ausdruck, die Lautstärke und den Tonfall des Sprechenden. Es bedeutet, sich sowohl der verbalen als auch der nonverbalen Botschaften bewusst zu sein, die ausgesendet werden. Unsere Fähigkeit, aufmerksam zuzuhören, hängt davon ab, wie genau wir jede Botschaft wahrnehmen und verstehen.

Da wir zwei Ohren und nur einen Mund haben, sollte man meinen, dass wir gute Zuhörer sind. Die Wahrheit ist, dass die meisten von uns das

Gegenteil sind. Der Psychiater und Forscher William Glasser geht davon aus, dass wir uns nur an 20 Prozent des Gehörten erinnern. Das bedeutet, wenn Sie mit Ihren Kindern, Ihrem Ehepartner oder Ihren Kollegen sprechen, erinnern sie sich möglicherweise nur an einen winzigen Bruchteil des Gesprächs. Sie profitieren nicht von der gesamten Botschaft. Bleibt nur zu hoffen, dass der wichtigste Teil der Konversation im Gedächtnis verhaften bleibt. Was aber, wenn dem nicht so ist? Nach William Glasser bleiben uns hingegen bei einer aktiven Kommunikationsform wie der Diskussion tatsächlich mehr als 70 Prozent desselben Gesprächs in Erinnerung.

Der Prozess des Gebens und Nehmens in der Kommunikation führt zu einer Erfahrung. Diese Erlebnisse verbinden sich mit unseren Gedanken und Gefühlen, die wiederum Platz in unserem Gedächtnis finden. Gute Zuhörer haben mehr vom Leben – sie erleben mehr.

Indem auch Sie ein besserer Zuhörer werden, lernen Sie aus Ihren Interaktionen mit anderen, wie Sie Ihre Kommunikationsfähigkeiten verbessern, und sind damit auch in der Lage, erfolgreiche Beziehungen aufzubauen. Zuhören ist eine Fähigkeit, an der wir alle arbeiten können.

Liebe, die Sprache Ihrer Seele

Wenn Sie Ihre innere Ruhe finden, was bedeutet das dann für Sie? Ganz einfach, Sie hören dann auch mit Ihrem Geist respektive Ihrem Verstand zu. Die Ruhe ist die Sprache der Liebe. Sie kommuniziert auf eine Art und Weise, die Ihre Seele versteht, und heilt die verletzenden Worte anderer. Worte können uns sehr verletzen. Ich weiß das, weil ich selbst schon einmal diesen Dolch der Worte benutzt habe. Damals bin ich zurückgewichen, wenn ich verwundet wurde, und habe dann zurückgeschlagen. Ich habe die Menschen, die mir am nächsten standen, förmlich niedergestochen, als mich das hektische Leben überwältigte und mir alles zu viel wurde. Daraufhin habe ich zarte Gefühle seziert, um mehr zu tun, mehr zu sein und mehr zu haben.

Wenn Sie feststellen, dass Worte zu Ihrer Waffe werden, dann üben Sie sich in Stille. Die innere Ruhe wird Sie daran erinnern, vorsichtig mit Ihren Worten umzugehen, aufrichtig zuzuhören, langsam zu sprechen und nicht so schnell zornig zu werden (siehe Jakobus 1,19).

Transformatorische Kommunikation ist ein Geschenk. Sie erreicht den tiefsten Teil unseres Verständnisses, umgeht den Intellekt und dringt direkt zu unserem spirituellen Kern vor. Sie spricht zu unserem Herzen, ohne unseren Verstand um Erlaubnis zu bitten. Um dieses Geschenk zu genießen, müssen wir in der Lage sein, es zu empfangen. Diese Form der Kommunikation ist das Gegenteil von der, die wir normalerweise praktizieren. Wenn wir uns mit jemandem unterhalten, denken wir schon lange vor dem Ende des Gesprächs darüber nach, was wir erwidern werden. Wir hören auf, unserem Gesprächspartner die volle Aufmerksamkeit zu schenken, weil wir begierig sind, unsere eigene Geschichte zu erzählen. Wenn unser Gesprächspartner unser mangelndes Interesse an dem, was er zu sagen hat, bemerkt, wird er in Zukunft weniger geneigt sein, Dinge mit uns zu teilen, ja, er könnte sogar beleidigt sein oder verärgert werden. Wie wir in Teil I besprochen haben, ist jede Geschichte wichtig und verdient es, erzählt zu werden.

Meine Bitte an dieser Stelle: Vernachlässigen Sie nicht das Geschenk der Kommunikation im Tausch gegen einen flüchtigen Vorgeschmack auf emotionale und soziale Ruhe. Wenn dieses Geschenk nicht vollends aufgenommen wird, kann es nicht verdaut werden. Sie verpassen dann viel von dem Guten, das es enthält.

Sogar Ihr religiöses Leben kann darunter leiden, wenn Sie die Gabe der Kommunikation ignorieren. Ihr Gebet muss übrigens nicht aus gereimten Worten und auswendig gelernten Bibelstellen bestehen, um von Gott erhört zu werden. Gott hört jedes Gebet. Das eilige, wenn Sie morgens alle aus dem Bett holen müssen. Das leise Gebet im Wartezimmer einer Intensivstation oder das niedergeschlagene am Rande einer Beerdigung. Er hört Ihnen aufmerksam zu (siehe Ps 34,15). Er hält immer seinen Teil der Kommunikationsgleichung aufrecht. In unseren Gebeten, in denen wir um Weisheit, Führung, Hoffnung und Trost bitten, lassen wir keine Zeit, um eine Antwort zu hören. Wir beten, ohne uns zu beugen und zuzuhören. Wir sprechen zu Gott, ohne auf seine Antwort zu hören. Frustration baut sich auf, weil wir annehmen, dass Gott sich nicht um uns kümmert. Aber wir sind ihm nicht egal – er versucht ständig, mit uns zu kommunizieren. Wie frustrierend muss es sein, mit jemandem zu sprechen, der sich weigert, zuzuhören.

Das erinnert mich an ein Ehepaar, das zu mir kam. Die Frau beklagte sich, dass ihr Mann nicht hören könne, und wollte, dass ich sein Gehör überprüfe. Sie war aufgebracht, weil sie ihre Worte immer wieder wiederholen musste. Trotz ihres ständigen Geplappers tat er die Dinge nicht, um die sie ihn gebeten hatte. Zuerst nahm ich meine Stimmgabel in die Hand, um sein Gehör zu überprüfen. Dann schaute ich mit meinem Otoskop in seinen Gehörgang. Ich flüsterte sogar von der anderen Seite des Zimmers mit der leisesten Stimme, die ich finden konnte. Sein Gehör war ausgezeichnet. Ich sah den Mann an und fragte ihn: „Was ist denn mit Ihrem Gehör los?" Er antwortete: „Mit meinem Gehör ist alles in Ordnung, Frau Doktor. Ich höre jedes Wort, das aus ihrem Mund kommt. Ich habe mich nur dazu entschieden, nicht mehr zuzuhören." Wie traurig!

Noch trauriger ist die Tatsache, dass wir uns manchmal dafür entscheiden, nicht auf Gott zu hören. Wir beten. Er hört zu. Er spricht. Wir reden einfach weiter. Wir machen weiter mit unserem Tag und hoffen, dass er uns antworten wird. Die Antworten kommen immer wieder in Form von Weisheiten, Offenbarungen und Wissen. Doch unsere Ohren sind vom ständigen Lärm betäubt. Wir fürchten, dass wir seine Aufmerksamkeit nicht verdienen oder seiner Liebe nicht würdig sind.

Unsere Ängste werden von seinem Trost nicht berührt, weil unsere Herzen unruhig sind.

Das Ruhen in Gott erfordert die Gabe der Kommunikation. Es bedeutet, dass wir unsere endlosen Aktivitäten unterbrechen müssen, um Zeit mit Gott zu verbringen und ihm zuzuhören. Die Ruhe Gottes ergibt sich aus dieser Interaktion. Wenn wir ruhen, packen wir dieses Geschenk der Kommunikation aus. Wenn wir zuhören, empfangen wir. Wir hören zu, um Informationen über die Pläne zu erhalten, die Gott für uns hat (siehe Jer. 29,11). Wir hören zu, um in unserem Inneren ermutigt zu werden (siehe Eph. 3,16). Wir hören zu, um zu erfahren, wer wir sind (vgl. Gen 32,28). Wir lauschen, um den Klang der Freude am Morgen zu vernehmen (vgl. Ps 30,5). Wir hören auf die Hilfe, die Gott uns in Zeiten der Not schickt (siehe 2. Sam 5,4). Wir lauschen, um uns an seinem Gesang über uns zu erfreuen (vgl. Zef 3,17).

Im Text eines meiner Lieblingslieder, *The More I Seek You* in der deutschen Übersetzung „Je mehr ich dich suche“, heißt es: „Ich möchte zu deinen Füßen sitzen. Aus dem Becher in deiner Hand trinken. Mich mit dem Rücken an dich lehnen und atmen, deinen Herzschlag spüren. Diese Liebe ist so tief, sie ist mehr, als ich ertragen kann. Ich zerschmelze in deinem Frieden, er ist überwältigend.“

Das ist das Gefühl, nach dem wir uns sehnen. Überwältigt zu sein von Frieden, Freude und Zufriedenheit. Wir wollen Spielraum in unserem Leben haben und Platz für Ruhe. Wir möchten uns in der Umarmung Gottes ausruhen, uns auf ihn stützen und seinen Herzschlag in allen Dingen hören. Lassen Sie uns zuhören und sehen, was er jetzt gerade sagt.

22 Die Gabe der Produktivität

Jedes neue Abenteuer im Leben ist eine Reise. Wir begegnen ihr voller Mut, Nervosität, Freude und Aufregung. Für mich begann diese Reise mit meinem Medizinstudium und sie fand einen ihrer Höhepunkte, als ich heiratete und Mutter wurde. Jeder dieser Lebensabschnitte war erfüllt von Ereignissen, von neuen Dingen, die es zu lernen galt, von neuer Verantwortung. Jedes dieser Ereignisse war aber auch ein Zweig des verdorrten Baumes, der mein ausgebranntes Leben geworden war. Ich war überzeugt, dass jede Frau das Geheimnis kannte, wie man sein Leben unter Kontrolle hält, in meinen Augen war einfach nur niemand dazu bereit, es mit mir zu teilen.

Kein Jahr verging, in dem ich mich nicht mit den neuesten Erkenntnissen hinsichtlich Produktivität, Effizienz und Multitasking beschäftigte. Mein Ziel war es, das Geheimnis zu lüften, wie ich Arbeit und Familie unter einen Hut bringen konnte. Ich empfand mich in einer schier unmöglichen Situation: Ich musste Powerfrau und gleichzeitig Supermama sein, ohne dabei einen Nervenzusammenbruch zu erleiden. Gerne hätte ich gesagt, dass mir dieses Vorhaben gelang, aber in Wirklichkeit musste ich meinen Umhang an den Nagel hängen – als Superwoman hatte ich kläglich versagt.

In diesen ersten Jahren, von denen ich spreche, kollidierten die drei wichtigsten Dinge in meinem Leben. Es war eine Katastrophe, die nur darauf wartete, sich zu ereignen. Karriere, Ehe und Mutterschaft lasteten wie drei Felsbrocken auf meinem schwachen Körper. Ich wurde von dem Leben, das ich mir aufgebaut hatte, erdrückt. Ich bewirkte eine Menge guter Dinge, aber hatte keine Zeit, diese auszukosten, ich konnte nicht einmal bewundern, was ich da geschaffen hatte. Produktivität bedeutet nicht einfach nur etwas zu tun. Produktivität bedeutet, Dinge zu erledigen, die wichtig sind, und darüber hinaus auch die Zeit zu finden, um sich davon überzeugen zu können, wie gut die Früchte unseres Lebens gedeihen. Man kann beschäftigt und trotzdem unproduktiv sein.

> *„Es geht nicht so sehr darum, wie beschäftigt man ist, sondern warum man beschäftigt ist. Die Biene wird gelobt. Die Mücke zerquetscht."*
>
> *Mary O'Connor*

Sind Sie so produktiv, wie Sie es sich wünschen? Sind Sie eine zielstrebige Biene oder eine lästige Mücke? Beide sind fleißig, aber der Unterschied liegt in den Ergebnissen ihrer Aktivität. Aufgrund der Früchte, die sie hervorbringt, erscheint uns die Biene wertvoller als die Stechmücke. Die Biene bestäubt die Blumen und stellt Honig her, beides empfinden unsere Sinne als ansprechend und wertvoll. Hingegen fliegt die Mücke einfach nur herum, saugt unser Blut ein und hinterlässt juckende rote Stiche. Das eine ist fruchtbar, das andere lästig. Bringen Sie schöne und süße Dinger hervor, wenn Sie produktiv sind, oder ist Ihr vollgestopftes Leben zu einem schmerzhaften Ärgernis geworden?

Der Gedanke, sich Zeit zum Ausruhen zu nehmen, ist für die meisten von uns kontraintuitiv. Die Vorstellung, dass Ruhe zu Produktivität führt, steht im Widerspruch zur heutigen Arbeitskultur. Seit der Genesis werden wir ermutigt, fruchtbar zu sein. Diese Fruchtbarkeit beruht auf dem Prinzip von Saat und Ernte, einem Konzept, das sich durch die gesamte Bibel zieht, angefangen bei Genesis 8,22 bis hin zur Offenbarung 14,4. Fruchtbarkeit ist jedoch nur dann von Nutzen, wenn sie auch zu einem guten Resultat führt. Das Ziel kann nicht nur sein, den Samen vorzubereiten, es geht auch darum, dass er gute Früchte trägt (siehe Johannes 15,16). Die Produktivität gewährleistet, dass die Früchte in unserem Leben gedeihen und wachsen und unsere Versorgungsquelle nicht versiegt. Produktivität bedeutet aber auch, dafür zu sorgen, dass die Früchte unserer Arbeit nicht verderben, bevor wir die Gelegenheit haben, sie zu genießen.

Was nützt eine Ehe, wenn man keine Zeit dafür findet? Was nützt die Elternschaft, wenn man seine Kinder nicht mal richtig kennenlernen kann? Anwesenheit ist nicht gleichbedeutend mit Produktivität. Wenn Sie sich von den Menschen, die Ihnen am Herzen liegen, abgekoppelt fühlen, stimmt etwas mit der Frucht nicht, die Sie hervorbringen. Bitterkeit, Groll, Wut, Angst, Unsicherheit, Erschöpfung und Hoffnungslosigkeit – das sind die faulen Früchte, die dafür sorgen, dass sich unsere Produktivität von der Biene zum Moskito verschiebt. Aktivität kann ein sehr wirksames Mittel sein, um zu vermeiden, dass wir uns mit Gefühlen auseinandersetzen, die wir bisher nicht angetastet haben. In der Ruhe können wir sie verarbeiten.

In der Ruhe finden wir die Gnade und Barmherzigkeit, uns den Problemen des Lebens zu stellen. Es ist unmöglich, in wichtigen Bereichen unseres Lebens Höchstleistungen zu erbringen, wenn wir uns keine Zeit für Ruhe nehmen. Manchmal ist das Wichtigste an einem Tag, die kurze Ruhepause, die wir zwischen den Zeiten des Tuns und des Daseins einlegen.

Im Zustand der Ruhe verbleiben

Im Johannesevangelium, Kapitel 15, lehrt Jesus, wie das Festhalten in ihm zu größerer Produktivität führt. Wenn wir uns in ihm verhaften, bleiben wir an einem Ort der Ruhe. Alles andere kommt von diesem Ort. Im Zustand der Ruhe zu verbleiben bedeutet, dass Sie an Ihrem persönlichen Ort der Ruhe stabil bleiben. Er wird zum Boden, aus dem all Ihre guten Früchte hervorgehen. Er verbindet Sie mit der Kraft Gottes und erinnert Sie daran, tiefer in die Ruhe zu gehen. Diese Ruhe ist wie Meditation und befähigt Sie für jede gute Arbeit. Je tiefer Sie gehen, desto produktiver werden Sie.

Das Verb „bleiben" wird auch mit den Begriffen „Ausharren", „Warten" oder „Annehmen ohne Zwang" gleichgesetzt. Es impliziert einen Lernprozess: Wir warten, ohne unruhig zu werden. Es ist die Fähigkeit, den Zustand der Ruhe ohne Verpflichtung zu akzeptieren. Halten wir den Ruhemodus aufrecht, werden wir mit unseren eigenen Grenzen und der Allmacht Gottes konfrontiert. Das Warten ist eine Einladung zur Ruhe und zum Vertrauen und auch eine Lektion. Gelingt es Ihnen, zur Ruhe zu kommen, während Sie auf etwas warten? Können Sie zwischen einer Pause und einem Ende unterscheiden? Sehen wir uns doch einmal näher an, wie ein Zustand anhaltender Ruhe zu Produktivität führen kann.

Wir sind durch Gottes Geist mit Jesus verbunden. Er ist sozusagen der Weinstock und Gott der Gärtner, der den Weinstock beaufsichtigt (siehe Johannes 15,1). Feinde können versuchen, den Weinberg zu zertrampeln (siehe Jer. 12,10-11). Diese vermeintlichen Feinde sind Menschen, die versuchen, Ihre Gefühle zu manipulieren, und Sie dazu bringen möchten, Ja zu sagen, obwohl Sie eigentlich Nein meinen. Sie können aber auch in Form einer Aufgabenliste kommen, die mehr umfasst, als Sie in vierundzwanzig Stunden erledigen können. Gott kümmert sich liebevoll um den Weinstock und achtet sorgfältig auf die Frucht (vgl. Jes 5,1-7). Er hat Erwartungen an das, was der Weinstock hervorbringen kann, wenn er richtig genährt wird.

Wir sind Zweige, die aus der bleibenden Ruhe Gottes wachsen. Jeder Zweig ist zu mehr fähig, als wir uns je vorstellen können. Wenn Gott sieht, dass wir gute Früchte tragen, beschneidet er uns, damit wir noch mehr Früchte tragen (siehe Johannes 15,2). Jeder Ort, an dem es scheint, als würde Gott uns etwas nehmen, wird letztendlich zu einem

Ort des Wachstums. Ja, es wird neue Früchte geben, selbst wenn Sie gerade an Verlust gedacht haben. Gottes Absicht ist liebevoll, auch wenn das Beschneiden im Moment noch wehtun mag. Die ständige Ruhe erinnert uns daran, auf seine Güte zu vertrauen, auch wenn wir sie im Moment nicht erleben.

Während solcher Prozesse des Beschneidens müssen Sie sich enger an den Weinstock klammern. „Wenn du in Jesus bleibst, bleibt er in dir. Eine Rebe kann von sich aus keine Frucht tragen, es sei denn, sie bleibt im Weinstock, und ihr könnt es auch nicht, wenn ihr nicht in ihm bleibt" (siehe Johannes 15,4-5). Die Kraft, die wir manchmal brauchen, können wir nicht aus uns selbst heraus erzeugen. Wir können sie nur vom Weinstock empfangen. Darin zeigt sich die Größe von Gottes Fürsorge, denn wir tragen nichts zum Weinstock bei, sondern schöpfen aus ihm alles, was wir zum Leben brauchen (vgl. 2 Petr 1,3). Wenn Ihr Leben gute Früchte hervorbringen soll, dann müssen Sie jemand sein, der durch die Ruhe in sich vom Überfluss des Himmels partizipieren kann.

Wenn wir nicht in uns selbst ruhen, werden wir zu einem Zweig, der verdorrt (siehe Johannes 15,6). Wir brennen aus und leben ein fruchtloses Leben. Unsere Hoffnung und die Freude vertrocknen, wenn wir unseren körperlichen, geistigen, emotionalen, mentalen, sozialen, sensorischen und kreativen Bedürfnissen keine Aufmerksamkeit schenken. Ein solches Leben endet in Verzweiflung, auch wenn es von außen betrachtet als produktiv und erfolgreich erscheinen mag. Unsere Kultur muss den Begriff Erfolg dringend neu definieren. In ihrem Buch „Thrive" beschreibt Arianna Huffington Erfolg als ein Leben voller Wohlbefinden, Weisheit und Staunen – drei wesentliche Dinge, die wir nur finden können, wenn wir uns die Zeit nehmen, um die Ruhe in uns zu finden.

Wir verwechseln oft Aktivität mit Produktivität. Wenn Sie den ganzen Tag mit zahlreichen Aufgaben beschäftigt sind, können Sie fälschlicherweise annehmen, dass all die Arbeit notwendig und nützlich war. Haben Sie schon einmal einen Tag erlebt, der vom Sonnenaufgang bis zum Sonnenuntergang mit Aktivitäten vollgepackt war, aber wenn Sie sich nach getaner Arbeit hinsetzen, haben Sie das Gefühl, nichts geschafft zu haben? Wenn Sie das nächste Mal an Ihrem Schreibtisch sitzen und sich durch Papierstapel wühlen oder zu Hause stundenlang ohne Pause Wäsche sortieren, sollten Sie sich fragen, ob das, was Sie da gerade produzieren, die Früchte sind, die Sie sich diesen Tag gewünscht haben. Das Abhaken Ihrer Aufgabenliste kann ein Gefühl der Erfüllung vortäuschen und Sie im Glauben lassen, dass Sie produktiv waren. Doch geht es nicht um mehr im Leben als um einen sauberen Schreibtisch und perfekt gefaltete Kleidung?

Versuchen Sie, diese To-do-Liste abzuhaken:

- Verbringen Sie mit jedem Ihrer Kinder zehn Minuten von Angesicht zu Angesicht und schenken Sie ihm Ihre ungeteilte Aufmerksamkeit.
- Schauen Sie Ihrem Partner so lange in die Augen, bis Sie einen Zugang zu ihm finden, vielleicht wollen Sie ihn dann auch küssen.
- Rufen Sie eine Freundin an, die Sie sehr mögen, mit der Sie aber nie Zeit zum Plaudern haben, und fragen Sie sie nach ihrem Tag.
- Bewegen Sie sich auf jede beliebige Art und Weise mindestens fünfzehn Minuten lang, einfach, weil Sie es können.
- Entspannen Sie Geist und Körper mit Dehnungsübungen oder meditieren Sie.

- Haben Sie Kleinkinder? Schnappen Sie sich ein paar Buntstifte und malen Sie gemeinsam.
- Ihre Kinder sind bereits im Teenager-Alter? Trinken Sie gemeinsam einen Kaffee oder Smoothie und reden Sie mit ihnen.
- Sind Ihre Eltern bereits alt? Dann bieten Sie sich an, sie zu ihrem nächsten Arzttermin zu begleiten, und laden Sie sie anschließend zum Mittagessen ein.

Wir kosten unser Leben aus, indem wir kleine Bissen aus großen Themen wie Familie, Liebe, Karriere, Wahrheit, Beziehungen, Gesundheit, Sehnsucht, Glück oder Freiheit nehmen. Je mehr Bissen Sie genießen, desto süßer wird Ihr Leben sein. Wenn Sie sich Zeit für eine Pause nehmen, können Sie die Früchte der Ruhe sehen. Was werden Sie heute von Ihrer To-do-Liste streichen?

23
Die Gabe der Wahl

Jeden Tag entscheiden Sie darüber, wie Sie Ihre Zeit, Ihre Energie, Ihre Aufmerksamkeit und Ihre Ressourcen einsetzen. Einige dieser Entscheidungen treffen Sie nach reiflicher Überlegung und vielleicht auch nach einem Gebet. Die meisten aber werden eine automatische Reaktion auf Situationen, Ideen, Annahmen oder Umstände sein, die im Laufe des Tages auftreten. Wie oft haben Sie sich vorgenommen, mehr Sport zu treiben oder sich gesünder zu ernähren, aber wenn Sie diese Vorsätze in Angriff nehmen wollen, gibt es andere, dringendere Angelegenheiten, die Ihre Zeit beanspruchen. Jedes Ja oder Nein beeinflusst Ihre Zukunft. Ihre Entscheidungen finden nicht im luftleeren Raum statt. Sie wirken sich auf Sie selbst und auf alles und jeden aus, der mit Ihnen verbunden ist. Einige können wie ein Kieselstein in einen See fallen, einen Welleneffekt auslösen und das berühren, was Ihnen lieb und teuer ist. Manche fallen wie ein Stein einen schneebedeckten Berg hinunter, nehmen an Geschwindigkeit und Kraft zu und bringen eine Lawine von Problemen ins Rollen.

Die meisten Entscheidungen haben tiefgreifende Auswirkungen auf Ihr Wohlbefinden. Eine einzige falsche Entscheidung kann sich zu einer Reihe schlechter Umstände auswachsen und allen Bereichen Ihres Lebens schaden. Eine gesunde Ernährung und körperliche Betätigung tragen dazu bei, chronischen Krankheiten vorzubeugen. Ein Mangel an Ruhe oder körperlich erschöpfende Arbeit können Ihr Urteilsvermögen beeinträchtigen und zu Unfällen und Verletzungen führen. Ihre emotionale Gesundheit wird davon beeinflusst, wie Sie auf psychischen Druck reagieren. Die Verringerung von Stress in Ihrem Leben kann dazu beitragen, Depressionen und Angstzustände zu vermeiden. Ihre soziale Gesundheit hängt von den Entscheidungen ab, die Sie bezüglich Ihrer Beziehungen treffen oder nicht. Wenn Sie die Menschen, die Sie lieben, wertschätzen, entstehen Verbindungen, die sowohl in guten als auch in schlechten Zeiten Bestand haben. Wenn Sie Zeit damit verbringen, sich an Gott und seiner Schöpfung zu erfreuen, stärkt das Ihre geistige Gesundheit, womit Ihnen all die Möglichkeiten, die sich Ihnen bieten, vor Augen geführt werden.

Die Macht, sich für das Bessere zu entscheiden

Die Summe der von Ihnen getroffenen Entscheidungen bestimmt über Ihr Leben und die Freude, die Sie erfahren. Die guten Entscheidungen intensivieren die Freude und den Segen in Ihrem Leben, während die schlechten Sorgen, Krankheiten und Angst verstärken. Es ist wichtig, dass Sie sich Ihrer Entscheidungen bewusstwerden und darauf achten, dass Sie die Gabe der Wahl nicht missbrauchen. Ich stand einmal vor einer Patientin mit zahlreichen gesundheitlichen Problemen, von denen viele mit ihrer schlechten Ernährung und mangelnden Selbstfürsorge zusammenhingen. Ich konnte nicht verstehen, warum der Wille, auf ihre Gesundheit zu achten, von einem Termin zum anderen nachließ. Eines Tages vertraute sie mir an: „Ich fühle mich machtlos, an einer besseren Zukunft zu arbeiten." Man hat immer die Wahl, aber die Macht, sich für etwas Besseres zu entscheiden, ist eine Sache des Herzens.

In jedem Fall beginnt diese Macht mit Ruhe. Sie erinnert uns daran, dass wir nicht der Schöpfer der Macht sind, sondern der Empfänger. Ruhe ist ein Lückenfüller. Sie überbrückt die Kluft zwischen unserer Schwäche und der befähigenden Kraft Gottes. In der Ruhe nehmen Sie Gott in den Prozess auf und gestehen sich ein, dass Sie es allein nicht besser machen können. Wenn Sie sich in Gottes Fürsorge übergeben, öffnen Sie sich dafür, dass Sie seinen Geist als Helfer, Tröster,

Fürsprecher oder Ratgeber erfahren (siehe Johannes 16,7). Vielleicht fürchten Sie sich davor, Entscheidungen zu treffen, wenn Sie gestresst sind, weil Sie Angst vor den Konsequenzen haben, die diese nach sich ziehen könnten. Dies trifft oft zu, wenn wir uns in einem sehr verletzlichen Zustand befinden. In solchen Zeiten ist es umso wichtiger, sich auszuruhen, denn genau jetzt benötigen wir die unterstützende göttliche Energie. Manche Entscheidungen machen Sie schwach, andere können Ihnen neue Kraft geben. Ruhe ist immer eine gute Entscheidung für einen müden Körper und einen geschwächten Geist.

Wenn Sie Ihre ganze Energie auf Macht, Vergnügen, Reichtum, Glück und Anerkennung verschwenden, glauben Sie an eine Lüge. Sie befinden sich in dem Irrglauben, dass diese Dinge Ihnen Freude, Freunde, Sicherheit, Frieden und Zufriedenheit bringen können. Die Ruhe fordert Sie heraus, diese Lügen durch die Wahrheit zu ersetzen. Sie haben die Wahl, entweder den Lügen zu glauben oder in der Wahrheit zu leben. Machen Sie sich keine Sorgen, es ist in Ordnung, wenn Sie auf dem Weg stolpern. Ich bin es schon viele Male, und damit auch oft der Lüge verfallen. Die gute Nachricht ist: Egal, wie oft wir fallen, wir können immer wieder aufstehen (siehe Sprüche 24,16).

In meinem Buch *Set Free to Live Free: Breaking Through the Lies Women Tell Themselves* (Frei sein, um frei zu leben: Die 7 Lügen, die sich Frauen selbst erzählen) gehe ich konkret auf die verheerenden Lügen ein, die viele dazu verleitet haben, schlechte Entscheidungen zu treffen, weil sie falsche Vorstellungen von Gott, ihrem Selbstwert und ihrem Potenzial haben. Überzeugungen, die wir nur dann überwinden können, wenn wir zulassen, dass die Ruhe unser Wegweiser zur Wahrheit wird.

Die Fähigkeit, sich auszuruhen, hängt von der Verfassung Ihres Herzens ab. Können Sie darauf vertrauen, dass Gott für Sie sorgt, während Sie sich selbst ausruhen? Wenn Sie Zeit für Ruhepausen aufgeben, werden Sie dann noch in der Lage sein, alles zu tun, zu sein und zu besitzen, was Sie sich wünschen? Ruhe ist eine Herzensentscheidung. Leben und Tod. Segen und Fluch sind täglich präsent. Sie können sich dafür entscheiden, sich von Ihrem Kalender fesseln zu lassen, oder Sie können sich von den Fesseln Ihrer hektischen Zeitpläne befreien. Jedes Herz benötigt Ruhe. Ihr Herz wird beruhigt, wenn Sie die verstopften Gefäße Ihres Geistes entgiften. Genau das tun Sie, wenn Sie sich regelmäßig dafür entscheiden, Ihrer besten Option den Vorrang gegenüber einer schnellen, mit flüchtigen Vorteilen behafteten zu geben.

Wenn Sie Ihr Herz fragen, was wirklich wichtig ist, kann es in dem Wissen ruhen, dass es Ihrer Seele gutgeht.

Lassen Sie Ihr Herz entscheiden:

- Leben Sie in der Gegenwart oder für die Zukunft?
- Ist Ihr Leben zielgerichtet oder orientierungslos?
- Glauben Sie an die Kraft der Hoffnung oder ertrinken Sie in dem Gefühl der Hoffnungslosigkeit?
- Nehmen Sie Hilfe in Anspruch oder entscheiden Sie sich für einen Zustand der Überforderung?
- Sind Sie anpassungsfähig oder treiben Sie sich selbst an die Belastungsgrenze?
- Vergeben Sie oder lassen Sie sich von Hass und Groll verzehren?
- Lieben Sie mit offenem Herzen oder verstecken Sie sich hinter Ihren Mauern?
- Wachsen Sie im Glauben oder sind Sie in der Angst verwurzelt?
- Lassen Sie den Schmerz der Vergangenheit los oder halten Sie an ihm fest?

- Lassen Sie sich auf das Versprechen von morgen ein oder geben Sie der Angst vor dem Unbekannten nach?
- Nehmen Sie die Geschenke der Ruhe an oder klammern Sie sich an die Asche Ihres ausgebrannten Lebens?

Welche Herzensentscheidung müssen Sie treffen, um ein erholtes Leben zu führen?

24
Die Gabe des Glaubens

Diese Reise begann, als ich mich in Rückenlage auf meinem Parkettboden fand. Vor zehn Jahren fand ich mich dort erschöpft, leer und schwach, weil ich mir keine Ruhe gegönnt hatte. Ich war ein emotionales, körperliches und geistiges Wrack. Ich hatte eine ausgelastete Arztpraxis, zwei wunderschöne kleine Jungs und war mit einem Mann verheiratet, den ich sehr liebe. Oberflächlich betrachtet schien mein Leben perfekt zu sein, aber innerlich zerfiel ich unter dem Druck, alles aus eigener Kraft zusammenhalten zu müssen. Ich stellte fest, dass die Segnungen im Leben einer Frau oft auch die größten Stressfaktoren sind. Obwohl ich für Gottes Hilfe offen war, hatte ich es versäumt, die notwendigen Schritte zu unternehmen, um ihn in meine Situation einzuladen. Ich war nicht bereit, lange genug innezuhalten, damit der Glaube entstehen konnte. Ich habe festgestellt, dass selbst die Gaben Gottes mit großer Verantwortung und auch einem gewissen Druck einhergehen.

Mein Glaube war nicht stark genug, um mit einem weiteren Geschenk umzugehen. Ich fühlte mich damit überfordert. Meine Kräfte gingen zur Neige, und ich suchte verzweifelt nach Hilfe. Die Gabe des Glaubens war die Rettungsleine, die mich zu einem Leben zurückführte, das mir Spaß macht. Ich durfte erfahren, was GRACE ist (Gottes Gnade, die jedes Leben aktiv verändert und zu Neuem befähigt). Diese Kraft führte mich an einen Ort der Ruhe, von dem ich nicht wusste, dass es ihn gibt. Ihren GRACE-Platz zu finden, das ist jetzt meine Einladung an Sie! Finden Sie heraus, welche Bereiche Ihres Lebens die energetisierende Kraft Gottes benötigen, um einen Wandel zum Besseren zu vollziehen. Dies ist Ihre Gelegenheit, die Gabe des Glaubens zu entdecken – Sie beginnen einfach mit dem Geschenk der Ruhe. Ich liefere Ihnen keine Ausrede dafür, untätig zu sein, sondern ein Konzept, das Sie zu einem Leben in Fülle führen wird. Eine Strategie, die Sie dazu zwingt, eingehend zu prüfen, welchen Absichten und welchem Kurs Sie folgen. Aber auch einen Lösungsansatz, der Sie dazu veranlasst, zu hinterfragen, welche Ängste, Sorgen und Probleme Sie verfolgen. Wir sind den ganzen Tag mit so vielen Dingen beschäftigt, doch für die Selbstfürsorge nehmen wir uns kaum Zeit. Ganz unweigerlich geht diese Lebensweise auf Kosten von uns selbst. Die Gabe des Glaubens zeigt Ihnen den Weg zurück und lässt Sie die Herrlichkeit Ihres Lebens erkennen. Sie nimmt Sie mit auf eine Reise, auf der Sie Ihren GRACE-Platz finden und sich Ihr Leben zurückerobern.

Eines meiner Lieblingsbücher ist *Hinds' Feet on High Places*. Es beginnt mit der Beschreibung des Lebens der Hauptfigur Much-Afraid (englisch: sehr ängstlich). Die Protagonistin erhielt diesen Namen aufgrund ihrer Vergangenheit, die von Angst, Scham und Reue geprägt war. Ein guter Hirte lädt sie auf eine Reise ein, auf der sie einen neuen Namen finden kann, der sie erlösen wird. Einen ähnlichen Prozess muss eigentlich fast jeder von uns durchlaufen. Er beginnt damit, dass wir nicht erkennen können, wer wir sind und woher wir eigentlich kommen. Dann machen wir die ersten Glaubensschritte, die uns entweder dem Leben, das wir uns wünschen, näherbringen oder uns weiter von ihm entfernen. Wenn wir Glück haben, macht diese Reise jeden Verlust, jede verpasste Gelegenheit und jede Enttäuschung wieder wett. Werfen wir einen Blick auf einige der Orte, denen Sie begegnen werden, wenn Sie das Geschenk des Glaubens auspacken.

Reisen Sie an Ihren GRACE-Ort

Der geheime Ort. Ihre Glaubensreise beginnt an einem geheimen Ort. Er ist allen zugänglich, aber viele werden ihn nie finden. Sie müssen ihn in der Wildnis der Unzufriedenheit, Enttäuschung und Verzweiflung suchen. So viel vorab: Sie werden auf schwieriges Terrain stoßen. Es gibt dort Hügel, die Sie erklimmen, und Täler, die Sie durchqueren müssen. Genau darum ist es auch zwingend erforderlich, dass Sie mit leichtem Gepäck reisen. In Ihrem Rucksack ist kein Platz für Bitterkeit, Ärger, Neid, Stolz, Unversöhnlichkeit, Angst, Rebellion oder unreine Motive.

Der geheime Ort ist ein heiliger Platz in der Nähe von Gott. Es ist der Ort, an dem seine Gegenwart für Sie so real wird wie die Person, die neben Ihnen sitzt. Es ist ein Ort der Intimität, des Vertrauens, der Liebe und der ständigen Gemeinschaft. Gott möchte, dass Sie diesen Ort nicht nur finden, er möchte, dass sie dort auch wohnen. Er ist die Zuflucht der Ausgeruhten. Der Ort, an dem Sie Ihre Schuhe ausziehen, um heiligen Boden zu betreten. Das Göttliche will, dass Sie sich an diesem Ort wohlfühlen, dass Sie ihn als Heimat ansehen, als ein Zuhause, an dem Sie verweilen, weil Sie dort hingehören.

Was ist das größte Hindernis, das Sie davon abhält, den geheimen Ort zu betreten? Wer oder was will Gott aus Ihrem Leben drängen?

Die Gruft. Das ist der Teil der Reise, den ich am wenigsten mag, weil er unangenehm ist. Hier sind die Dinge begraben, über die wir nicht sprechen wollen, aber auch die Dinge, die den größten Einfluss auf unser Leben haben. Jeder von uns musste schon einmal einen Verlust erleiden. Ich kann mir vorstellen, dass die Menschen, die dieses Buch lesen, alle Arten von Verlusten erlebt haben: den eines Elternteils, eines Kindes, eines Partners, Freundes oder auch den Verlust eines Arbeitsplatzes oder das Ende einer Ehe. Wie auch immer der Verlust aussieht, der Schmerz ist echt, und an den Stellen, an denen wir verwundet sind, neigen wir dazu, zu kompensieren. Denn unsere Angst, erneut verletzt zu werden, ist groß. Wenn Sie zum Beispiel in der Vergangenheit Ihren Job verloren haben, neigen Sie eher dazu, zum Workaholic zu werden, da Ihre Abwehrmechanismen sagen: „Wenn ich dies und das tue, wird das nicht mehr passieren.“ Es ist wichtig, zu erkennen, in welchen Bereichen wir so stark verletzt worden sind, dass Tränen flossen, denn genau diese Tränen nutzt Gott, um unsere verhärtete Seele zu erweichen. Und genau ab hier beginnen wir erst, Gottes auferweckende Kraft zu verstehen.

Per definitionem ist die Auferstehung der Akt der Rückkehr des Lebens. Diese korrigierende Kraft wirkt am besten in den Bereichen unseres Lebens, die hoffnungslos erscheinen. Gott kann jedes Leben wiederbeleben. Freude kann neu erweckt werden, Frieden kann sich erneut einstellen, Hoffnung und Glaube können wiederhergestellt werden. Die Auferstehungskraft Gottes ist mächtig genug, um Ihre Vergangenheit zu erlösen. Sie ist stark genug, um alle Probleme zu überwinden und unser Verhalten zu korrigieren. Sie ist effektiv und kompetent in ihrer Fähigkeit, Ihren Geist vollkommen zu erneuern. Es ist dieselbe Macht, die Christus von den Toten auferweckt und ihn zur Rechten Gottes gesetzt hat (siehe Eph. 1,20). Diese Kraft steht auch Ihnen zur Verfügung.

Ich verdeutliche das mal an einem praktischen Beispiel: Wenn Ihr Ehepartner eher zu einem Mitbewohner geworden ist, muss die Leidenschaft in Ihrer Beziehung wieder aufleben. Ist Ihre Gebetszeit zu Ihrer Facebook-Zeit geworden, dann müssen Sie an Ihrer geistlichen Disziplin arbeiten. Sind Ihre Kinder eher eine Last als ein Segen, dann brauchen Sie eine Auferstehung der Dankbarkeit in Ihrer Haltung. Wenn Gottes Auferstehungskraft aktiv in Ihrem Leben wirkt, dann können Sie in der Gewissheit ruhen, dass er jede noch so dunkle Situation umkehren wird. Sie können nichts ändern, dem Sie sich nicht stellen. Stellen wir uns also den Bereichen, die Gottes Auferstehungskraft benötigen.

In welchen Bereichen oder Situationen in Ihrem Leben fühlen Sie sich machtlos, etwas zu ändern?

Der Fluss der Befreiung. Ich wünschte, ich könnte sagen, dass Veränderung ein einfacher Prozess ist und man nur mit dem Finger schnippen muss und schon ist man ausgeruht und lebt ein gutes Leben. Leider stimmt das nicht mit der Realität überein. Man muss vieles loslassen, damit man andere Dinge genießen kann. Sie müssen sich aktiv an diesem Prozess beteiligen. Einige Entscheidungen beginnen vielleicht mit einer Empfehlung Ihres Arztes. Andere eventuell mit einem Vorschlag eines vertrauenswürdigen Freundes. Mit jeder Entscheidung nehmen Sie etwas auf und lassen etwas los. Aus diesem Loslassen erwächst Ruhe. Viele von uns haben das Bedürfnis, ihre Sorgen, Ängste oder Zweifel loszulassen. Es kann aber auch ein Traum oder Plan sein, von dem man sich verabschieden muss, weil er nicht mehr in das aktuelle Lebenskonzept passt. Es gibt keine Regeln, Sie werden selbst erkennen, was Sie loslassen müssen. Wichtig ist nur, dass Sie mit Gott auf diese Reise gehen. Das Wunderbare am Fluss des Loslassens ist, dass er Sie so lange mitreißt, bis Sie an dem Punkt angelangt sind, an dem Sie die aktiven Veränderungen sehen, die nur Gott bewirken kann.

Der Ort der Wiederherstellung. In Jeremia 18,3-4 heißt es: „Dann ging ich hinunter zum Haus des Töpfers, und da war er und arbeitete an der Drehscheibe. Und das Gefäß, das er aus Ton gemacht hatte, war in der Hand des Töpfers zerbrochen; da machte er ein anderes Gefäß daraus, wie es dem Töpfer wohl gefiel“ (NKJV). Es ist nicht leicht, mit Ton zu arbeiten. Vor ein paar Jahren kam mein Sohn von der Schule nach Hause und hatte etwas Weißes und Klebriges auf seiner Kleidung. Ich fragte ihn, was das sei, und er antwortete: „Tut mir leid, Mama, der Ton war zu nass.“ Seine Klasse hatte versucht, als Überraschung für den Muttertag besondere Tassen herzustellen, aber dabei war zu viel Wasser in die Tonmischung geraten. Statt einer festen, stabilen, biegsamen Masse, die sich formen ließ, war die Mischung klebrig und matschig und ließ sich nicht in die gewünschte Form bringen. Bevor man mit dem Ton arbeiten kann, muss er entsprechend präpariert werden. Er muss flexibel sein, aber auch stabil genug, um unter Druck nicht zusammenzufallen. Wir sind wie Ton. Bevor Gott beginnen kann, uns zu verändern, müssen einige Vorbereitungen getroffen werden. Das ist der Ort, an dem der Wiederaufbau und die Erneuerung des Geistes stattfinden. Am Ort der Wiederherstellung müssen wir die Wunden unserer Vergangenheit schließen und die Lügen, an die wir geglaubt haben, gegen Gottes Wahrheit austauschen. Der Arzt in mir empfindet an diesem Punkt eine besondere Begeisterung. Zerbrochene Zisternen können kein Wasser aufnehmen (siehe Jer 2,13). Man kann sie nicht mit dem lebendigen Wasser der Freude, der Zufriedenheit, des Friedens und der Liebe füllen. Es ist ein wunderschöner Moment, wenn jemand erkennt, dass er nicht zerbrochen bleiben muss. Welche Lügen haben Sie geglaubt? Welche Wahrheit aus Gottes Wort können Sie nutzen, um die zerbrochenen Stellen zu reparieren?

Der Brunnen. Bleiben wir bei der Töpferscheibe als Gleichnis. Der Töpfer ist der Meister und er legt einen Teil von sich selbst in uns hinein. Er füllt uns mit dem lebendigen Wasser seines Geistes, damit wir seine Liebe und Wahrheit in das Leben anderer Menschen ergießen können. Das ist nicht etwas, was wir aus eigener Kraft machen können. Es ist eine Ermächtigung vom Meister selbst, das zu tun, was wir nicht alleine bewerkstelligen können. Viele von uns müssen hier eine Weile verweilen, sich einen Stuhl heranziehen, sich eine Tasse Kaffee oder ein Glas süßen Tee holen. Der Brunnen ist unser Ort der Auffüllung und der Erweckung. Wir müssen am Brunnen bleiben, bis unsere spirituellen Tanks randvoll sind. Bis sie mit Liebe, Frieden, Freude, Freundlichkeit und Güte überlaufen. Von diesem Ort aus können wir mit Energie und Begeisterung zurück in unsere Häuser, Büros und Gemeinden gehen. Aus dieser Quelle können wir nach einem mental anstrengenden Tag immer noch etwas für uns und unsere Familie schöpfen.

Man muss den Brunnen oft besuchen. Es ist der Ort, an den man flüchtet, wenn einem alles zu viel wird. Hier kann man die Verletzungen des Lebens ausschütten und Gottes heilende Liebe empfangen. Es ist ein wichtiger Zwischenstopp, um sich ausgeruht zu fühlen, und es ist der einzige Weg zu körperlichem und emotionalem Wohlbefinden. Es ist der Ort, an den man zurückkehren muss, wenn man sich überfordert fühlt, um zu bitten: „Herr, hilf mir zu erkennen, wo mein Leben aus dem Gleichgewicht geraten ist, und gib mir die GNADE für die notwendigen Veränderungen."

Grace – der Ort, an dem wir Gottes Gnade erleben. Wenn Sie lernen, Gott zu vertrauen, wird es Ihnen leichter fallen, sich auszuruhen. Ruhe ist ein Akt des Suchens. „Er belohnt diejenigen, die ihn fleißig suchen" (Hebr. 11,6 NKJV). Es geht nicht darum, dass man sich bemüht, Gott sein Bestes zu geben, sondern dass man darauf vertraut, dass er uns sein Bestes geben will. Der Glaube besteht nicht darin, mehr zu tun, sondern mehr zu empfangen. Es geht darum, die Gaben mit ausgestreckten Armen anzunehmen. Die Gaben der Ruhe hören nicht auf, Gaben zu sein, nur weil Sie sich entscheiden, sie nicht anzunehmen. Die Ruhe ist ein lebendiges Zeugnis Ihres Glaubens. Sie zeigt sich, wenn Sie auf Gottes Prinzipien und Verheißungen reagieren, unabhängig von der aktuellen Situation, in der Sie sich befinden.

Das bedeutet, dass Sie Gott das anvertrauen, was Sie mit Ihren Augen nicht sehen können, von dem Sie aber wissen, dass er die Fähigkeit hat, es zu geben. Das eigentliche Ziel der inneren Ruhe ist, dass Sie sich an Gott, an den Menschen und an Ihrem Leben erfreuen können. Die Ruhe ist die Reise in Ihr bestes Leben wert. Sie ist eine Chance, Ihren Glauben zu stärken, indem Sie lernen, sich auf Gott zu stützen und mehr zu leisten, auch wenn Sie körperlich weniger tun. Sie lernen das Leben, das Sie geschaffen haben, neu kennen und erfahren, wie Sie es in vollen Zügen genießen können.

Möge die Gabe des Glaubens der Kompass sein, der Sie zur Großartigkeit Ihres Lebens führt: einem Leben voller verborgener Schönheit, fesselnder Einzigartigkeit, göttlicher Herrlichkeit, strahlendem Licht und fantastischer Diversität. Wenn sich Ihnen diese Pracht offenbart, werden Sie sich nicht mehr vom Leben überwältigt fühlen. Nein, Sie werden voller Dankbarkeit sein für die vielen Möglichkeiten, die es Ihnen eröffnet. Sie werden in sich ruhen und Zeit finden, sich selbst zu verwirklichen und kühn zu lieben.

TEIL III

DAS VERSPRECHEN DER RUHE: EIN BESSERES LEBEN

„Im Vertrauen auf die Verheißungen Gottes werde ich nicht fallen, ich höre jeden Augenblick auf den Ruf des Geistes. Ich ruhe in meinem Erlöser als mein Ein und Alles, ich stütze mich auf sein Versprechen."

Russell K. Carter, „Auf den Versprechen beharren"

25
Ich wähle mein bestes Leben

Es war bereits abends, als ich mich mit dem Auto auf den Heimweg machte. Ich hörte meine Lieblingsmusik und erlaubte der Melodie, ein neues Lied in meinem Herzen anzustimmen. Meine Seele lehnte sich zurück. Meine Hoffnungen, Träume, die Rückschläge und die Erfolge – sie alle wurden im vollendeten Rhythmus der Ruhe zusammengeführt. Ich schaltete die Musik aus und saß noch ein paar Minuten in der Garage. Die Kinder waren drinnen und machten Hausaufgaben, mein Mann war bis jetzt nicht zu Hause. Nur einen winzigen Augenblick lang saß ich in der Stille meines Autos und erlaubte meinem Geist, sich zu entschärfen und zu dekontaminieren. Ich möchte nie wieder die vergiftete Atmosphäre meiner Umwelt oder meines Arbeitslebens in mein Zuhause tragen. Ich habe dies zu einem wichtigen Bestandteil meiner persönlichen Erholungsstrategie gemacht.

Mein Leben ist alles andere als perfekt, aber ich empfinde es als unerlässlich, es vor den Problemen der Außenwelt zu schützen. Ich denke dabei an die täglichen kleinen und großen Ärgernisse. Einen schlecht gelaunten Kollegen, einen rabiaten Verkehrsteilnehmer, den Nachbar, der einen missbilligenden Blick auf meinen Rasen wirft. All diese unschönen Begegnungen, die es nicht wert sind, erwähnt, festgehalten oder nach Hause getragen zu werden. Also lösche ich sie aus meinen Gedanken. Ich mache meinen Kopf frei, damit ich meine Gedanken auf die Menschen und Dinge richten kann, die ich schätze. Weder mein Mann noch meine Kinder werden zum Ventil für die täglichen Enttäuschungen. Meine Familie wird davon profitieren, dass mein Kopf und mein Herz unbelastet sind. So kann ich ihr die liebevolle

Aufmerksamkeit schenken, die ihr zusteht. Als ich vor der Haustür stand, lauschte ich auf die Geräusche hinter der verschlossenen Tür. Das Leben kann laut sein, aber selbst im Widerhall spricht Gott immer leise.

Der Abend endete mit Take-away-Essen von unserem Lieblings-Chinesen, und zwar gänzlich ohne Schuldgefühle. Ich habe mich von der Last unrealistischer Erwartungen befreit. Es muss nicht jede Mahlzeit selbst gekocht sein, damit ich eine gute Mutter bin. Eine nahrhafte Mahlzeit, die von fremden Händen zubereitet wird, ist eine willkommene Ergänzung. Sie schafft Freizeit und sorgt dafür, dass man die Gespräche mit der Familie am Esstisch intensiv genießen kann.

Ein paar Stunden später gingen meine Jungs ins Bett, und ich war zum ersten Mal an diesem Abend mit meinem Mann allein. Ich kuschelte mich neben ihn auf das Sofa und genoss es, wie er meinen Rücken streichelte. Mein Verlangen nach Intimität hatte mit den Jahren kontinuierlich nachgelassen und das hatte einen Keil in unsere Ehe getrieben. Die Ruhe hat mich gelehrt, wie man liebt und wie man geliebt wird. Jetzt freue ich mich auf diese Zeiten der Nähe und habe festgestellt, dass sie ein wichtiger Bestandteil eines erholten Lebens sind. Später in der Nacht, als ich im Bett lag und den Atemzügen meines Mannes lauschte, hauchte ich ein ehrfürchtiges Dankeschön gen Himmel für die Schönheit, die aus der Asche meines Lebens entstanden war. Ich dehnte die angespannten Muskeln in meinen Beinen und befreite meinen Geist von meiner unerledigten To-do-Liste. Es hatte keinen Sinn, sich mit der Arbeit von morgen zu beschäftigen. In dieser Nacht wählte ich die Ruhe.

* * *

Ich wünschte, ich könnte sagen, dass jeder Tag so gut verläuft. Wie bei Ihnen besteht mein Leben nicht nur aus Regenbögen und Sonnenschein. Manche Tage sind leichter als andere. Aber jeden Tag treffe ich die Entscheidung, mich auszuruhen, und das hat mich verändert. Ruhe ist für mich zur wichtigsten Quelle für Kraft, Kreativität, Produktivität, Frieden, Freude, Hoffnung und Zufriedenheit geworden. Ich habe festgestellt, dass die Ruhe das bestgehütete Geheimnis der Medizin ist.

Im Jahr 2008 gab es eine große Studie, in der viele Menschen bezüglich ihrer Lebensqualität befragt wurden. 55 Prozent der Befragten bezeichneten ihr Leben als schwierig oder problematisch. Wenn Sie an einem Flughafen sitzen oder in einem Café einen Frappé schlürfen – schauen Sie sich um. Mehr als die Hälfte der Menschen, die Sie dort sehen, macht einen unglücklichen Eindruck. Immer mehr Ehen gehen in die Brüche und auch die Selbstmordrate steigt an. Wir flüchten uns in alles, was uns ein Gefühl von Freiheit gibt.

Viele Menschen sind überzeugt davon, dass ihr Leben nicht mehr besser werden kann. Aber nicht jeder sieht das so. Ich auf jeden Fall nicht. Ich glaube auch nicht, dass Sie da anderer Meinung sind. Ja, es gibt Tage, an denen mich das Leben enttäuscht. Es gibt auch Zeiten, in denen ich mich nicht optimal ernähre, den Sport ausfallen lasse, mir unnötig Sorgen mache und meiner Familie nicht die nötige Aufmerksamkeit schenke. Aber ich weigere mich, mich durch diese Zeiten definieren zu lassen. Es sind einfach Momente in einem hektischen Leben, in denen ich mich nicht dafür entscheide, was das Beste für mich ist. Es sind Momente, in denen ich daran erinnert werden muss, wie sich meine Entscheidungen auf mein Leben auswirken und dass ein erfülltes Leben nach Ruhe verlangt. Dieses Prinzip teile ich mit meinen Patienten und allen, die ich liebe, denn das Leben ist zu kurz, um es unangetastet verstreichen zu lassen.

Sie allein können Ihr bestes Leben wählen. Sie müssen sich dafür entscheiden, der Ruhe und der damit einhergehenden Entspannung Priorität einzuräumen. Nehmen Sie sich Zeit für körperliche Ruhe, geistige Ruhe, emotionale Ruhe, spirituelle Ruhe, soziale Ruhe, sensorische Ruhe und kreative Ruhe. Ich habe festgestellt, dass diese sieben Arten von Ruhe in meinem Leben und in dem von Tausenden anderer

Menschen von wesentlicher Bedeutung sind. Das Geheimnis, die Gaben der Ruhe zu genießen, liegt in der Fähigkeit, zu erkennen, welche Arten von Ruhe wir vermissen, und dem Wunsch, dieses Defizit zu beheben.

Die Kraft der Ruhe

Ihr Körper braucht sowohl aktive als auch passive Formen der körperlichen Erholung: aktive Erholung, um die Spannung abzubauen, die durch die tägliche Arbeit entsteht, und passive Ruhe in Form von hochwertigem Schlaf, um Energie zu tanken und den Körper zu regenerieren. In diesen Ruhezeiten tanken Sie neue Energie und bereiten sich auf den nächsten Tag vor. Wenn Sie sich von den technischen Ablenkungen und der ständigen Reizüberflutung abkoppeln, profitieren Sie von der sensorischen Erholung. Ein energiegeladenes Leben ist ohne Auszeiten nicht möglich. Planen Sie diese deshalb großzügig ein, denn jede Auszeit, die Sie von Ihren normalen, erschöpfenden Aktivitäten nehmen, erneuert Ihre Energie. Durch die Gaben des Innehaltens, der Freiheit und des Austauschs zapfen Sie diese Urquelle der Kraft an.

Stellen Sie Ihre Vernunft wieder her

Die Wiederherstellung Ihrer geistigen Gesundheit ist kein einfacher Prozess, denn sie verlangt von Ihnen, dass Sie sich selbst vertrauen, sich selbst lieben und auch geduldig mit sich selbst sind. Sie erfordert, dass Sie die Grenzen Ihres erholten Lebens respektieren. Wenn Sie Ihr Bedürfnis nach geistiger und emotionaler Ruhe akzeptieren, schaffen Sie Ruhe im Chaos. Sie können die einzelnen Fragmente Ihres zerrütteten Gedankenlebens sehen, ohne zuzulassen, dass sie Ihre Sicht auf sich selbst verändern. Da wir aber meist keine Ahnung haben, wie dieser Vorgang funktioniert, verlieren wir die Kontrolle und öffnen unseren Verstand für alles, was sich dort niederlassen will. Ruhe erinnert uns daran, die Gaben der Abgrenzung, der Reflexion, der Akzeptanz, der Erlaubnis und der Wahl zu nutzen, um unseren Verstand wieder zur Vernunft zu bringen.

Holen Sie sich Ihr Leben zurück

Glück ist nicht an ein Ereignis oder Ziel gebunden, sondern an die Fähigkeit, das Schöne in allem, was uns umgibt, zu erkennen. Es ist der Wunsch, mit offenem Herzen durchs Leben zu gehen und allem die nötige Aufmerksamkeit zu schenken. Es ist eine persönliche Entscheidung, den Kreislauf von Erfolg und Misserfolg wahrzunehmen, ohne sich davon beirren zu lassen. Das Glück ist ein Nebenprodukt der Ruhe. Es ist kein Selbstzweck, sondern ein Weg, das Leben zu erfahren. Durch schöpferische Ruhe, soziale Ruhe und spirituelle Ruhe gewinnen Sie Ihre Fähigkeit, zu wachsen, zurück – in und an allem. Von der Liebe über die Freundlichkeit bis hin zu Weisheit und Mitgefühl. Ihr Leben wird reicher, Ihre Worte kraftvoller und Ihre Handlungen zielgerichteter. Wenn Sie sich von der Geschäftigkeit zurückziehen, schaffen Sie Raum für die Gaben des Glaubens, die Gaben der Wahl, der Kunst und der Produktivität. Indem Sie sich gut ausruhen, erholt sich Ihr ganzes Leben.

Was sind die nächsten Schritte, die Sie unternehmen müssen, um die Ruhe zu finden, die Sie sich wünschen? Entscheiden Sie sich noch heute für ein Reset und sprechen Sie die folgenden Worte laut aus: „Ich entscheide mich für mein bestes Leben." Ich bete, dass unsere gemeinsame Zeit Sie zu einer neuen Lebensqualität führt. Einem Leben, das von Genesung, Erneuerung und Regeneration geprägt ist. Ein Leben, in dem sich Ihre Seele an den Gaben der Ruhe erfreuen kann.

Das Tool zur Bewertung Ihres Ruhedefizits

Dieses kurze Bewertungsinstrument soll Ihnen helfen, schnell herauszufinden, bei welchen Arten von Ruhe Sie zu einem Defizit neigen. Für eine eingehende Bewertung besuchen Sie bitte www.Rest-Quiz.com, dort finden Sie mein umfassendes Ruheprofil-Quiz. Auf Basis dieses Online-Quiz erhalten Sie eine auf Sie persönlich zugeschnittene Ruhe-Strategie.

Kreuzen Sie jede Aussage an, die Ihrer Meinung nach zutrifft:

Körperliche Ruhe

- Sie haben nicht die nötige Energie, um all die körperlichen Aufgaben zu erledigen, die auf Ihrer To-do-Liste stehen.
- Sie fühlen sich müde, können aber nicht einschlafen.
- Sie haben ein schwaches Immunsystem und leiden häufig an Erkältungen und Krankheiten.
- Sie haben häufig Muskelschmerzen und Muskelkater.
- Sie sind auf Substanzen angewiesen, die Ihnen Energie geben (Koffein, Energieriegel, Zucker).
- Sie sind von Substanzen abhängig, die Ihnen mehr Ruhe verschaffen (Alkohol, Tabletten, Beruhigungsmittel).

Seelische Ruhe

- Sie haben das Gefühl, dass Sie Ihren Aufgaben nicht mehr gewachsen sind.
- Sie sind gereizt oder frustriert, wenn Sie über Ihren Tag nachdenken.
- Sie vermeiden einige Aktivitäten, weil Sie befürchten, einen Fehler zu machen, oder dass Ihnen etwas missglückt.
- Sie fühlen sich tagsüber schläfrig oder haben ein benebeltes Gefühl.
- Sie üben oft Kritik oder regen sich über unbedeutende Dinge auf.
- Sie verbringen die meiste Zeit Ihres Tages mit Aufgaben, die Sie als extrem anstrengend empfinden.

Emotionale Ruhe

- Sie neigen dazu, sich sehr stark auf Ihre Fehler und Schwächen zu fokussieren.
- Sie leiden unter Selbstzweifeln sowie Unsicherheit und trauen sich nicht zu, neue Dinge auszuprobieren.
- Sie entschuldigen sich konstant für sich selbst.
- Sie machen sich Vorwürfe, wenn Sie auch nur den kleinsten Fehler machen.
- Sie fühlen sich deprimiert oder wütend, wenn Sie über Ihr Leben nachdenken.
- Sie machen sich übermäßig viele Gedanken oder haben Angst vor bestimmten Situationen.

Geistige Ruhe

- Sie fühlen sich unzufrieden und empfinden Ihr Leben nicht als erfüllend.
- Sie fühlen sich hilflos, hoffnungslos und gefangen.
- Sie haben das Gefühl, dass das Leben eine totale Energieverschwendung ist, und sind motivationslos.
- Sie fühlen sich weit von Gott entfernt.
- Sie haben Selbstmordgedanken und Depressionen.
- Sie fühlen sich wie betäubt und apathisch.

Soziale Ruhe

- Sie fühlen sich allein auf der Welt.
- Sie fühlen sich von Familie und Freunden abgeschnitten.
- Sie fühlen sich zu Menschen hingezogen, die Sie misshandeln oder missbrauchen.
- Es fällt Ihnen schwer, engere Beziehungen zu pflegen oder Freundschaften zu schließen.
- Sie isolieren sich von anderen.
- Sie bevorzugen Online-Bekanntschaften gegenüber persönlichen Beziehungen.

Sensorische Ruhe

- Sie reagieren empfindlich oder ungünstig auf laute Geräusche.
- Sie sehen verschwommen und/oder haben Druck auf den Augen, sind müde oder überanstrengt.

- Sie haben keinen Appetit auf frische, natürliche Lebensmittel und bevorzugen verarbeitete Lebensmittel und Fast-Food.
- Sie mögen es nicht, von anderen berührt zu werden.
- Sie sind desensibilisiert gegenüber Aromen, die andere sofort riechen können.
- Sie sind nicht in der Lage, regelmäßig Events, die all Ihre Sinne berühren, zu genießen, unter anderem Konzerte oder Feuerwerke.

Kreative Ruhe

- Sie konzentrieren sich immer zuerst auf die Bedürfnisse anderer und stellen Ihre eigenen zurück.
- Sie nehmen ungern Hilfe und Unterstützung an, unterbewusst haben Sie das Gefühl, dass Sie es nicht verdienen, dass man sich um Sie kümmert.
- Sie haben das Gefühl, dass Sie egoistisch sind, wenn Sie etwas für sich selbst tun möchten.
- Sie tun selbstzerstörerische Dinge oder treffen Entscheidungen, die Ihr Glück sabotieren.
- Sie haben selten das Gefühl, dass Ihre Arbeit von Wert ist oder andere Sie und Ihre Beiträge schätzen.
- Es fällt Ihnen schwer, Dinge in der Natur zu genießen.

Bewertungsschema: Überprüfen Sie jeden Abschnitt. Drei oder mehr Kreuze in einem Bereich deuten darauf hin, dass Sie in diesem Bereich bereits unter einem Mangel an Erholung leiden.

Ein bis zwei Kreuze in einem Bereich deuten darauf hin, dass Sie ein erhöhtes Risiko für Burn-out haben.

RESET:
IN 30 TAGEN ZU EINEM AUSGERUHTEN LEBEN

An alle ruhesuchenden Menschen: Danke, dass Ihr mein Buch gelesen habt, aber die Reise zur Ruhe hat gerade erst begonnen. Ich würde diesen Weg gerne in den nächsten dreißig Tagen mit Ihnen gehen und Sie mit zusätzlichen Tipps, Tricks und Taktiken unterstützen, damit Sie die Art von Ruhe finden, die Sie brauchen. Falls Sie Interesse haben, gehen Sie auf IChooseMyBestLife.com und melden Sie sich für die Sacred-Rest-Challenge/*Reset-Challenge* an. Dort werde ich Ihnen jeden Tag eine kleine Ermutigung schicken, die Ihnen dabei helfen soll, inmitten der Hektik des Lebens zur Ruhe zu kommen.

Danksagungen

Dieses Buch ist das Ergebnis tausender Geschichten, die mir von Patienten zugetragen wurden. Sie alle wünschen sich mehr Energie, Gesundheit und Glück, vor allem aber auch die Fähigkeit, die schönen Dinge des Lebens zu genießen. An jede Frau, die hier von ihrer Verletzlichkeit und Stärke berichtet hat – danke. Jedem Mann, der sein Herz und seine Kämpfe offen mit mir geteilt hat – danke.

Les Stobbe, Ihre Ermutigung und Ihre Gebete sind mehr, als ich mir von einem Literaturagenten wünschen konnte. Ich bin Ihnen zutiefst dankbar. Für Ihre christliche Liebe und Ihre Unterstützung über die Jahre hinweg. Lange bevor ich überhaupt von einer Veröffentlichung träumte, hielt ich ein Exemplar von Joyce Meyers „Battlefield of the Mind“ in den Händen. Nicht in einer Million Jahren hätte ich damals gedacht, dass ich eines Tages ein Buch mit meinem Namen als Autorin in den Händen halten würde.

Keren Baltzer und dem FaithWords-Team danke ich dafür, dass ihr an mich als Autorin geglaubt habt, und natürlich auch für eure ansteckende Begeisterung bei diesem Projekt. Heidi und Sheryl, nur Gott konnte unsere Leben auf so unglaubliche Weise zusammenführen. Ich danke euch beiden für unsere monatlichen Gebetszeiten und für euer Engagement, miteinander in Verbindung zu bleiben, obwohl ihr Tausende von Kilometern voneinander entfernt lebt.

Bobby, Tristan und Isaiah, ihr seid mein Herz und die drei größten Geschenke, die Gott mir gemacht hat. Danke, dass ihr an diese Worte geglaubt und mich daran erinnert habt, auch inmitten dieser Schreibarbeit zur Ruhe zu kommen. Möge jeder Tag, den Gott uns gemeinsam schenkt, in der Erinnerung an seine Treue, Gnade und Liebe verwurzelt sein.

Über die Autorin

Dr. Saundra Dalton-Smith ist Fachärztin für Innere Medizin, Autorin und Rednerin. Sie hält landesweit Vorträge über das Überwinden von negativen Emotionen und destruktiven Denkweisen. Ihr Ziel ist es, dass wir unser Potenzial voll entfalten, indem wir Ruhe in unser Leben bringen. In den USA ist sie ein Medienmagnet und eine Koryphäe auf dem Gebiet der wechselseitigen Beziehungen zwischen Körper und Geist. Sie wurde in vielen amerikanischen Publikationen vorgestellt, darunter Woman's Day, Redbook und First for Women.

Dr. Dalton-Smith lebt mit ihrem Mann Bobby und ihren beiden Söhnen Tristan und Isaiah in Alabama und praktiziert dort in ihrer eigenen Praxis als Ärztin. Sie hat zwei preisgekrönte Bücher geschrieben: *Set Free to Live Free: Breaking Through the 7 Lies Women Tell Themselves* (Lasse los, um frei zu leben – Die 7 Lügen, die sich Frauen selbst erzählen, durchschauen) und *Come Empty: Pour Out Life's Hurts and Receive God's Healing Love* (Befreie dich – Schütte dich über die Verletzungen deines Lebens aus und empfange Gottes heilende Liebe).

Ferner zählt sie zu den Top 100 medizinischen Experten in dem 2017 erschienenen Buch *Good Housekeeping – Doctors' Secrets: Fight Disease, Relieve Pain, and Live a Healthy Life with Practical Advice from 100 Top Medical Experts.*

Auf Ihrem Blog IChooseMyBestLife.com teilt sie wertvolle Informationen über innere Heilungsprozesse.

www.facebook.com/DrSaundraDaltonSmith

	Dorothee Döring **Raus aus der Mutterfalle** Befreiung von Selbstzweifeln und Schuldgefühlen 202 Seiten .... € 14,95 ISBN 978-3-945574-27-0
	Dorothee Döring **Familienglück im zweiten Anlauf** Chancen und Risiken einer Patchwork-Familie 150 Seiten.........€ 16,95 ISBN 978-3-941435-08-7
	Holger Wohlfahrt **Wie man glücklich wird und dabei die Welt rettet** Wegweiser zum Glück 304 Seiten.........€ 24,00 ISBN 978-3-946959-51-9